Baar/Schönknecht

Außerschulische Lernorte: didaktische und methodische Grundlagen

Reihe »Bildungswissen Lehramt«
Herausgegeben von Eiko Jürgens

Band 30

Robert Baar/Gudrun Schönknecht

Außerschulische Lernorte: didaktische und methodische Grundlagen

BELTZ

Robert Baar, Dr. phil., Dipl.-Päd., ist Professor für Pädagogik und Didaktik der Grundschule und des Elementarbereichs an der Universität Bremen.

Gudrun Schönknecht, Dr. phil., ist Professorin für Grundschulpädagogik an der Pädagogischen Hochschule Freiburg.

Dieses Buch ist erhältlich als:
ISBN 978-3-407-25718-5 Print
ISBN 978-3-407-29567-5 E-Book (PDF)
ISBN 978-3-407-29568-2 E-Book (EPUB)

1. Auflage 2018

Layout/Reihenkonzept: glas ag, Seeheim-Jugenheim
Umschlaggestaltung: Victoria Larson
Umschlagabbildung: © FatCamera/istock

Herstellung: Victoria Larson
Satz: paginamedia GmbH, Hemsbach
Druck und Bindung: Beltz Grafische Betriebe, Bad Langensalza
Printed in Germany

Weitere Informationen zu unseren Autoren und Titeln finden Sie unter:
www.beltz.de

Inhaltsverzeichnis

Vorwort des Herausgebers

Die Öffnung von Schule gewinnt in Anbetracht der aktuellen pädagogischen Diskussion zur Erweiterung des Lernbegriffs zunehmend an Bedeutung. Fachliches Lernen und fachliche Kompetenzen werden ergänzt, angereichert und vertieft, allerdings auch unter neuen Perspektiven relativiert und durch Einbeziehung des gesellschaftlichen Umfeldes von Schule umgeformt. Mit der Öffnung von Schule in der doppelsinnigen Bedeutung, einerseits das Leben und den Alltag in die Schule zu holen, andererseits sich selbst dem Leben gegenüber zu öffnen und nach draußen zu gehen, sollen Bildungspotentiale erschlossen werden.

Erfahrung ist der Ausgangspunkt von Lernen, Wissen und Bildung. Persönliche Erfahrungen können und werden zu tief verwurzelten, nachhaltigen Bildungserkenntnissen, wenn diese in konkreten Situationen in Form von subjektiv sinnbezogenem, entdeckendem und selbstbestimmtem Lernen gemacht werden. Zudem führen Alltagsfragen, Lebensweltprobleme und Herausforderungen der örtlichen und regionalen kulturellen Angebotsstruktur zu realitätsnäherem schulischem Lernen.

Schulische Bildung als Befähigung zur verantwortlichen Teilhabe am Leben einer Gesellschaft in ihrem wirtschaftlichen, beruflichen, kulturellen, politischen und ökologischen Facettenreichtum ist auf authentische Wirklichkeit angewiesen. Außerschulische Lern- und Bildungsorte bieten in dieser Hinsicht eine außerordentliche Fülle von Erkundungs- und Handlungsanlässen. Aufgrund ihrer besonderen pädagogischen, motivationalen und explorativen Bedeutung ermöglichen sie ein didaktisches Format, in dem Erfahrungslernen erfolgreich umgesetzt werden kann. Außerschulische Lernanlässe erzeugen persönliches Interesse, sie beschäftigen sich mit Fragestellungen, die neugierig machen, zu Eigentätigkeit und Erlebnis anregen, Entwicklungsprozesse voranbringen und steigern.

Um jedoch die vielfältigen Bildungschancen außerschulischer Lernorte nutzen zu können, bedarf es systematischer Vorbereitungen und intensiver theoretischer Vorüberlegungen. Die Entscheidung für ein Lernen an einem außerschulischen Ort ist keineswegs ein Selbstläufer, der sich allein aufgrund seiner räumlichen Distanz zur Schule als bildungsrelevant erweisen wird. Schon gar nicht reicht als Entscheidungsgrundlage die Hoffnung aus, dass sich am außerschulischen Lernort genügend informelles Lernen ereignen wird, so dass jeder irgendwie auf seine Kosten kommen wird. Das Aufsuchen eines außerschulischen Lernortes bedarf somit der umfassenden Didaktisierung.

Die Real- bzw. Originalbegegnung mit einem lebensweltlichen Phänomen ergänzt und verändert den Schulunterricht, bleibt aber dennoch Schule, wenn auch an einem anderen Ort. Folglich wird das Lernen am außerschulischen Ort an die Lerninhalte des schulischen Unterrichts zurückgekoppelt und mit diesen verbunden. Aus schulischer Perspektive gilt es deshalb, stets die Frage nach dem Bildungswert außerschulischer Lernorte im Zusammenhang mit den curricularen und extra-curricularen Vorgaben aus den kultusadministrativen Bildungskonzepten und Lehrplänen zu beachten. Daraus folgt, dass außerschulische Lernorte dazu genutzt werden können, Theorie und Praxis, träges Wissen und aktives Handeln, abstraktes Denken und konkretes Problemlösen, passives Lernen und reflektierende Selbsterfahrung wechselseitig aufeinander zu beziehen. Dadurch kann das Arbeiten in der Schule produktiv in dem Sinne gestaltet werden, dass Schülerinnen und Schüler die motivierende Einsicht gewinnen können, schulisches Lernen und Wissen habe doch mehr als angenommen mit dem eigenen Leben und dessen Bewältigung zu tun.

Alle diese Überlegungen verdeutlichen, wie wichtig eine Publikation zum Lernen an außerschulischen Orten ist, so dass angehende Lehrerinnen und Lehrer aller Schulformen wie schon länger in der Praxis tätige Lehrkräfte gut beraten sind, sich mit diesen reichhaltigen und gründlichen Ausführungen auseinanderzusetzen. Das vorliegende Werk behandelt umfassend die Thematik vor dem Hintergrund sowohl aktueller Theorien und Forschungsansätze als auch der Befunde wichtiger empirischer Studien und stellt darüber hinaus zahlreiche Praxisbezüge her.

Von daher verbindet sich mit dem Erscheinen dieses vielfältigen Bandes die Hoffnung, dass der Leserschaft ein profundes Wissen von der Relevanz außerschulischer Lernorte vermittelt wird, indem durchgängig der pädagogischen und erfahrungsorientierten Perspektive gefolgt wird, und theoretische Erkenntnisse mit praktischen Konsequenzen verknüpft werden.

Bielefeld 2018
Eiko Jürgens

Einleitung

Außerschulische Lernorte sind aus dem Schulalltag nicht wegzudenken: Schülerinnen und Schüler aller Schularten und Klassenstufen erkunden die Artenvielfalt auf einem Stück Wiese oder das Stadtviertel, besuchen Handwerks- oder Industriebetriebe, führen Experimente in Science Centern durch. Man trifft Schulgruppen in Museen, Theatern, in Gedenkstätten oder im Parlament, begegnet ihnen in sozialen Einrichtungen. Lernen findet außerhalb des Schulgebäudes, dennoch im Rahmen des schulischen Bildungs- und Erziehungsauftrages statt. Entscheidende Unterschiede zum Unterricht im Klassenzimmer bestehen allerdings: In Organisations- und Interaktionsformen vor Ort, in Arbeitsweisen und Aufgabenformaten oder in der pädagogischen und didaktischen Ausrichtung, im Rahmen derer Lernprozesse initiiert, begleitet und moderiert werden.

Bildungstheoretische und allgemeindidaktische Argumente, lern- wie sozialisationstheoretische Grundlagen und auch Forschungsergebnisse unterstreichen die Bedeutung des Lernens an außerschulischen Lernorten. Deswegen und angesichts der langen Tradition außerschulischer Lernorte im Rahmen schulischer Bildung verwundert, dass bislang keine schulpädagogisch fundierte umfassende Didaktik außerschulischer Lernorte vorliegt – obwohl deren herausragende Bedeutung für Bildungs- und Erziehungsprozesse historisch wie aktuell immer hervorgehoben wurde und wird und sie darüber hinaus essentieller Bestandteil vieler reformpädagogischer Konzepte sind. Umso mehr gilt es, sich mit bildungs- wie lerntheoretischen Überlegungen, mit grundlegenden Begriffen, mit bestehenden Konzepten auch in den Fachdidaktiken sowie mit dem aktuellen Forschungsstand auseinanderzusetzen.

Zielstellung dieses Bandes ist, das Lernen vor Ort zum einen so zu legitimieren, dass es über seinen Selbstzweck oder über einen gewissen Unterhaltungs- oder Abwechslungswert im Schulalltag hinausweist. Zum anderen werden Grundlagen und praxisorientierte Hinweise für didaktische und methodische Entscheidungen gegeben, um Lernen an außerschulischen Lernorten konzeptionell in den Schulalltag einzubinden sowie professionell zu planen, zu realisieren und zu reflektieren. Didaktische und methodische Grundlagen werden daher einerseits umfassend unter einer schulpädagogischen wie allgemeindidaktischen Perspektive, gleichzeitig auch differenziert für die verschiedenen Schulfächer aller Schul- und Klassenstufen sowie für querliegende Bildungsbereiche erörtert. Die theoretischen Grundlagen werden ergänzt durch Analysen und die Darstellung des Forschungsstands. Alle Bereiche werden aufeinander bezogen:

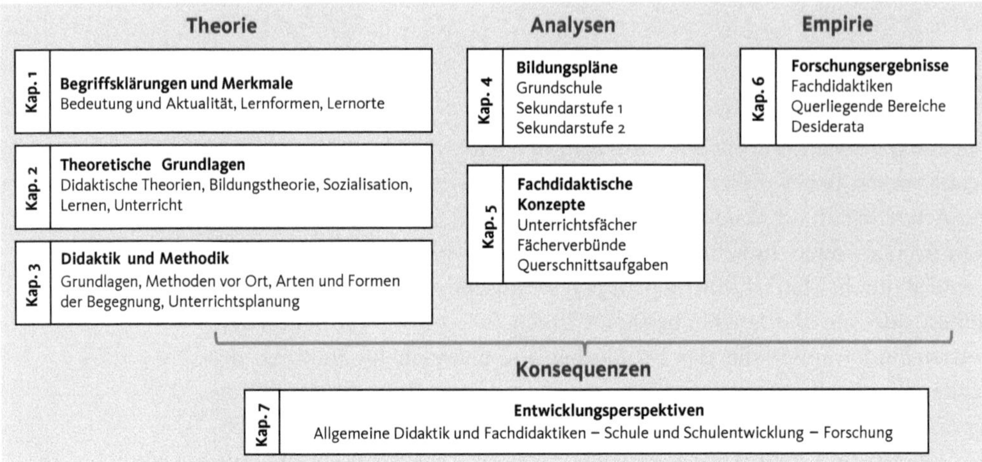

Im ersten Kapitel werden Bedeutung und Aktualität des Themas für Schule und Unterricht dargestellt sowie grundlegende Begriffe systematisch geklärt. Das zweite Kapitel erörtert das theoretische Fundament des Lernens an außerschulischen Lernorten. Einen Schwerpunkt bildet das dritte Kapitel mit didaktischen und methodischen Grundlagen und Konkretisierungen. Die fachliche und überfachliche Verortung der Thematik ermöglicht die Analyse von Bildungsplänen verschiedener Schularten im vierten Kapitel. Eine Ergänzung zur allgemeindidaktischen Perspektive bildet die Erörterung vorhandener Konzepte in Unterrichtsfächern und Fächerverbünden in Kapitel 5. Das sechste Kapitel gibt einen Überblick über die Forschung zu außerschulischen Lernorten. Perspektiven für eine Weiterentwicklung einer Didaktik des Lernens an außerschulischen Lernorten stellen wir im letzten Kapitel vor.

Unser Anliegen ist es, die Thematik grundlegend und vielperspektivisch darzustellen, indem wir vorhandene Konzepte und Erkenntnisse, bestehende Diskurse und allgemeinpädagogische wie fachdidaktische Hinweise darstellen, diskutieren und systematisieren. Dadurch möchten wir Anregungen und Unterstützung für die Gestaltung in der Praxis geben und die Diskussion zum Lernen an außerschulischen Lernorten anregen. In ihnen liegt ein hohes Potential, Schülerinnen und Schüler in ihren Bildungs- und Lernprozessen zu unterstützen, Schule zu öffnen und weiterzuentwickeln sowie letztlich sogar für mehr Bildungsgerechtigkeit zu sorgen.

Bremen und Freiburg 2018
Robert Baar und Gudrun Schönknecht

1. Außerschulische Lernorte: Begriffsklärungen und Merkmale

Welche Bedeutung haben außerschulische Lernorte in der Schulpädagogik und im Schulalltag? Was sind außerschulische Lernorte und wie lassen Sie sich unterscheiden und systematisieren? Dieses Kapitel zeigt einführend die Bedeutung außerschulischer Lernorte für Lern- und Bildungsprozesse in der Schule auf, klärt Begriffe und entwickelt einen systematischen Überblick zum Lernen an außerschulischen Lernorten.

1.1 Bedeutung und Aktualität außerschulischer Lernorte

Schule als Institution und Lernort

Seit dem 19. Jahrhundert ist Allgemeinbildung als gesellschaftlicher Auftrag der Institution Schule zugewiesen. Schule ist damit zu einem wesentlichen Lernort für Kinder und Jugendliche geworden, räumlich und zeitlich abgegrenzt von anderen Lebens- und Erfahrungsbereichen. Seit dieser Zeit wird aber auch darauf hingewiesen, dass Schule, wenn sie ihren Bildungsauftrag ernst nimmt und nicht als reine Buch- und Lernschule verstanden werden will, ihre Begrenzung überwinden und sich der Lebenswelt öffnen muss. Dies kann unter anderem dadurch realisiert werden, dass Lehrkräfte mit ihren Schülerinnen und Schülern außerschulische Lernorte aufsuchen.

Allgemeinbildung und Welterschließung

Lernorte außerhalb der Schule sind also Thema der Pädagogik, seit es die Schule als Institution und damit eine räumliche sowie konzeptuelle Trennung von schulischer und nichtschulischer Bildung und Erziehung gibt. Die Idee der Allgemeinbildung, der die Schule verpflichtet ist, ist die Auseinandersetzung mit der »Welt« inhärent: Schulisches Lernen geht von der Welt aus und ist auf sie bezogen. Lerngegenstände der kulturellen und gesellschaftlichen Welt werden im Rahmen schulischen Lernens zum Zwecke der Lehrbarkeit didaktisiert, systematisiert, oft rational-abstrakt dargestellt und dabei in ihrer Komplexität reduziert. Daher ist es erforderlich, die Schule immer wieder zu verlassen, um diese Gegenstände auch in der Vielschichtigkeit der Welt zu erfassen und zu erschließen, und die in der Schule erworbenen Kompetenzen auf die Lebenswelt zu beziehen.

Lebensweltbezug

Sowohl historisch durchgängig als auch aktuell zeigt sich im theoretischen wie im praxisorientierten Diskurs in der Schulpädagogik die Forderung nach »Lebensnähe« und den Bezug zur Lebens- bzw. Alltagswelt der Schülerinnen und Schüler beim Lernen. Außerschulische Lernorte können entscheidend dazu beitragen, diese Forderungen zu realisieren. Dies kann aus verschiedenen Perspektiven begründet werden: mit dem eben schon genannten Verständnis von Allgemeinbildung als Auseinandersetzung mit der Welt sowie mit dem notwendigen kategorisierenden und systematisierenden Charakter schulischen Lernens.

Lernen, Motivation und Interesse

Die Forderung nach der Einbeziehung der »Welt« in den Unterricht begründet sich auch lerntheoretisch, z. B. in der Forderung nach authentischen Sinn- und Motivationszusammenhängen für das Lernen und nach Interessensförderung. Verschiedene Arten des Lernens, wie problemlösendes, handlungsorientiertes und situiertes Lernen können in besonderer Weise an außerschulischen Lernorten realisiert werden. Eine Verengung schulischen Unterrichts auf rein kognitive Lernprozesse kann so vermieden werden.

Einen besonderen Stellenwert hatten außerschulischer Lernorte in reformpädagogischen Konzeptionen Anfang des 20. Jahrhunderts, die auch aus der Kritik an einer reinen Lern- und Buchschule heraus entstanden. Es gibt also unterschiedliche Begründungslinien für die Forderungen, außerschulische Lernorte im Rahmen des schulischen Bildungsauftrags einzubeziehen, die im zweiten Kapitel noch näher ausgeführt werden.

Gleichwohl scheint außerschulischen Lernorten sowohl in der aktuellen schulpädagogischen Grundlagenliteratur als auch in der allgemeindidaktischen Forschung heute weniger Bedeutung zugeschrieben zu werden: In Einführungswerken wird das Lernen an außerschulischen Lernorten in der Regel nicht explizit thematisiert. In Hand- und Wörterbüchern der Schulpädagogik finden sich dahingegen einige Beiträge; die Thematik wird allerdings eher in älteren Auflagen ausführlicher behandelt. In den einzelnen Fachdidaktiken sowie in der fachdidaktischen Forschung wird dem Lernen an außerschulischen Lernorten eine je nach Fachbezug und Fachkultur unterschiedlich große Bedeutung zugewiesen, was in den Kapiteln 5 und 6 noch genauer beleuchtet wird.

Unterrichtspraxis

Im Unterrichtsalltag spielen außerschulische Lernorte dahingegen aktuell eine nicht unbedeutende Rolle. Dies lässt sich daran ablesen, dass immer wieder Zeitschriftenaufsätze und Themenhefte sowie auch vor allem Herausgeberbände mit dem Schwerpunkt auf die Unterrichtspraxis und die konkrete Umsetzung des Lernens am außerschulischen Lernort erscheinen, die zum Teil bereits mehrfach aufgelegt wurden (vgl. z. B. Erhorn/Schwier 2016; Karpa/Lübbecke/Bastian 2015; Dühlmeier 2014; Sauerborn/Brühne 2010; Burk/Rauterberg/Schönknecht 2008a). Eine Internetrecherche für den Suchbegriff »Außerschulische Lernorte« ergab beispielsweise allein beim Friedrich-Verlag 136 Treffer (Stand: September 2017): Hefte mit dem Themenschwerpunkt »Außerschulische

Lernorte« erschienen in den Unterrichtszeitschriften Ethik + Unterricht (2007, H. 1), Kunst 5–10 (2011, H. 23), Unterricht Wirtschaft (2003, H. 50), Grundschule Sachunterricht (2008, H. 39) sowie in der Grundschulzeitschrift (2015, H. 287). Die meisten der anderen angezeigten Treffer beziehen sich allerdings auf jeweils nur einen Aufsatz zum Lernen am außerschulischen Lernort im Rahmen allgemeinerer thematischer Schwerpunktsetzungen.

Vielfalt regionaler Angebote

Neben diesen Veröffentlichungen, die sich vor allem an Lehrkräfte richten, zeigt sich die Rolle außerschulischer Lernorte für den Schulalltag auch darin, dass sich inzwischen eine sehr breite regionale Angebotsstruktur außerschulischer Bildungsangebote etabliert hat, die gezielt Schulen anspricht. In den letzten 20 Jahren hat vor allem die Anzahl von außerschulischen Lernorten mit eigenen pädagogisch-didaktischen Konzepten und auf Schulklassen ausgerichteten Programmen stark zugenommen. Hier sind an erster Stelle Science Center und Lehr-Lernlaboratorien für den MINT-Bereich zu nennen, aber auch umwelt-, erlebnis- sowie museumspädagogische Angebote verzeichnen einen erheblichen Zuwachs. Industrie- und Handelskammern sowie private Wirtschaftsunternehmen und Interessensverbände ergänzen die neu entstandene Vielfalt.

Verschiedene Bildungsserver und Schulportale der Bundesländer unterhalten Datenbanken regionaler außerschulischer Lernorte, bei denen beispielsweise für Thüringen vom Grenzmuseum Schifferstadt bis zum Seesport- und Erlebnispädagogischen Zentrum Kloster insgesamt knapp 190 Lernorte (Stand: 2017) aufgelistet und beschrieben werden. Der Bildungsserver Berlin und Brandenburg benennt über 400 Lernorte, und in einzelnen Flächenstaaten wie Baden-Württemberg listen die einzelnen Schulämter regionale Angebote auf (so z. B. das Staatliche Schulamt Albstadt). In Südtirol erstellt das Deutsche Bildungsressort, Bereich Innovation und Beratung, jährlich eine Broschüre mit außerschulischen Lernorten für den mathematisch-naturwissenschaftlichen Bereich sowie für die Umweltbildung.

Auch Kommunen selbst stellen Informationen zur Verfügung. So pflegt beispielsweise die Stadt Hannover eine umfangreiche Datenbank, in Köln übernimmt diese Aufgabe das Bildungsportal der Stadt. Das Zentrum für Medien und Bildung des Landschaftsverbands Rheinland veröffentlicht gemeinsam mit dem Medienzentrum des Landschaftsverbands Westfalen-Lippe eine Pädagogische Landkarte mit außerschulischen Lernorten in ganz Nordrhein-Westfalen.

Daneben unterhalten auch Stiftungen Datenbanken. Für die Schweiz ist beispielsweise die Stiftung Umweltschutz Schweiz zu nennen, die ähnlich wie das Kultusportal Baden-Württemberg sowie der BNE-Kompass Baden-Württemberg, der vom Netzwerk Nachhaltige Bildung Baden-Württemberg betrieben wird, den Fokus auf außerschulische Lernangebote zur nachhaltigen Entwicklung legt.

Weitere Angebote bieten der Bundesverband der Schülerlabore oder der Verband Biologie, Biowissenschaft und Biomedizin der biowissenschaftlichen Fachgesellschaft, die außerschulische Lernorte zu ihren jeweiligen Schwerpunkten auflisten.

Selbst Wirtschaftsunternehmen unterhalten Datenbanken zu außerschulischen Lernorten, so beispielsweise der Didacta Verband der Bildungswirtschaft, der über einen »Ausschuss für Außerschulisches Lernen« verfügt. Der Westermann-Verlag unterhält auf seiner »Fachzeitschriften-im-Netz«-Seite ein Portal, bei der man außerschulische Lernorte nach Themengebiet und Region in ganz Deutschland suchen und darüber hinaus auch selbst Lernorte melden kann.

Studium und Lernort Hochschule

Auf universitärer Ebene werden vor allem in der Erziehungswissenschaft und in den Studienfächern im Rahmen des Lehramtsstudiums Veranstaltungen zu außerschulischem Lernen angeboten, die häufig auch mit Exkursionen zu Lernorten verbunden sind. Universitäten und Hochschulen fungieren mit Schülerinnen- und Schülerlaboren sowie anderen Angeboten wie z. B. Lernwerkstätten oder Kinderuniversitäten aber auch selbst als außerschulische Lernorte und bringen sich so in die regionale Bildungslandschaft ein.

Universitäre Zentren

Die Pädagogische Hochschule Luzern unterhält eine eigene »Fachstelle für Didaktik Ausserschulischer Lernorte« als Kompetenz- und Impulszentrum und veranstaltet regelmäßig Tagungen. Die Universität Koblenz-Landau verfügt über ein »Zentrum für Bildung und Forschung an Außerschulischen Lernorten«. Das »Marburger Modell« der Fachdidaktik Geschichte an der Philipps-Universität Marburg benennt außerschulische Lernorte als einen seiner Schwerpunkte für das Studium. Einen »Arbeitskreis Außerschulischer Lernorte an der Universität Rostock« verantwortet das dort angesiedelte Institut für angewandte Mikroelektronik und Datentechnik.

Bildungspläne

Neben dieser großen Vielfalt an Handreichungen für die Praxis und an Angeboten für Schulen muss auch die Frage gestellt werden, welche Rolle außerschulischen Lernorten sowohl grundlegend konzeptionell als auch fachbezogen derzeit in Bildungsplänen zugewiesen wird. Im vierten Kapitel dieses Bandes werden daher aktuelle Bildungspläne verschiedener Schularten genauer analysiert, um eine detaillierte Antwort auf diese Frage zu geben.

1.2 Begriffliche Klärungen: Lernformen, Lernorte

Bevor in den weiteren Kapiteln die Begründungszusammenhänge für das Lernen an außerschulischen Lernorten ausführlich dargestellt werden und es konzeptuell und in Bezug auf die konkrete Unterrichtsgestaltung verortet und beschrieben wird, ist es erforderlich, grundlegende Begriffe zu klären und allgemeine Merkmale des Lernens an außerschulischen Lernorten zu beschreiben. Für die Beantwortung der Frage, was genau unter »außerschulischen Lernorten« zu verstehen ist, liegen unterschiedliche, alternative und sich zum Teil ergänzende Begriffsbestimmungen sowie Systematisierungen vor. Zunächst sollen aber grundlegende Lernformen, die in diesem Zusammenhang zum Tragen kommen, näher beschrieben werden.

Formales und non-formales Lernen

Eine wichtige begriffliche Unterscheidung im Zusammenhang mit der Diskussion um außerschulische Lernorte berücksichtigt unterschiedliche Arten von Lern- und Bildungsprozessen. *Formales Lernen/formale Bildung* bezieht sich dabei auf das institutionalisierte, allgemeinbildende Pflichtschulsystem und die (Berufs-)Ausbildung, ist verbunden mit Qualifizierung, Zertifizierung und Abschlüssen. *Non-formales Lernen/non-formale Bildung* bezieht sich ebenso auf Bildungseinrichtungen, unterscheidet sich aber von formalem Lernen durch seinen Angebotscharakter, der in der Regel eine freiwillige Nutzung vorsieht. Darüber hinaus setzt non-formales Lernen den Fokus bei der Kompetenzvermittlung verstärkt auf die soziale und personale Entwicklung der Teilnehmerinnen und Teilnehmer und kann als prozessorientiert beschrieben werden. Formales Lernen legt den Schwerpunkt dahingegen eher produktorientiert auf den Erwerb kognitiver Kompetenzen. Non-formale Bildungsangebote werden z. B. von Jugendhilfeeinrichtungen, Kirchen oder Vereinen bereitgestellt. Sowohl formales als auch non-formales Lernen findet – wenn auch auf unterschiedliche Weise – institutionalisiert, organisiert und geplant statt. Beide Begriffe sind auf Bildungseinrichtungen bezogen.

Informelles Lernen

Im Gegensatz dazu werden Lernprozesse in Lebenszusammenhängen als *informelles Lernen/informelle Bildung* bezeichnet: Es handelt sich um situiertes, ungeplantes oder beiläufiges Lernen, um Lernen in Peer-Zusammenhängen, in der Familie und in der Öffentlichkeit. Wissen, Fähigkeiten und Haltungen werden im Spiel, bei der Arbeit, in der Begegnung und Interaktion in und mit der unmittelbaren Umgebung erworben, ohne dass dies an eine Bildungseinrichtung gebunden ist.

Dem informellen Lernen wird dabei eine hohe Bedeutung für formale und non-formale Bildungsprozesse zugeschrieben. Auch in der Schule findet es statt, und gerade in Bezug auf Unterricht am außerschulischen Lernort erhält es eine besondere Bedeutung: Eine Exkursion oder ein Unterrichtsgang findet zwar im Rahmen formaler Bildung statt, gleichzeitig eröffnen außerschulische Lernorte in besonderem Maße Möglichkeiten ungeplanten, beiläufigen, also informellen Lernens.

Eine weitere Begriffsklärung ist notwendig, um außerschulische Lernorte vor dem Hintergrund ihrer Ziele und in Bezug darauf, ob ihnen ein spezifischer Bildungsauftrag zugrunde liegt, zu unterscheiden.

Primäre und sekundäre Lernorte

Im Zusammenhang mit der Neuordnung des beruflichen Schulwesens definierte der Deutsche Bildungsrat bereits in den 1970er Jahren einen Lernort als »eine im Rahmen des öffentlichen Bildungswesens anerkannte Einrichtung, die Lernangebote organisiert« (Deutscher Bildungsrat 1974, S. 69). Er unterschied dabei vier Lernorte, die später als *primäre Lernorte* bezeichnet wurden: die Schule, den Betrieb, die Lehrwerkstatt und das Studio. Andere Orte, deren primäres Ziel nicht das Lernen ist, die aber dennoch auch zu Lernzwecken aufgesucht werden, wurden als *sekundäre Lernorte* bezeichnet.

Die Begriffe »primärer« und »sekundärer« Lernort werden auch aktuell noch aufgegriffen und verwendet, dabei aber unterschiedlich ausgelegt. So definiert beispielsweise Thomas (2009, S. 283) Schule, Universität oder Lehrwerkstatt/Ausbildungsbetrieb als primäre Lernorte, die pädagogisch-didaktisch und methodische Anforderungen aufweisen. Mit sekundären Lernorten bezeichnet er dahingegen Stätten oder Einrichtungen, die primär außerpädagogischen Zwecken dienen und erst durch den Einbezug in den Unterricht zu Lernorten werden. Nach Salzmann (2007, S. 435) sind primäre Lernorte »eigens für das Lernen eingerichtet, während in sekundären Lernorten zwar auch gezielt und gewollt gelernt wird, sie aber vorrangig andere Aufgaben erfüllen«.

Sekundäre Lernorte können also das Lernen an primären Lernorten ergänzen, sind mit dieser Definition aber nicht weiter spezifiziert. Zu einem sekundären, außerschulischen Lernort kann z. B. der Wald, die Gemeinde oder ein Einkaufszentrum werden, also alle Orte, die vorrangig andere Funktionen als die der Bildung haben. Es bedarf demnach zunächst eines eigens kreierten didaktischen Settings, um den Ort zum Lernort zu machen.

Diese duale Klassifikation von Lernorten als primärer Lernort (Schule, Universität, Ausbildungsbetrieb, primär pädagogischer Zweck) und sekundärer Lernort (andere Orte, primär außerpädagogischer Zweck) erlaubt es allerdings noch nicht, die große Vielfalt an möglichen außerschulischen Lernorten differenzierter zu beschreiben und zu systematisieren, da auch außerhalb des primären Lernorts Schule liegende Lernorte pädagogische Zwecke aufweisen können.

Lernstandorte

Als weiterer Begriff, der konzeptionell zwischen den Kategorien primärer und sekundärer Lernort liegt, wurde der Begriff *Lernstandort* eingeführt (Salzmann 2007; Thomas 2009; Jürgens 2008). Salzmann (2007, 1989a, 1989b) beschreibt damit Orte außerhalb der Schule mit pädagogisch-didaktischem Zuschnitt, wie z. B. Umweltbildungszentren, Science Center oder museumspädagogische Angebote, um sie von anderen außerschulischen Lernorten abzugrenzen. Thomas (2009, S. 284) siedelt Lernstandorte systematisch zwischen primären und sekundären Lernorten an.

Der Begriff »Lernstandort« ermöglicht es, Lernorte außerhalb der Schule zu kategorisieren in Orte mit pädagogisch-didaktischem Zuschnitt und Orte, die außerpädagogischen Zwecken dienen. Außerschulische Lernstandorte mit Bildungsauftrag wie Umweltbildungszentren lassen sich damit von außerschulischen Lernorten ohne einen expliziten Bildungsauftrag, wie etwa dem Wald oder einem Industriebetrieb, unterscheiden (Burk/Rauterberg/Schönknecht 2008b, S. 11 ff.). Der Begriff Lernstandort hat sich in der schulpädagogischen und außerschulischen Diskussion allerdings nicht allgemein etabliert, auch wenn z. B. einige Umweltbildungszentren an diese Kategorisierung anknüpfen und sich selbst als Lernstandorte bezeichnen.

Schulbezogen und schulkomplementär

Plessow entwickelt eine weitere Beschreibung für Bildungsangebote, die nicht primär vom schulischen Bildungsauftrag ausgehen. Er unterscheidet eine *schulbezogene* Verwendung des Begriffes »außerschulisch« von einer *schulkomplementären* Begriffsverwendung: Beim schulbezogen außerschulischen Lernen handelt es sich diesem Ansatz zufolge um schulisch organisiertes und verantwortetes Lernen, bei dem Lehrkräfte den Unterricht aus dem Klassenraum herausverlagern (Plessow 2015, S. 2 f.). Schulkomplementäre außerschulische Angebote beziehen sich dagegen auf Bildungsangebote, die »von der Schule bzw. von ihr allein in dieser Form nicht bereitgestellt werden können«, also Lernangebote von außerschulischen »sachkundigen Einrichtungen« (Plessow 2015, S. 4).

Diese Unterscheidung sei wichtig, um Lehrkräften das große Feld von Bildungsinstitutionen unterschiedlicher Einrichtungen, Träger und Strukturen zu verdeutlichen, die in der außerschulischen Kinder- und Jugendbildung vorhanden sind und vielfältige Bildungsangebote wie Seminare, Workshops, Projekte, Freizeiten oder z. B. auch den Bundesfreiwilligendienst verantworten. Für das historische Lernen führt Plessow als Beispiele Workcamps an Gedenkstätten oder Veranstaltungen zum historischen Lernen der Nachwuchsorganisationen von Parteien, Gewerkschaften und Verbänden an. Diese nichtschulischen Akteure halten viele pädagogisch-didaktisch anspruchsvolle und anerkennenswerte Bildungsangebote bereit.

Um alle Lernorte außerhalb der Schule zu kategorisieren und zu systematisieren, erscheint weder die Unterscheidung in primärer und sekundärer Lernort noch der Begriff Lernstandort ausreichend präzise. Die Unterscheidung, die Plessow mit seinen Begriffen schulbezogen sowie schulkomplementär trifft, kommt diesem Bestreben schon näher. Auch die Definition von *zwei Grundtypen von außerschulischen Lernorten* erscheint hilfreich im Hinblick auf die Entwicklung einer praxisorientierten Systematik. Sie unterscheidet

Außerschulische Lernorte mit/ohne Bildungsauftrag

- Orte mit Bildungsauftrag (z. B. Museum, Theater, Gedenkstätte, Schullandheim) von
- Orten ohne Bildungsauftrag (z. B. Wald, Stadtmauer, Handwerksbetrieb, Einkaufszentrum).

Nutzung des didaktischen Konzepts

Diese Einteilung, die sich unter anderem auch bei Burk, Rauterberg und Schönknecht (2008) wiederfindet, erscheint zunächst schlüssig und praktikabel, lässt sie doch eine Unterscheidung nach einem klar definierten Kriterium zu. Allerdings ist auch dieses Kriterium nicht eindeutig: Zwar ist unbestritten, dass beispielsweise ein Theater über einen (kulturellen) Bildungsauftrag verfügt. Entscheidend dafür, wie sich das Lernen beim schulischen Theaterbesuch gestaltet, ist letztlich aber nicht der Ort und dessen Bildungsauftrag selbst, sondern vielmehr die Art und Weise, wie dieser Bildungsauftrag wahrgenommen bzw. interpretiert wird und wie Lernprozesse vor Ort angeregt und befördert werden: Wird ein vorhandenes theaterpädagogisches Angebot genutzt, oder sollen allein durch den Besuch der Vorstellung Kompetenzen erworben werden? Auch der Wald, der zunächst anderen Zwecken als dem der Bildung dient, kann einen Bildungsauftrag erhalten, wenn beispielsweise die Försterin oder der Förster einer Schulklasse dort erkennbare ökosystemische Zusammenhänge erläutert.

Aus diesem Grund wird im Folgenden weiter unterschieden zwischen

Außerschulische Lernorte mit/ohne Konzept

- Orten mit einem vor Ort bereitgestellten pädagogisch-didaktischen Konzept und
- Orten ohne ein vor Ort bereitgestelltes pädagogisch-didaktisches Konzept.

Für eine detailliertere Betrachtung einer Didaktik außerschulischer Lernorte ist darüber hinaus nicht nur entscheidend, ob ein pädagogisch-didaktisches Angebot vorhanden ist, sondern auch, inwiefern dieses tatsächlich genutzt wird. Denn es macht einen Unterschied, ob eine Schulklasse beim Besuch eines Museums ein museumspädagogisches Angebot wahrnimmt oder aber das Museum »auf eigene Faust« mit (oder ohne) Arbeitsaufträgen, die im Unterricht vorab entwickelt wurden, erkundet (vgl. auch Hellberg-Rode 2004, S. 146 f.).

Aus der vorgenommenen Begriffsanalyse und der bereits in Kapitel 1.1 aufgezeigten Bedeutung außerschulischer Lernorte im Rahmen des Bildungsauftrags der Schule lassen sich einige wichtige Folgerungen zur differenzierteren Bestimmung außerschulischer Lernorte ziehen:

Jeder Ort kann außerschulischer Lernort werden

- Erstens ist die Möglichkeit, dass ein Ort zu einem außerschulischen Lernort werden kann, nicht limitiert in Bezug auf dessen Art: Sowohl Orte, die Programme für Schulklassen anbieten, als auch solche, die primär anderen Zwecken dienen, können zu außerschulischen Lernorten werden.
- Zweitens ist die Möglichkeit, dass Orte außerhalb der Schule Lernorte werden, weder inhaltlich noch thematisch begrenzt: Alle aus dem Bildungsauftrag von Schule begründbare fachbezogene, fächerübergreifende und überfachliche Fragestellungen, Inhalte und Themen können an allen Orten außerhalb der Schule, an denen sie sich zeigen, bearbeitet werden.
- Drittens: Ob ein »Lernstandort« ein außerschulischer Lernort ist, ist nicht davon abhängig, ob er ein (eigenes) pädagogisches Programm vorhält und ob dieses beim Besuch des außerschulischen Lernortes genutzt wird. Vielmehr sind für das Lernen an außerschulischen Lernorten die räumliche Verortung (außerhalb der Schule) sowie die Tatsache, dass diese Orte in Bezug zum schulischen Bildungsauftrag und zum Unterricht gesetzt werden, entscheidend.

Schule außerhalb der Schule

Außerschulische Lernorte sind also aus schulpädagogischer Sicht dadurch bestimmt, dass sie im Zusammenhang mit schulischem Lernen und Lehren stehen und deshalb aufgesucht werden, räumlich aber außerhalb des Lernorts Schule angesiedelt sind. Sie lassen sich damit auch als »Schule außerhalb der Schule« (Burk/Rauterberg/Schönknecht 2008a) bezeichnen. Entscheidend in Bezug darauf, ob man von einem außerschulischen Lernort spricht, ist letztlich dessen Einbindung in den schulischen Bildungs- und Erziehungsauftrag. Das Aufsuchen außerschulischer Lernorte ist eine schulische Veranstaltung. Damit einher geht auch, dass das Lernen an außerschulischen Lernorten im Zusammenhang mit schulischem Lernen begründet, geplant, realisiert und ausgewertet wird, dass es sich also nicht um ein isoliertes oder zusätzliches, rein additives Lernangebot handelt:

> *»Erst durch den ›intentionalen Einbezug in den Unterricht‹ (Keck/Feige 2001, 394) werden ›Orte‹ außerhalb der Schule zu ›außerschulischen Lern-*

orten‹. Grundsätzlich kann deshalb jede außerhalb der Schule existierende ›Örtlichkeit‹ zu einem schulisch genutzten Lernort werden, wenn sich das Vorgehen didaktisch auf der Grundlage aktueller Lehrpläne und Richtlinien legitimieren lässt. Weil im Grunde an jedem Ort ›gelernt‹ werden kann, ist demzufolge genau genommen jeder Ort zugleich ›Lernort‹.« (Jürgens 2008, S. 102)

Dass das Lernen an außerschulischen Lernorten – wie jedes Lernen innerhalb der Schule auch – aus dem Bildungsauftrag begründet und auch didaktisch gestaltet werden muss, ist damit die grundlegendste und wichtigste begriffliche Bestimmung für außerschulische Lernorte. Damit wird jedoch, anders als bei Begriffsbestimmungen oder Definitionen üblich, keine Einschränkung darüber getroffen, welche Orte zu außerschulischen Lernorten werden können; denn wie im obigen Zitat dargestellt, kann *jeder Ort* Lernort werden.

1.3 Wie lassen sich außerschulische Lernorte systematisieren?

Die im vorigen Abschnitt dargelegten Begriffsklärungen haben bereits gezeigt, dass es eine große Vielfalt und Vielgestaltigkeit von möglichen außerschulischen Lernorten gibt. Im Folgenden wird die sehr große Bandbreite außerschulischer Lernorte weiter kategorisiert, um in den weiteren Kapiteln dieses Bandes die vielfältigen Möglichkeiten einer Einbindung dieser Lernorte in schulische Zusammenhänge systematisierend, dabei dennoch praxisorientiert aufzeigen und beschreiben zu können.

Lernorte mit an ihren Bildungsauftrag gebundenen Programmen

Außerschulische Lernorte lassen sich, wie in Kapitel 1.2 beschrieben, differenzieren in Orte, in denen pädagogisch-didaktische Konzepte angeboten werden und Orte ohne solche. *Orte mit an ihren Bildungsauftrag gebundenen Programmen* sind z. B. Museen, Theater oder zoologische und botanische Gärten mit pädagogischen Angeboten, Science Center oder Schülerinnen- und Schülerlabore, an Gedenkstätten angeschlossene Jugendbegegnungsstätten, Umweltzentren oder Schullandheime. In einigen Bereichen haben sich eigene pädagogische Konzepte entwickelt, wie z. B. die Museumspädagogik, die Umweltbildung oder die Schullandheimpädagogik (hierzu genauer: Kapitel 5, S. 107 ff.). Das Angebot an außerschulischen Lernorten mit entsprechenden Bildungsangeboten, die oft gezielt Schulklassen in den Blick nehmen, hat sich in den letzten Jahrzehnten stark erweitert (vgl. Kapitel 1.1, S. 11 ff.).

Lernorte ohne Bildungsauftrag und ohne pädagogische Programme

Orte in der Lebenswelt von Kindern und Jugendlichen haben grundsätzlich keinen *spezifischen Bildungsauftrag* und verfügen dementsprechend auch über keine pädagogischen und/oder didaktischen Programme. Sie können gleichwohl zu außerschulischen Lernorten werden, wenn sich an ihnen wichtige Bezüge zum Bildungs- und Erziehungsauftrag der Schule, zu Inhalten, Zielen und Kompetenzen der Bildungspläne herstellen lassen.

In Anlehnung an bereits vorliegende Systematisierungsvorschläge (z.B. bei Jürgens 2008; Burk/Rauterberg/Schönknecht 2008a; Hellberg-Rode 2004) können außerschulische Lernorte ohne Bildungsauftrag in vier thematische Bereiche unterschieden werden, die die Lebenswelt von Kindern und Jugendlichen repräsentieren:

- Orte der Natur (z.B. natürliche und gestaltete Lebensräume wie Wald, Hecke, Park, Landschaftsräume, Gebirge, Wattenmeer),
- Orte der Kultur (z.B. Theater, Museen, Konzertsäle, Bibliotheken),
- Orte der Arbeitswelt (z.B. Handwerks-, Industrie- und Dienstleistungsbetriebe wie Bäckerei, Wasserwerk, Feuerwehr, Zeitung, Post, Bank, Gemeindeverwaltung),
- Orte des gesellschaftlichen und politischen Zusammenlebens (z.B. Stadtviertel, Altenheim, Vereine und Verbände, Gericht, kirchliche Einrichtungen, Gemeinde, Parlament).

Die Gliederung möglicher außerschulischer Lernorte in der Lebenswelt der Schülerinnen und Schüler ohne Bildungsauftrag und ohne pädagogische Programme in diese thematischen Bereiche kann nicht trennscharf sein und ist heuristisch zu verstehen (Jürgens 2008, S. 110), denn die meisten »Orte der Kultur« verfügen sehr wohl über einen Bildungsauftrag. Grund dafür ist, dass Lernorte oft eine hohe Komplexität aufweisen und häufig mehrere der Bereiche gleichzeitig abdecken. So ist z.B. der Wald – abgesehen von einigen wenigen Bioreservaten – nicht »natürlich«, sondern Teil der Kulturlandschaft, die wirtschaftlich genutzt wird. Er ist somit zunächst Produktions- und Arbeitsstätte, gleichzeitig aber auch Freizeit- und Erholungsort sowie kultivierter, dennoch natürlicher Lebensraum für Pflanzen und Tiere. Er kann also verschiedenen thematischen Bereichen zugeordnet werden und bei einer Erkundung können entsprechend unterschiedliche Aspekte thematisiert werden. Außerschulische Lernorte in der Lebenswelt bieten generell meist die Möglichkeit, fächerübergreifend oder fächerverbindend zu arbeiten – ein Spezifikum außerschulischen Lernens, das im dritten Kapitel dieses Bandes noch aufgegriffen wird.

Auch die Kategorisierung in außerschulische Lernorte mit und ohne Bildungsauftrag ist heuristisch zu verstehen und in Bezug auf je konkrete

Orte nicht immer eindeutig, wie weiter oben schon dargestellt wurde. An vielen Orten ohne inhärenten Bildungsauftrag lassen sich schon seit einiger Zeit Tendenzen einer gewissen Pädagogisierung oder Didaktisierung feststellen. Insbesondere für Orte, die regelmäßig von Schulklassen aufgesucht werden (wie z. B. Müllverwertungsanlagen, Wasserversorgungsunternehmen, Feuerwehren), werden immer häufiger Materialien, Aufgabensammlungen oder aber komplette didaktische Arrangements und Settings entwickelt, die Lehrkräften im Vorfeld der Exkursion, aber auch den Schülerinnen und Schülern direkt vor Ort zur Verfügung gestellt werden. Oft werden sogar eigens geschulte Mitarbeiterinnen und Mitarbeiter als Ansprechpartnerinnen und Ansprechpartner und zur Betreuung von Schulklassen bereitgestellt, die Führungen anbieten und die Schülerinnen und Schüler in Erkundungsphasen oder beim Bearbeiten der angebotenen Materialien und Aufgaben unterstützen.

Aktuelle Entwicklungen

Lehrorte – Lernorte

Scholz und Rauterberg greifen diese Tatsache auf, indem sie für außerschulische Orte *Lehr- und Lernorte* unterscheiden. Für sie ist die entscheidende Frage, mit welchen Intentionen Schülerinnen und Schüler als auch Lehrerinnen und Lehrer den Ort aufsuchen. Dabei können die Intentionen sowohl zwischen, als auch innerhalb der Gruppen sehr unterschiedlich sein: Lehrkräfte können beispielsweise das Museum als Lehrort betrachten, während einige der Schülerinnen und Schüler in ihm einen Lernort, andere dahingegen einen »Spaßort« sehen (Scholz/Rauterberg 2008, S. 41 f.). Entscheidend ist also nicht, um was für einen Ort es sich handelt, sondern was Schülerinnen und Schüler sowie Lehrerinnen und Lehrer aus und an diesem Ort *machen* (Scholz/Rauterberg 2008, S. 42).

Nutzung des Lernorts

Grundlegend für eine Didaktik außerschulischer Lernorte ist daher nicht der konkrete außerschulische Lernort selbst, sondern vor allem, wie dieser von Lehrkräften und Schulklassen genutzt wird. Orte mit Bildungsauftrag und pädagogisch-didaktischem Arrangement können von Lehrkräften und ihren Schülerinnen und Schülern auch eigenständig oder unabhängig von diesem erkundet werden: Museumspädagogische Angebote können, müssen aber nicht wahrgenommen werden. Es kann auch nur ein Teil der Erkundung unter Leitung der Museumspädagogin oder des Museumspädagogen stattfinden, während weitere Kompetenzen selbstständig erarbeitet werden. An Orten aus der Lebenswelt der Schülerinnen und Schüler ohne spezifischen Bildungsauftrag kann dahingegen ebenfalls eine Expertin oder ein Experte hinzugezogen, das pädagogisch-didaktische Arrangement also quasi von außen an den Ort herangetragen werden.

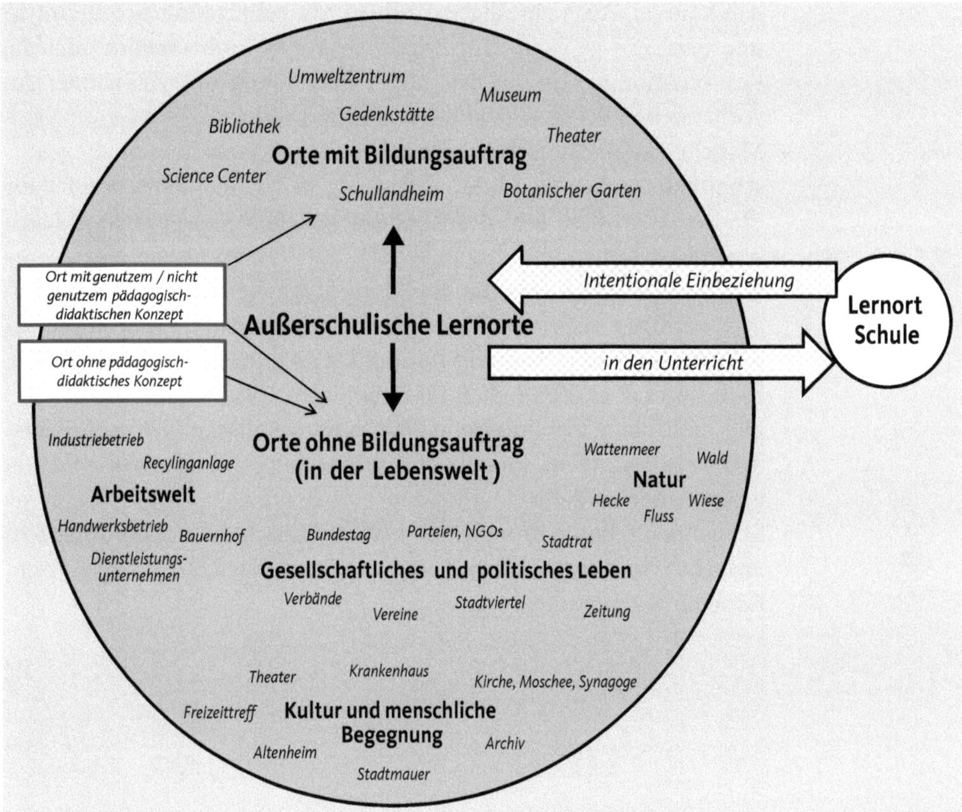

Abb. 1: Außerschulische Lernorte: Begriffe und Systematik in der Zusammenschau

Abbildung 1 visualisiert die bisher erörterten Begriffsbestimmungen und Kategorisierungen zu außerschulischen Lernorten:

- Alle Orte außerhalb der Schule können zu außerschulischen Lernorten werden, indem sie in Beziehung zum schulischen Bildungsauftrag gesetzt werden (intentionale Einbeziehung in den Unterricht).
- Außerschulische Lernorte in der Lebenswelt lassen sich heuristisch-thematisch kategorisieren in Orte der Natur, der Kultur, der Industrie und Arbeitswelt sowie des politischen und gesellschaftlichen Zusammenlebens.
- Außerschulische Lernorte in der Lebenswelt haben in der Regel keinen expliziten Bildungsauftrag. Einige, vor allem häufig von Schulklassen aufgesuchte, stellen inzwischen dennoch didaktisierte Angebote für Lehrkräfte, Schülerinnen und Schüler zur Verfügung.
- Außerschulische Lernorte mit Bildungsauftrag halten in der Regel pädagogisch-didaktische Angebote vor, die wie vorgeschlagen genutzt oder im Rahmen des eigenen Lernvorhabens modifiziert wer-

den können. Auch eine eigenständige, von Lehrkräften, Schülerinnen und Schülern geplante Nutzung unabhängig vom Angebot oder die Kombinationen von eigenständiger Erkundung und Teilnahme am vorhandenen Programm können realisiert werden.

- Manche außerschulischen Lernorte verfügen zwar über einen gesellschaftlich formulierten Bildungsauftrag, stellen aber keine speziell für die Besucherinnen und Besucher entwickelten pädagogisch-didaktischen Materialien oder Arrangements zur Verfügung.
- Wie die exemplarisch in die Abbildung aufgenommenen Beispiele zeigen, verfügen außerschulische Lernorte fachbezogen und überfachlich über sehr viele Anknüpfungspunkte zu unterrichtlichen Inhalten, Zielen und dem schulischen Bildungsauftrag insgesamt.
- Die natürliche Vieldimensionalität außerschulischer Lernorte bietet dabei ein besonderes Potential für fächerübergreifendes sowie fächerverbindendes Lernen.
- Schließlich gibt die Komplexität außerschulischer Lernorte Anlass zu anspruchsvollem, problem-, handlungs- und forschungsorientiertem Lernen.

2. Theoretische Grundlagen

Alle Orte außerhalb der Schule können, sofern sie intentional in schulische Lern- und Bildungsprozesse einbezogen werden, zu außerschulischen Lernorten werden (vgl. Kapitel 1). Vor diesem Hintergrund gilt es, bildungstheoretische, schulpädagogische und allgemeindidaktische Grundlagen für die Einbeziehung außerschulischer Lernorte in schulische Lehr-Lernprozesse zu klären.

Die Bedeutung einer Orientierung an der Lebenswelt und an schulischen Nahraum von Kindern und Jugendlichen bringt außerschulische Lernorte stärker in den Fokus schulischer Bildungsarbeit. Dies wird in diesem Kapitel theoretisch vertieft, indem allgemeindidaktische und bildungstheoretische Überlegungen und Fragen der Öffnung der Schule aus Schulentwicklungsperspektive miteinander verknüpft (Kapitel 2.1) sowie sich verändernder Sozialisationsbedingungen als Grundlage für die Einbeziehung lebensweltlicher Erfahrungen von Schülerinnen und Schülern dargestellt werden (Kapitel 2.2). Beide Bereiche erfordern, lebensweltliche Erfahrungen aufzugreifen, sie als Ausgangspunkt für bildungswirksames Lernen zu klären und auszudifferenzieren.

Eine dem entsprechende schulpädagogische Perspektive auf den Unterricht wird in Kapitel 2.3 dargestellt: Die Frage nach der Unterrichtsqualität wird aus schulpädagogischer und lehr-lerntheoretischer Perspektive erörtert, für außerschulische Lernorte geeignete Unterrichtskonzeptionen werden diskutiert. Als Grundlagen beschrieben werden das Verständnis von Lehren und Lernen, von Konstruktion und Instruktion sowie die Aufgabe, an die Vorstellungen, das Vorwissen, die Vorerfahrungen und subjektiven Deutungen und an Konzepte des Weltverstehens der Schülerinnen und Schüler anzuknüpfen. Authentische Lernsettings an außerschulischen Lernorten ermöglichen in Bezug auf Aufgabenqualität Lernaufgaben, die die aktuell geforderte Kompetenzorientierung von Lernen unterstützen. Sie sind komplex, problemhaltig, ermöglichen unterschiedliche Lernzugänge und legen vielfältige Differenzierungsmöglichkeiten nahe. Die Qualität des Unterrichts zeigt sich damit an guten Lernaufgaben, an der Nutzung vielfältiger Möglichkeiten der inneren Differenzierung sowie an kompetenter Lernbegleitung der Schülerinnen und Schüler durch die Lehrkräfte.

In Ergänzung zu den unterrichtlichen Grundlagen in diesem Kapitel werden in Kapitel 3 dann didaktische Grundlagen, vor allem die Fragen nach Bildungszielen und Bildungsinhalten sowie methodische Grundlagen für das Lernen an außerschulischen Lernorten, konkretisiert.

2.1 Didaktische Theorien und bildungstheoretische Grundlagen

In diesem und im dritten Kapitel dieses Bandes wird für die Auswahl-, Planungs- und Gestaltungsüberlegungen des Lernens an außerschulischen Lernorten von didaktischen Grundfragen ausgegangen. Ziel von didaktischen Theorien und Modellen ist, Lehr- und Lernsituationen zu verstehen, zu gestalten, zu reflektieren und auch erforschen zu können. Ihr Schwerpunkt liegt in der Analyse von Unterricht; im Rahmen der Lehrerbildung werden sie auch oft als Planungsgrundlage oder -instrumente verwendet (vgl. z. B. Esslinger-Hinz et al. 2007).

Funktion didaktischer Modelle

Hallitzky, Marchand und Seibert systematisieren didaktische Modelle in Bezug auf ihre Funktion für die Unterrichtsforschung und die Planung und Gestaltung von Unterricht. Sie unterscheiden drei Gruppen relevanter Theorien und Modelle »für eine zeitgemäße Allgemeine Didaktik« (Hallitzky/Marchand/Seibert 2013, S. 160). Eine Entscheidung über Ziele, Inhalte und Methoden erfordere immer die Beachtung und Verknüpfung aller drei Perspektiven.

Unterrichtsfaktoren

- Theorien und Modelle wie das Berliner Modell von Heiman, Otto und Schulz oder das Angebots-Nutzungs-Modell von Helmke »erklären, wie verschiedene Elemente von Unterricht aufeinander wirken« (Hallitzky/Marchand/Seibert 2013, S. 141). Sie untersuchen vor allem, welche Faktoren auf Unterricht einwirken und wie diese zusammenhängen. Die empirische Lehr-Lern-Forschung rekurriert häufig auf solche Modelle, eine normative Orientierung können sie allerdings nicht geben und als handlungsleitende Bezugswissenschaft sind sie daher nicht ausreichend (Hallitzky/Marchand/Seibert 2013, S. 159).

Bildungstheoretische Grundlagen

- Geisteswissenschaftliche didaktische Theorien und Modelle wie z. B. Klafkis bildungstheoretische und kritisch-konstruktive Didaktik oder das Hamburger Modell von Schulz liefern als zweite Gruppe eine »normative Fundierung didaktisch-methodischen Handelns« (Hallitzky/Marchand/Seibert 2013, S. 159). Sie beziehen grundlegendere Leitziele wie Selbstbestimmungs-, Mitbestimmungs- und Solidaritätsfähigkeit sowie soziale, gesellschaftliche und politische Gesamtzusammenhänge ein und bieten damit eine normative Orientierung in Bezug auf die vielen verschiedenen Möglichkeiten, unterrichtliche Entscheidungsprozesse zu treffen.

Unterrichtsgestaltung

- Die dritte Gruppe didaktischer Theorien und Modelle wie z. B. die systemtheoretisch-konstruktivistische Didaktik Reichs kennzeichnen Hallitzky, Marchand und Seibert ebenso als normativ, aber nicht in Bezug auf die Ziele, sondern auf die Gestaltung des Unterrichts.

Aufgrund der Offenheit und Vielfalt möglicher außerschulischer Lernorte und den daraus folgenden komplexen und anspruchsvollen Entscheidungs- und Gestaltungsaufgaben für Lehrkräfte ist eine bildungstheoretische Fundierung als allgemeiner Orientierungsrahmen erforderlich. Die orientierende bildungstheoretische Grundlage für alle didaktischen und methodischen Überlegungen zu außerschulischen Lernorten in diesem Band bildet das Modell der kritisch-konstruktiven Didaktik von Wolfgang Klafki aus der zweiten eben beschriebenen Gruppe. Konstruktivistische didaktische Überlegungen der dritten Gruppe werden im Rahmen der lerntheoretischen Perspektiven (Kapitel 2.3, S. 45 ff.) sowie bei den didaktischen und methodischen Überlegungen in Kapitel 3 einbezogen. Die erste Gruppe unterrichtsbezogener didaktischer Konzepte wird vor allem bei Unterrichtsgestaltungs- und -qualitätsfragen relevant (Kapitel 2.3, S. 38 ff.).

Bildungstheoretische Grundlagen

Bildungsziele: Fähigkeit zur Selbstbestimmung, Mitbestimmung und Solidarität

Klafki fordert in der kritisch-konstruktiven Didaktik die Ausbildung von drei Grundfähigkeiten. Ziel und Ergebnis von individuellen Bildungsprozessen ist der selbsttätig erarbeitete und personal verantwortete Zusammenhang der Grundfähigkeiten zur Selbstbestimmung, zur Mitbestimmung und zur Solidarität:

- Die Fähigkeit »zur Selbstbestimmung jedes einzelnen über seine individuellen Lebensbeziehungen und Sinndeutungen zwischenmenschlicher, beruflicher, ethischer und religiöser Art«,
- die »Mitbestimmungsfähigkeit, insofern jeder Anspruch, Möglichkeit und Verantwortung für die Gestaltung unserer gemeinsamen kulturellen, gesellschaftlichen und politischen Verhältnisse hat«
- sowie die »Solidaritätsfähigkeit, insofern der eigene Anspruch auf Selbst- und Mitbestimmung nur gerechtfertigt werden kann, wenn er nicht nur mit der Anerkennung, sondern mit dem Einsatz für diejenigen und dem Zusammenschluss mit ihnen verbunden ist, denen eben solche Selbst- und Mitbestimmungsmöglichkeiten aufgrund gesellschaftlicher Verhältnisse, Unterprivilegierung, politischer Einschränkungen oder Unterdrückungen vorenthalten oder begrenzt werden« (Klafki 1991, S. 52).

Lehrkräfte haben die Aufgabe, Bildungsinhalte und Themen im Hinblick auf ihren bildenden Gehalt in Bezug auf diese Ziele auszuwählen und zu bestimmen: Welche Inhalte, welche Themen können dazu beitragen, dass Schülerinnen und Schüler diese Grundfähigkeiten erwerben? Bei der Auswahl von Inhalten ist zudem erforderlich, auch das Prinzip der

Exemplarität sowie die Gegenwarts- und Zukunftsbedeutung von Bildungsinhalten und Themen zu berücksichtigen. Auf diese Aspekte wird in Kapitel 3.1 und 3.2 ausführlicher eingegangen.

Allgemeinbildung

Bildung, verstanden als Allgemeinbildung und Bildung für alle, muss dabei auf die »Grunddimensionen menschlicher Interessen und Fähigkeiten« eingehen: die kognitiven Möglichkeiten, die handwerklich-technische Produktivität, die Ausbildung zwischenmenschlicher Beziehungen (Sozialität), die ästhetische Wahrnehmungs-, Gestaltungs- und Urteilsfähigkeit sowie die ethische und praktische Entscheidungs- und Handlungsfähigkeit (Klafki 1991, S. 14). Es geht dabei also um eine vielseitige Förderung von Interessen, Fähigkeiten und Handlungsmöglichkeiten sowie individuelle Sinndeutungen für die eigene autonome, partizipative und solidarische Lebensgestaltung.

Bildung an epochaltypischen Schlüsselproblemen

Die Konzeption der Allgemeinbildung als Bildung für alle umfasst auch, dass Problemstellungen im Rahmen des schulischen Bildungsauftrags thematisiert werden, die einen potentiell emanzipatorischen Charakter besitzen und alle Menschen betreffen. Klafki nennt diese *epochaltypische Schlüsselprobleme* und sie bilden einen inhaltlichen Kanon der Allgemeinbildung, der immer wieder aktualisiert und überdacht werden soll und den er selbst auch mehrfach überarbeitet hat. Als epochaltypische Schlüsselprobleme benennt Klafki gesellschaftlich reproduzierte Ungleichheit (z. B. zwischen Frauen und Männern, Klassen und Schichten), die Frage von Krieg und Frieden, die Umweltfrage, Folgen von Technisierung und Globalisierung, das Nationalitätenprinzip/Interkulturalität sowie Normen und Werte (Ich-Du-Beziehungen, zwischenmenschliche Verantwortung). Die Bearbeitung dieser auch heute noch relevanten Themenfelder ermöglicht es, Schlüsselqualifikationen im Sinne der Allgemeinbildung einer kritisch-konstruktiven Didaktik zu erwerben (Klafki 1991, S. 19 f.).

Schlüsselqualifikationen

Ziel schulischer Bildung ist nicht, die Schlüsselprobleme zu lösen, sondern sich inhaltlich mit ihnen auseinanderzusetzen und dadurch Schlüsselqualifikationen zu erwerben: »Es geht nicht darum, dass die Schülerinnen und Schüler die genannten Probleme lösen können, sondern sie sollen in der Lage sein, mit anderen über die Lösungsmöglichkeiten engagiert und motiviert zu diskutieren, also gemeinsam an Lösungsvorschlägen zu arbeiten« und dabei »Kritikbereitschaft, Argumentationsbereitschaft, Empathie, vernetzendes Denken, Selbstvertrauen, Frustrationstoleranz und Verantwortungsfähigkeit zu entwickeln« (Koch-Priewe/Köker/Störtländer 2016, S. 124).

Mit seinem Ansatz einer kategorialen Bildung, die auf die Entwicklung zu Mündigkeit zielt, die eine selbstbestimmte, partizipatorische und solidarische Lebensgestaltung ermöglichen soll (vgl. Klafki 2007), thematisiert Klafki auch den Zusammenhang von Schule und Welt. Nur in der Auseinandersetzung mit der »Welt« kann sich kategoriale Bildung vollziehen: Kategorien im Sinne Klafkis unterstützen Menschen, »die Wahrnehmung der Welt für sich zu ordnen. Erkenntnis und persönliche Entwicklung finden nur dann statt, wenn immer neue Kategorien, die zugleich subjektiv bedeutsam aber auch allgemein sind, ge›bildet‹ werden« (Koch-Priewe/Köker/Störtländer 2016, S. 106, Herv. i.O.). Dabei verbinden sich Subjektivität und Allgemeinheitsanspruch: In »dieser neuen Betrachtungsweise sind sowohl ihre subjektive Sicht, ihre persönlichen Motive als auch Merkmale der allgemeinen, objektiven, und wissenschaftlichen Erkenntnisse untrennbar miteinander verwoben« (Koch-Priewe/Köker/Störtländer 2016, S. 106), Schülerinnen und Schüler erschließen sich dabei die Welt und werden für die Welt erschlossen, sie erwerben »neue Kategorien der Wahrnehmung, […], neue Motive und Fähigkeiten des Lernen Lernens«.

Kategoriale Bildung als Auseinandersetzung mit der Welt

Viele außerschulische Lernorte eignen sich aufgrund ihrer Komplexität und Vielperspektivität, subjektive Zugänge und Interessen zu berücksichtigen. Aufgrund ihrer inhaltlichen Thematik sind sie darüber hinaus besonders dazu geeignet, die eben beschriebenen epochaltypischen Schlüsselprobleme zu bearbeiten und dabei Schlüsselqualifikationen zu erwerben. Sie können daher im schulischen Rahmen dazu beitragen, die Auseinandersetzung mit der »Welt« bildungswirksam im Sinne kategorialer Bildung und des Allgemeinbildungsauftrags zu gestalten.

Außerschulische Lernorte, Allgemeinbildung und kategoriale Bildung

Lebenswelt – Nahraum – Öffnung der Schule

Orientierung an der Alltags- und Lebenswelt

Sich in der Schule an der Lebenswelt der Kinder und Jugendlichen zu orientieren und damit »Alltags- oder Lebensbezug« zu realisieren, kann beim Lernen an außerschulischen Lernorten in besonderer Weise realisiert werden, da sie in der Regel Orte in deren Lebenswelt darstellen. Dass Schule einem Bezug zur *Alltags- und Lebenswelt* oder *Lebensnähe* verpflichtet ist, ist unbestritten und findet sich als Forderungen in bildungstheoretischen Überlegungen, in didaktischen Theorien und Modellen und daraus folgend, auch in allen Bildungsplänen. Gleichzeitig zeichnet Schule sich aber dadurch aus, dass sie in »Distanz und Abhebung zum Alltagsleben« (Jürgens 2008, S. 104) entstanden ist, um die gesellschaftlichen Anforderungen an Qualifikation und Bildung zu sichern, für die ein Lernen und die Sozialisation im Alltagsleben nicht mehr ausreichte. Die Schule arrangiert Bildungsgelegenheiten und Lernsituationen »in systematisch-aufbauender und zirkulär-vertiefender Weise« (Wiater 2013, S. 17). Damit ist die Trennung vom Leben für die Schule konstitutiv: »Schule kann zur Erfüllung ihres Erziehungs- und

Bildungsauftrags gar nicht anders, als sich bewusst vom Leben fernzuhalten« (Jürgens 2008, S. 104). Lebensferne ist für die Schule gewollt und grundlegend.

Paradoxon von Nähe und Distanz zum Leben

Daraus ergibt sich das Paradoxon, das es für die Schule richtig ist, »sowohl ›Distanz‹ als auch ›Nähe‹ zum alltäglichen Leben zu realisieren« (Jürgens 2008, S. 104); die Forderung nach Lebensbezug bleibt also erhalten, das Paradoxon ist auszuloten. Die Lebensferne von Schule pauschal zu kritisieren – ein seit der Zeit der Reformpädagogik immer wieder, auch aktuell vorzufindendes Muster – greift zu kurz. Der Zusammenhang von »Leben« und »Schule« muss unter Berücksichtigung des Paradoxons von Nähe und Distanz differenziert betrachtet und gestaltet werden. Lernen am außerschulischen Lernort bietet hier die Möglichkeit eines Brückenschlags.

Schultheoretische Überlegungen

Die von Seiten der Schultheorie beschriebenen Aufgaben, Funktionen und die Struktur der Schule sind historisch und gesellschaftlich bedingt. In Bezug auf das Lernen an außerschulischen Lernorten ist demnach auch aktuell nach gesellschaftlichen Bedingungen des Aufwachsens von Kindern und Jugendlichen zu fragen (vgl. Kapitel 2.2, S. 33 ff.). Dabei sind auch bildungspolitische Rahmenbedingungen, wie die Einrichtung von immer mehr Ganztagsschulen, in Überlegungen der (Neu-)Verortung von außerschulischen Lernorten in den schulischen Bildungsauftrag einzubeziehen.

Öffnung der Schule: Demokratisierung und Schulumfeld

Schul- und Alltagserfahrungen aufeinander zu beziehen, zeigt sich auf schulorganisatorischer und Schulentwicklungs-Ebene in der Forderung nach einer Öffnung der Schule, die mehr als nur einer Öffnung des Unterrichts umfasst (Bohl/Kucharz 2010, S. 46). Zwei Ebenen spielen dabei eine Rolle: Zum einen die Demokratisierung des Schullebens, mit der auch die Organisation der Schule als eine demokratische Gemeinschaft verbunden ist. Zum Zweiten ist damit die Öffnung der Einzelschule zum Nahraum, zum Schulumfeld, gemeint.

Vom Prinzip der Lebensnähe ausgehend, kommt damit dem Nahraum der Schule als außerschulischem und auf Schule zu beziehenden Lernort eine besondere Bedeutung zu – auch wenn Lernen vor Ort sich nicht auf den Nahraum begrenzen lässt. Wie früher Heimat als didaktische

Lebenswelt, Nahraum, Heimat

Kategorie des Heimat- und Sachunterrichts galt, können heute die Lebenswelt und der Nahraum als relevante didaktische Kategorien für jeden Unterricht betrachtet werden (vgl. Kapitel 3.1; Kapitel 3.2). Heimat als didaktische Kategorie bzw. der Heimatbegriff als subjektbezogener Erlebnis- und Anschauungsraum (Nießeler 2015b, S. 29) hat in der Pädagogik eine lange Tradition. Bereits vor der Reformpädagogik und in der Konzeption der Weimarer Grund- und Volksschule war in der Heimatkunde und in den daraus hervorgehenden Unterrichtsfächern die Orientierung am Nahraum in sich konzentrisch ausweitenden (Lebens-)Kreisen ebenso bestimmend wie die Prinzipien Anschauung und originale Begegnung (vgl. Kapitel 3.3, S. 73 ff.). Auf Grundlage einer ausführlichen und kritischen Diskussion des Heimatbegriffs können anknüpfend an diese Forderungen die Potentiale der Einbeziehung des Nahraums als außerschulischer Lernort hervorgehoben werden, bei dessen Erkundung Handlungskompetenzen erworben werden können und sich Mitgestaltungsmöglichkeiten eröffnen. Ein moderner, zukunftsoffener Heimatbegriff, der »auf die Pluralität von Heimatwelten und die Heterogenität von Heimatbeziehungen« eingeht, eröffnet »den Schülerinnen und Schülern durch die Vermittlung von Handlungskompetenz Mitgestaltungsmöglichkeiten«, schreibt damit »dem Nahraum eine wichtige Lernbedeutsamkeit hinsichtlich der Einsicht in [z. B.] ökologische Strukturen« zu und macht »das lokale Umfeld der Schule zum anschaulichen Modellfall und zu einem zu erkundenden Lernort« (Nießeler 2015b, S. 29).

Nahraum als Erfahrungsraum, Erkundungsraum, Erkenntnisraum, Gestaltungsraum

Der Nahraum ist hierbei *Erfahrungsraum* im Sinne von Erfahrungen, die die Kinder und Jugendlichen aus diesem Raum mitbringen. Er ist im Zusammenhang mit außerschulischem Lernen aber auch wichtiger *Erkundungsraum*, in dem bildungswirksame Erfahrungen gemacht werden können. Damit wird der Nahraum – vor Ort, aber auch in Verknüpfung mit der Dokumentation und Bearbeitung der Erfahrungen – *Erkenntnisraum* und, sofern das Lernvorhaben auch eine gesellschaftliche oder politische Dimension hat, auch *Gestaltungsraum*.

Lebensgemeinschaftsschulen

Sozialistisch orientierte reformpädagogische Konzepte akzentuierten die Öffnung der Schule zum Stadtteil und die politische Öffnung der Schule im Konzept der Lebensgemeinschaftsschule:

> *»Ihr Ideal der Verbindung von Schule und Leben ist [...] die in den Stadtteil und seine Bevölkerung eingebundene Lebensgemeinschaftsschule. Diese [...] Schulen beanspruchen, die sozioökonomische Lage der Schüler(innen) bestimmende Lebensbereiche transparent und erfahrbar zu machen, nicht zuletzt eben auch durch eine Reform des Schullebens. So ließ Fritz Karsen, Leiter einer Berliner Lebensgemeinschaftsschule, regelmäßig Studienfahrten durchführen und den Unterricht durch darstellendes Spiel vertiefen, was in schulöffentlichen Aufführungen mündete. Auf den ersten Blick unterscheidet sich dies nicht wesentlich von den Postulaten bürgerlicher Schulpädagogen. [...] Der Unterschied liegt im Detail. So stellen Schüleraufführungen in der Lebensgemeinschaftsschule gesellschaftskritische Themen in den Vordergrund [...] Auch wird Gemeinschaft in der Lebensgemeinschaftsschule nicht [...] in den außerunterrichtlichen, sozusagen nur geselligen und nur gelegentlich stattfindenden Teil von Schule verbannt, sondern als partizipatorische Struktur vorgestellt, welche sich durch die ge-*

samte schulische Praxis, also auch durch den Unterricht zieht. Das zentrale Forum solch gemeinsamer Selbstverwaltung war die ›Klassengemeinde‹ […], in der Schüler und Lehrer zu gemeinsamer Aussprache und Kritik zusammenfanden.«
(Göhlich 2013, S. 54 f.)

Kommunale Bildungslandschaften und Bildungspartnerschaften

Eine solche gemeinwesenorientierte Bildungsarbeit in Schulen wird aktuell auch insbesondere für Ganztagsschulen diskutiert, sie werden als Motor der Entwicklung von Bildungsnetzwerken oder kommunalen Bildungslandschaften beschrieben (vgl. z. B. Heinrich/Stötzel 2014; Adelt/Reichel 2009). Diese neue Diskussion um die Öffnung der Schule nach außen ist weiter gefasst als eine nur von der Einzelschule ausgehende Öffnung, die in den 1990er Jahren diskutiert wurde: Der Bildungsauftrag der Schule kann heute nicht mehr ohne Sozialraumorientierung und Praxiskontakte zur Erprobung des Erlernten, ohne verbindliche Arbeitsbeziehungen zwischen Schule, Jugendhilfe, Wirtschaft, Kultur, Sport etc. hinreichend erfüllt werden. Erforderlich sind nicht gelegentliche Projekte, sondern auf Dauer und Nachhaltigkeit angelegte Bildungspartnerschaften auf gleicher Augenhöhe zwischen Schule und ihren Partnern (Adelt/Reichel 2009, S. 62).

Lern- und Bildungsort Nahraum

Lernen an außerschulischen Lernorten, das dieser Prämisse folgt, greift verstärkt Themen mit Lebensweltbezug und handlungsorientierte Methoden auf, bezieht außerschulische Expertinnen und Experten in das didaktische Setting ein und geschieht in Kooperation mit außerschulischen Personen und Institutionen wie städtischen Einrichtungen, karitativen und sozialen Organisationen und mit anderen Bildungsträgern. Durch eine längerfristige Einbindung beispielsweise in soziale und Umweltprojekte wird der schulische Nahraum als wichtiger außerschulischer Lern- und Bildungsort erschlossen.

Gemeinsame Bildungsangebote

Durch gemeinsame Bildungsangebote für unterschiedliche Zielgruppen des Gemeinwesens wird Schule zu einer Begegnungsstätte und einem kulturellen Ort; eine Kommunikationskultur mit z. B. Jugendhilfe, Jugendarbeit, sozialen Diensten und Gemeindevertreterinnen und -vertretern etabliert sich.

Formales, nonformales, informelles Lernen

Neben formalem Lernen gewinnt so auch informelles Lernen im Rahmen des schulischen Bildungsauftrags an Bedeutung, wie z. B. das Erleben von Freizeit, Autonomie und Mitgestaltungsmöglichkeiten. Die pädagogischen Perspektiven von Kinder- und Jugendarbeit, ihr nicht-unterrichtsbezogenes reiches Methodenrepertoire im Rahmen informeller und nonformaler Bildungsangebote kann als Bereicherung und Ideengeber für schulisches Lernen gesehen werden.

2.2 Lernen unter sich wandelnden Sozialisationsbedingungen

Inwieweit können sich wandelnde Sozialisationsbedingungen einen Grund dafür darstellen, außerschulische Lernorte verstärkt in das schulische Lernen einzubeziehen? Aktuelle Bedingungen des Aufwachsens von Kindern und Jugendlichen bilden den Rahmen von Sozialisationsprozessen, die Entwicklungs- und Lernprozesse befördern, aber auch limitieren können. Das Individuum wird dabei nicht verstanden als Objekt, das den äußeren Bedingungen rein passiv ausgeliefert ist. Vielmehr ist es aktives Subjekt, das maßgeblich an Konstruktionsprozessen beteiligt ist und die Um- und Mitwelt in einem reziproken Verhältnis mitprägt. Hurrelmann spricht in diesem Zusammenhang von »Sozialisation als produktive Verarbeitung der äußeren und inneren Realität« (Hurrelmann 2001, S. 62).

Individuum als aktives Subjekt

Um aktuelle Lernbedürfnisse, Motivationslagen sowie Lerninteressen im Unterricht berücksichtigen und aufgreifen zu können, bedarf es einer Analyse der Umwelt sowie der Interaktionspraktiken der Schülerinnen und Schüler in dieser. Dabei reicht es nicht aus, sich auf subjektive Eindrücke zu verlassen oder den medialen Diskurs mit seiner oftmals einseitigen, verallgemeinernden, skandalisierend-dramatisierenden und häufig negativ konnotierten Berichterstattung über »die heutige Jugend« oder einem verklärten Blick auf »Kindheit früher« zu reproduzieren.

Mediale, subjektive und normative Bilder von Kindheit und Jugend

In den Medien, aber auch allgemein wird häufig darüber geklagt, dass Kinder und Jugendliche nicht mehr gemeinsam spielen, dass sie egozentrisch und egoistisch agieren und sich weder politisch noch sozial engagieren. Auf der anderen Seite wird betont, welch großen Freiraum Kinder heute haben und wie viele Optionen ihnen für die Freizeitgestaltung zur Verfügung stehen. Auch das vielfach propagierte, normative Idealbild von Kindheit, das diese romantisierend als naturverbundenen, von Geborgenheit geprägten Schonraum betrachtet, bedarf einer diskursiven Auseinandersetzung (Mierendorff/Kränzl-Nagl 2007, S. 5).

Kindheits- und Jugendforschung

Erkenntnisse der Kindheits- und Jugendforschung (bspw. Heinzel 2010 oder Trautmann-Voigt/Voigt 2013) entlarven und dekonstruieren solche stereotypen Vorstellungen. Sie geben wichtige, empirisch abgesicherte Hinweise auf die tatsächlichen Lebenswelten und Lebenslagen von Kindern und Jugendlichen und werben für einen differenzierten Blick auf die konkreten Bedingungen des Aufwachsens. Ein solcher ist vor allem für Lehrkräfte notwendig, um im Rahmen einer Bedingungsanalyse die Sozialisationsbedingungen und damit auch die Lernvoraussetzungen der Schülerinnen und Schüler der eigenen Klasse zu diagnostizieren und Unterricht differenziert und individualisiert planen und gestalten zu können.

Aufwachsen in der pluralistischen Gesellschaft

Kindheit und Jugend finden heute unter veränderten und unterschiedlichen Vorzeichen, vielfältigen Bedingungen und in teilweise ambivalenten Lebenswelten statt: Kinder und Jugendliche bewegen sich in einer pluralistischen Gesellschaft und sind Teil dieser, und es fällt schwer, eindeutige, allgemeine Aussagen über Bedingungen des Aufwachsens zu treffen. Dies zeigt sich auch in der Bandbreite wissenschaftlicher Veröffentlichungen zur heutigen Kindheit und Jugend, von denen hier einige exemplarisch genannt werden:

Verhäuslichung, Verinselung

- Bereits im Jahr 1990 macht der Soziologe Zinnecker eine »Verhäuslichung« und »Verinselung« der Kindheit aufgrund zunehmender Bebauung und hohem Verkehrsaufkommen aus, die ein eigenständiges Entdecken des kindlichen Nahraumes unmöglich erscheinen lassen und aufgrund derer sich Kinder häufig nur noch in weitgehend funktionalisierten, spezialisierten sowie privaten Räumen aufhielten (Zinnecker 1990, S. 142 ff.).

Versportung

- Einige Jahre später weisen Zinnecker und Silbereisen auf eine »Versportung« der Kindheit hin (Zinnecker/Silbereisen 1996, S. 197). Kleine und Schulz (1999, S. 7 ff.) greifen diese These auf, während andere Studien wie beispielsweise die EvAkuJ-Studie von Hoffmeister et al. (2011) später einen Anstieg von Übergewicht und Adipositas bei Kindern und Jugendlichen feststellen.

Konsumkindheit, Gefährdete Kindheit

- Der Sportsoziologe Brinkhoff listet gleich eine Vielzahl von Kindheiten auf, die von Konsumkindheit, Karrierekindheit, Permissiver Kindheit und Entsinnlichter Kindheit über Individualisierte sowie Ungewisse Kindheit bis hin zur Gefährdeten Kindheit reichen. Als Ursache für eine zunehmende Delinquenz, Kriminalität, für Alkohol- und Drogenmissbrauch oder Essstörungen unter Kindern und Jugendlichen macht er eine »fortschreitende Industrialisierung, Modernisierung, Kommerzialisierung und Urbanisierung« (Brinkhoff 1996, S. 38) der Lebenswelt aus.

Eigentätigkeit und Selbsterfahrung

- Der Erziehungswissenschaftler Jürgens leitet aus seiner Analyse des Diskurses zu heutigen Kindheiten einen zunehmenden »Verlust von Eigentätigkeit und Selbsterfahrung« (Jürgens 2008, S. 108) sowie die schwindende Möglichkeit für Kinder ab, sich »›Wirklichkeit‹ aktiv anzueignen« (Jürgens 2008, S. 109, Herv. i.O.).

Multikulturelle Kindheit

- Angesichts der mittlerweile »sprachlich-kulturell, ethnisch, national und religiös ausdifferenzierten ›deutschen‹ Einwanderungsgesellschaft« (Krüger-Potrantz 2010, S. 41, Herv. i.O.) spricht die Erziehungswissenschaftlerin Krüger-Potrantz von der »Multikulturellen Kindheit«, die sowohl Kinder mit als auch solche ohne Migrationshintergrund erleben.

- Tillmann und Hugger betrachten die Sozialisationsbedingungen aus der medienpädagogischen Perspektive und proklamieren die »mediatisierten Kindheit«, die der technischen Entwicklung und damit einhergehenden kommunikativen sowie sozialen Praktiken geschuldet sei (Tillmann/Hugger 2014, S. 31 ff.).

Mediatisierte Kindheit

Die Lebenswelten und Sozialisationsbedingungen von Kindern und Jugendlichen werden in diesen Darstellungen von außen und unter einer Erwachsenenperspektive betrachtet und analysiert. Auch die fachliche Verortung der Autorinnen und Autoren hat Einfluss auf den diagnostischen Blickwinkel, unter dem sie die Bedingungen des Aufwachsens verallgemeinernd beschreiben.

Pädagogische Kindheitsforschung, Surveys

Einen anders gelagerten Ansatz bieten die pädagogische Kindheitsforschung sowie sozialwissenschaftliche Surveys, die es sich zur Aufgabe machen, nicht nur *über* Kinder und Jugendliche zu forschen, sondern *mit* ihnen, d. h., sie zu befragen, ihnen selbst das Wort zu geben und – rekonstruierend – deren eigene Konstruktionen zu systematisieren.

SINUS-Studie

Diese Forschungszugänge zeigen, dass Kindheit und Jugend heute – jenseits von Schlagwörtern – äußerst heterogen sind und im Plural gedacht werden müssen. Die SINUS-Studie von 2016 untersucht die Lebenswelten von Jugendlichen in Deutschland. Es wurden narrative Interviews mit 14- bis 17-jährigen Jugendlichen geführt, ergänzt durch Peer-to-Peer-Interviews sowie die fotografische Dokumentation von Jugendzimmern. Die in der Studie identifizierten sogenannten »SINUS-Milieus« beschreiben ähnliche Lebensweisen und Einstellungen und differenzieren sich in sieben verschiedene Typen: Konservativ-bürgerliche, sozialökologische, adaptiv-pragmatische, expeditive sowie prekäre Jugendliche stehen sich gegenüber, genauso wie solche, die als materialistische sowie experimentalistische Hedonisten bezeichnet werden (Calmbach et al. 2016, S. 37 ff.).

World Vision Studie

Auch die World Vision Kinderstudie, die Kinder im Alter von sechs bis elf Jahren quantitativ und qualitativ befragt, kommt zum Ergebnis, dass Kinder in sich stark voneinander unterscheidenden Umständen aufwachsen und dies auch so wahrnehmen. So sind beispielsweise 71 Prozent der Kinder aus der Oberschicht mit ihrem Leben »sehr zufrieden«, aber nur 30 Prozent der Kinder, die der Unterschicht zugezählt werden (World Vision Deutschland 2013, S. 50 ff.). Bezogen auf das Freizeitverhalten typisiert die Studie die Kinder in drei Gruppen: Die der »Vielseitigen Kids«, zu der vor allem Mädchen aus den oberen Schichten zählen, die der »Normalen Freizeitler«, die Kinder aus allen Schichten vereint, und die der »Medienkonsumenten«, zu denen vor allem Jungen aus den unteren Schichten gehören (Jänsch/Schneekloth 2013, S. 142 ff.).

Vielfalt kindlicher und jugendlicher Lebenswelten

Es existiert also weder *die* Kindheit noch *die* Jugend. Vielmehr sind kindliche sowie jugendliche Lebenswelten geprägt von Diversität, von heterogenen Situationen und Bedingungen des Aufwachsens: Die familiäre Herkunft mit ihren Koordinaten Einkommen, soziales Milieu, Bildungs- sowie Migrationshintergrund spielt eine ebenso bedeutende Rolle wie die geschlechtsspezifische und die sexuelle Sozialisation, die besuchte Schulart, die besuchte Schule, das räumliche Nahfeld und die Gruppe der Gleichaltrigen, die mit zunehmendem Alter einen größer werdenden Einfluss auf Kinder und Jugendliche und deren Alltagspraktiken ausübt.

Chancenungleichheit

Auch wenn diese Vielfalt als durchaus bereichernd empfunden werden kann, sind mit ihr doch ungleiche Chancen verbunden: Empirische Studien belegen, dass Kinder, die in ungünstigen ökonomischen Situationen aufwachsen, beispielsweise weniger häufig die Chance haben, einen Sportverein oder eine Musikschule zu besuchen als Kinder aus gehobenen Schichten (Jänsch/Schneekloth 2013, S. 155). Sie partizipieren seltener am kulturellen gesellschaftlichen Leben (Burkard et al. 2012, S. 5 ff.; Hurrelmann et al. 2014, S. 390) und verfügen über einen eingeschränkteren Radius, innerhalb dessen sie Umwelterfahrungen machen können (Andresen/Galic 2015; bereits Nahnsen 1975, S. 149). Darüber hinaus wird sichtbar, dass sich Schülerinnen und Schüler aus benachteiligten sozialen Milieus gleichzeitig weniger zufrieden mit ihrem Leben zeigen (World Vision Deutschland 2013, S. 55 ff.).

Hier wird die pädagogische Implikation sichtbar, der Chancenungleichheit und der damit verbundenen Chancenungerechtigkeit in Schule und Unterricht entgegenzuwirken. Lernen an außerschulischen Lernorten kann hier ein besonderes Potential entfalten, wenn es die folgenden Prinzipien berücksichtigt:

Adaptivität

Orte der Alltagswelt einbeziehen

Die unterschiedlichen Bedingungen des Aufwachsens von Kindern und Jugendlichen müssen aufgegriffen und *vor Ort* Gegenstand von Unterricht werden, um diese bewusst zu reflektieren, erfahrbar und einer Bearbeitung zugänglich zu machen. Wie in Kapitel 2.3 (S. 45 ff.) noch dargestellt werden wird, sind Lernprozesse vor allem dann nachhaltig und erfolgreich, wenn sie an bereits erworbene Wissensbestände anschließen können. Indem Orte aus der Alltagswelt der Schülerinnen und Schüler aufgesucht und sie für Lernprozesse nutzbar gemacht werden, kann Neues besser integriert, der Praxisbezug von scheinbar Theoretischem erfahren, die Relevanz und Sinnhaftigkeit der schulischen Lerninhalte auch für das Alltagsleben erkannt werden.

Erweiterung und Inklusion

Erfahrungsspektrum erweitern

Die verschiedenen (privaten) Lebenswelten von Kindern und Jugendlichen verlangen nach Offenheit und einer Erweiterung, um sie anschlussfähig für eine aktuelle und zukünftige Partizipation am gesellschaftlichen Leben zu machen. Grenzen müssen überschritten und Barrieren beseitigt werden, um zu einer inklusiven Gesellschaft zu gelangen.

Segregation und Exklusion sind gesellschaftliche Phänomene, die sich auch auf das Miteinander in der Schule auswirken. Wenn Lebenswelten parallel nebeneinander bestehen, ohne dass sich Berührungspunkte ergeben, werden gegenseitiges Verständnis, Akzeptanz und Respekt vor dem Anderen Wunschgedanke bleiben (Baar 2017). Indem außerschulische Lernorte aufgesucht werden, erweitert sich das Erfahrungsspektrum von Schülerinnen und Schülern und es besteht die Chance, das bislang Fremde zu begreifen und zu verstehen, ein oft mit Diskriminierungsmechanismen verbundenes »Othering« (Riegel 2016) langfristig auch zu unterbinden. Der regelmäßige Besuch eines Altenheims kann beispielsweise den intergenerationellen Dialog fördern und Verständnis für die Bedürfnisse älterer Menschen wecken. Die Erkundung verschiedener Stadtteile und ihrer Angebote für Kinder und Jugendliche kann Schülerinnen und Schülern erkennen lassen, dass Bedürfnisse milieuungebunden weitgehend gleich sind, vorhandene Angebote aber sehr unterschiedlich.

Kompensation

Verschlossenes erschließen, Interessensentwicklung ermöglichen

Die gesellschaftliche Chancenungleichheit und -ungerechtigkeit verlangt nach Wegen, auf diese im schulischen Kontext ausgleichend zu wirken, damit ungleiche Lebensbedingungen nicht zu ungleichen Lernchancen und zu Bildungsungerechtigkeit führen. Der Gestaltung von Lernprozessen und didaktischen Settings kommt hier eine besondere Bedeutung zu. Das Aufsuchen außerschulischer Lernorte kann kompensatorisch wirken, indem Neues und bislang Verschlossenes und/oder Nicht-Erschlossenes zugänglich gemacht, erfahren und erlebt wird. Es kann Schülerinnen und Schüler darin unterstützen, eigene Interessen und Valenzen zu entwickeln, zu denen sie zu Hause und im nahen Umfeld bislang keine Berührungspunkte hatten.

Konzertbesuche, die mit der eigenen Familie i. d. R. nicht stattfinden, können beispielsweise Interesse an Musik entfachen; der Besuch einer Arbeits- oder Produktionsstätte kann einen Berufswunsch wecken, der im Rahmen häuslicher Erziehung bislang nicht in Erwägung gezogen wurde; die Exkursion zu einem Bachlauf kann den Umweltgedanken greifbar machen, auch wenn dieser zu Hause keine besondere Rolle spielt. Das selbstständige Erkunden am Bach kann aber auch dazu führen, dass Kinder und Jugendliche, die ihre Freizeit eher in organisierten Angeboten wie Klavier- oder Tennisunterricht verbringen, neue Fähigkeiten und Interessen an und bei sich selbst entdecken.

Je nach didaktischer Gestaltung ergeben sich mit dem Aufsuchen außerschulischer Lernorte unterschiedliche Lernchancen: Sie reichen von einem bloßen Kennenlernen bislang fremder Erfahrungswelten über den Abbau von Scheu, Stereotypen und Ängsten gegenüber bestimmten, dem eigenen Herkunftsmilieu nicht entsprechenden Orten und Menschen bis hin zur Erfahrung, aktiv auf die eigene Umgebung und das eigene Leben einwirken zu können.

Fazit Gerade dann, wenn man Schule als Erfahrungsraum begreift, wird das Potential außerschulischer Lernort aus sozialisationstheoretischer Sicht deutlich. Das Einbeziehen außerschulischer Lernorte in den Unterricht ist dazu geeignet, auf aktuelle Erkenntnisse der Kindheits- und Jugendforschung unter methodisch-didaktischen Gesichtspunkten zu reagieren. Ein solches »Reagieren« bewegt sich dabei im Spannungsfeld eines kompensatorischen Entgegenwirkens gegenüber aktuellen Entwicklungen und dem adaptiven, produktiven Aufgreifen von Interessenlagen und Bedingungen des Aufwachsens im Unterricht.

2.3 Unterrichtsqualität, Unterrichtsprinzipien und Unterrichtskonzepte

Für die Unterrichtsgestaltung beim Lernen mit außerschulischen Lernorten wird im Folgenden auf die Frage nach der Qualität von Unterricht Bezug genommen, die aus zwei sich ergänzenden Perspektiven, nämlich sowohl bildungstheoretisch-normativ als auch mit Ergebnissen der empirischen Lehr-Lern-Forschung beantwortet werden kann. Für außerschulische Lernorte geeignete Unterrichtskonzeptionen werden diskutiert, das Verhältnis von Konstruktion und Instruktion im Unterricht wird anhand konstruktivistischer didaktischer Überlegungen austariert. Konkretisiert werden die Anforderungen an Unterrichtsqualität in den Bereichen Lernaufgaben, Grundlagen und Aufgaben der inneren Differenzierungen sowie der Lernbegleitung durch Lehrkräfte.

Unterrichtsqualität und Unterrichtsprinzipien

Unterschiedliche Perspektiven auf Unterrichtsqualität

Die Frage nach Unterrichtsqualität, nach »gutem Unterricht«, wird einerseits aus Perspektive der Allgemeinen Didaktik und damit aus theoretisch-normativ begründeten Bildungskonzepten thematisiert, andererseits auch aus Perspektive der empirischen Lehr-Lernforschung bearbeitet.

Oberflächen- und Tiefenstruktur von Unterricht

Wesentlich für die Beurteilung von Unterrichtsqualität ist die Unterscheidung zwischen Oberflächen- und Tiefenstruktur des Unterrichts. Qualität von Unterricht lässt sich nur umfassend beurteilen in Merkmalen der Tiefenstruktur, also z. B. an der Qualität der Lernaufgaben, die bearbeitet werden: an Aufgaben, die im Schwierigkeitsgrad in Bezug auf Lernvoraussetzungen von Schülerinnen und Schülern angepasst sind oder an der Qualität der Lehrer-Schüler-Interaktionen in Rückmeldesituationen. Diese Tiefenstruktur ist von oberflächenstrukturellen Merkmalen wie Sozialformen, Methoden, Unterrichtskonzepten oder Unterrichtsskripts nicht ablesbar. Die Unterscheidung zwischen oberflächen- und tiefenstrukturellen Merkmalen des Unterrichts stellt sich aus allgemeindidaktischer Perspektive, weil z. B. Entscheidungen über Methoden der Erschließung getroffen und auch konkrete Lernaufgaben entwickelt werden müssen.

Merkmale guten Unterrichts

Die Lehr-Lernforschung gewinnt Erkenntnisse zu Prozessmerkmalen des Unterrichts, die in Merkmalskataloge oder Qualitätskriterien von gutem Unterricht münden (vgl. z. B. Helmke 2015). Dabei wird vor allem die Wirkung von verschiedenen Unterrichtsmerkmalen auf kognitive Lernleistung und Lernmotivation untersucht. Erkenntnisse werden auch durch Metaanalysen empirischer Studien gewonnen: Ein Unterricht, der gleichzeitig zu einer hohen kognitiven Verstehensleistung und Motivation führe, zeichnet sich demnach vor allem durch störungsfreie Klassenführung und klare Strukturierung der Inhalte, ein schülerorientiertes Sozialklima, konstruktive Unterstützung sowie ein kognitiv aktivierendes Unterrichtsangebot aus (Gröschner/Kleinknecht 2013, S. 169).

Die empirische Lehr-Lernforschung konzentriert sich bei der Frage nach Unterrichtsqualität vor allem auf die Effektivität von Unterricht, insbesondere in Bezug auf kognitive Schülerleistungen, Merkmale von Lehrerinnen und Lehrern sowie methodische Fragestellungen in Unterrichtssituationen. Notwendige, bei außerschulischen Lernorten sehr bedeutsame Entscheidungen von Lehrkräften zu Bildungszielen und Bildungsinhalten können auf der Grundlage solcher empirischer Ergebnisse allein nicht getroffen werden. Auch diesen Zielsetzungen nachgeordnete Entscheidungen über die Handlungs- und Prozessstruktur des Unterrichts, das methodische Vorgehen und die Verknüpfung dieser didaktisch-methodischen Überlegungen erfordern zusätzlich die Orientierung an bildungstheoretischen und normativen Grundlagen.

Ergebnisse der empirischen Lehr-Lernforschung zu Unterrichtsqualitätsfragen werden in diesem Kapitel nicht im Detail ausgeführt, da sie zur Frage, wie die komplexen didaktisch-methodischen Entscheidungen für Lernarrangements an außerschulischen Lernorten unter allgemeindidaktischem und bildungstheoretischem Anspruch gestaltet werden können, weniger beitragen können. Ausführlich werden sie bei den Forschungsergebnissen zu außerschulischen Lernorten dargestellt (vgl. Kap. 6).

Unterrichtsprinzipien

Viele der von der empirischen Lehr-Lern-Forschung bestätigten Merkmale von Unterrichtsqualität finden sich auch in allgemeindidaktischen Forderungen und Überlegungen als Unterrichtsprinzipien oder didaktischen Prinzipien wieder. Unterrichtsprinzipien sind normativ-bildungstheoretisch begründet und stellen Anforderungen an die Unterrichtsgestaltung dar, die bei der Unterrichtsplanung beachtet werden sollen. Schülerorientierung, Sachgemäßheit, Veranschaulichung, Selbsttätigkeit, Differenzierung, Aktivierung, Ergebnissicherung und Erfolgsbestätigung als Unterrichtsprinzipien der Schulpädagogik haben einen ähnlich hohen Allgemeinheitsgrad wie Unterrichtsqualitätsmerkmale und sollen wie jene die Wirksamkeit von Unterricht sichern.

Für didaktische und methodische Grundlagen des Lernens an außerschulischen Lernorten sind besonders die Unterrichtsprinzipien Schülerinnen- bzw. Schüler-, Sach- und Handlungsorientierung, Motivierung, Differenzierung, Ganzheit, Erfolgsbestätigung, Zielorientierung und Selbsttätigkeit relevant. Die folgende Tabelle 1 zeigt in einem Auszug eine kurze Erläuterung zu denjenigen Unterrichtsprinzipien, die in besonderer Weise für außerschulische Lernorte relevant sind und deren Realisation auch in die weitergehenden schulpädagogischen Überlegungen aufgenommen wird (vgl. auch die ausführliche Darstellung und Diskussion bei Standop/Jürgens 2015, S. 159 ff.).

Diese Prinzipien können in den Konzepten Offener Unterricht und Projektunterricht (S. 41 ff.), die sich in besonderer Weise für das Lernen an außerschulischen Lernorten eignen, realisiert werden.

Konstitutive Unterrichtsprinzipien	
Schülerinnen-/ Schülerorientierung	Unterricht wird von den Lernenden aus, mit den Lernenden gemeinsam und auf diese bezogen geplant
Sachorientierung	Sachangemessene Themenbehandlung verbunden mit einer sachgerechten Haltung auf Seiten der Lernenden
Handlungsorientierung	Individuelles Lernen verläuft eigenaktiv und selbstgesteuert
Grundlegende Unterrichtsprinzipien	
Prinzip der Motivierung	Herbeiführung, Erhaltung und Berücksichtigung der Lern- und Leistungsbedürfnisse bei den Lernenden
Prinzip der Differenzierung	Bildung homogener (oder heterogener) Gruppen
Prinzip der Ganzheit	Mehrperspektivische Befassung mit Unterrichtsthemen zur Erfahrung der originären Geschlossenheit des Gegenstands
Prinzip der Erfolgsbestätigung	Auf der Grundlage eines sachlichen Feedbacks über den aktuellen Lernstand und der fairen Verteilung von Anerkennung und Kritik kann der weitere Lernprozess geplant und die Lernbereitschaft stabilisiert bzw. optimiert werden
Weitere Prinzipien	
Selbsttätigkeit	Lernende arbeiten auf der Grundlage ihrer individuellen Lern- und Handlungsmöglichkeiten an einem Sachverhalt
Zielorientierung/ -verständigung	Der unterrichtliche Ziel-Inhalts-Bezug wird an sukzessiv zu erreichenden, mit den Lernenden abgesprochenen Zielen ausgerichtet

Tab. 1: Übersicht über Unterrichtsprinzipien nach Standop/Jürgens 2015, S. 173 f.

Unterrichtskonzeptionen

Offener Unterricht

Bohl und Kucharz kommen auf Grundlage der vielfältigen und unterschiedlichen Definitionsbemühungen zur Öffnung des Unterrichts zu der Unterscheidung von »geöffnetem« und »offenem« Unterricht (Bohl/Kucharz 2010, S. 11 ff.). In der Beteiligung von Schülerinnen und Schülern in organisatorischer und methodischer Hinsicht (Selbstorganisation, Selbstregulierung) sehen sie eine Öffnung des Unterrichts, jedoch keinen offenen Unterricht. Offener Unterricht beinhaltet darüber hinausgehend Mitbestimmungsmöglichkeiten der Schülerinnen und Schüler in »inhaltlicher und/oder politisch-partizipativer Hinsicht« (Bohl/Kucharz 2010, S. 19) und wird auch bildungstheoretisch begründet (Bohl/Kohler/Kucharz 2013, S. 288).

> *»Offener Unterricht grenzt sich von anderen Unterrichtskonzeptionen durch die explizite und möglichst umfassende Beteiligung von Schüler(innen)n am Unterrichtsgeschehen ab. Insofern stehen hier Ziele im Vordergrund, die weit über die enge Frage der Wirksamkeit hinsichtlich fachlicher Leistungen hinausgehen. Bei offenem Unterricht handelt es sich also um eine anspruchsvolle Unterrichtskonzeption mit multiplen Zielsetzungen.« (Bohl/Kohler/Kucharz 2013, S. 282)*

Im Hinblick auf die theoretischen und allgemein-didaktischen Positionen, die in diesem Band vertreten werden, und entsprechenden Unterrichtskonzepten, die für das Lernen an außerschulischen Lernorten besonders geeignet erscheinen, bietet das Lernen an außerschulischen Lernorten grundsätzlich großes Potential, als offener Unterricht realisiert zu werden.

Grade der Öffnung

Je nach Zielen, Themen oder der Situation in der Lerngruppe kann es allerdings auch sinnvoll sein, sich auf eine organisatorische und/oder methodische Öffnung zu beschränken, offene und instruktionsorientierte Phasen aufeinander zu beziehen oder mit dem Lernen an außerschulischen Lernorten in einem eher instruktionsorientierten Unterricht einen Prozess der Öffnung anzubahnen, z. B. in einem stufenweisen kumulativen Aufbau, den Bohl und Kucharz (2010, S. 84 ff.) als Weg von der Selbstorganisation bis zur Selbstbestimmung beschreiben.

Außerschulische Lernorte und offener Unterricht

Die Vielperspektivität und Komplexität außerschulischer Lernorte erfordert anspruchsvolle didaktisch-methodische Überlegungen und Entscheidungen der Lehrkräfte und kann – als offener oder geöffneter Unterricht – eine wichtige Ergänzung zum häufig stärker vorgeplanten und verplanten Lernen im Schulalltag darstellen; so wird in vielen Beiträgen zu außerschulischen Lernorten argumentiert. Chancen stärkerer Offenheit beim Lernen an außerschulischen Lernorten bestehen sicher vor allem an Lernorten in der Lebenswelt ohne Programme. Hier kann mit handlungs- oder projektorientierten Methoden offener Unterricht mit Selbstbestimmungsmöglichkeiten realisiert werden. Wird ein bestehendes Programm oder Lernangebot wahrgenommen, können zumindest Zeiten und Möglichkeiten für selbstständige Erkundungen eingeplant werden. Didaktische und methodische Erschließungs- und Gestaltungsmöglichkeiten an außerschulischen Lernorten werden in diesem und im folgenden Kapitel vor allem in Bezug auf solche Lernorte ausführlich beschrieben, die kein didaktisches Arrangement vorhalten, bzw. deren Programme nicht oder nur teilweise genutzt werden. Gleichzeitig können die hier dargestellten Grundlagen auch für Lernorte mit Programm als Prüffolie genutzt werden, um die vorgegebenen Vorschläge und Arbeitsaufgaben zu beurteilen und auch zu modifizieren.

Qualität der Realisation von Konzepten

Für offenen Unterricht gilt wie für die weiteren Unterrichtskonzepte, die im Folgenden kurz charakterisiert werden, dass mit der jeweiligen Konzeption nicht per se eine Qualitätsaussage verbunden ist im Sinne guten oder wirksamen Unterrichts. Erst in der Realisation der Konzeption zeigt sich, ob das Potential, dessen Bestimmung sich an den oben beschriebenen Qualitätskriterien der Lehr-Lernforschung sowie den schulpädagogischen Prinzipien orientiert, genutzt wird.

Projektunterricht

Die Projektmethode bzw. der Projekt- oder projektorientierte Unterricht ist eine problem- und handlungsorientierte Konzeption. Projekte haben einen engen Bezug zur Lebens- und Alltagswelt der Schülerinnen und Schüler und greifen aktuell und zukünftig relevante gesellschaftliche Themen auf. Ziele des Projektunterrichts sind – neben dem Erwerb fachlicher und methodischer Kompetenzen – Selbstständigkeit im Denken und Handeln, Selbstbewusstsein und soziale Verantwortung.

Projektunterricht geht von den Interessen, Vorstellungen und Erfahrungen der Lernenden aus, die die Verantwortung für die Auswahl von Lerninhalten und Themen ebenso wie die Projektplanung und -gestaltung sowie die Präsentation der Ergebnisse übernehmen. Projekte sind in der Regel fächerübergreifend und fächervernetzend angelegt (Marquardt-Mau 2015; Knoll 2009; Reich 2008). Diese Unterrichtskonzeption entspricht damit in besonderer Weise den bildungstheoretischen und didaktischen Grundlagen, den methodischen Vorschlägen und den Zielen, die für das Lernen an außerschulischen Lernorten in diesem Band entwickelt werden (vgl. auch Kapitel 2.1, S. 26ff. sowie Kapitel 3, S. 56ff.).

Projektunterricht thematisiert auch das Paradoxon von Nähe und Distanz schulischen Lernens, den (scheinbaren) Gegensatz von systematischem Unterricht und selbstgesteuerten und selbstverantwortetem Lernen. Knoll (2009, S. 205) greift dies auf, indem er das Projekt als »eine Form entschulten schulischen Lernens« bezeichnet, die sich grundsätzlich durch folgenden Merkmale auszeichne:

- »*Schülerorientierung.* Im Projekt haben die Schüler erhebliche Entscheidungs- und Handlungsspielräume, um ihre Interessen, Vorstellungen und Erfahrungen einzubringen. Sie werden so zu Subjekten ihres Lernprozesses und können sich mit ihrer Arbeit leichter identifizieren und eher einen nachhaltigen Lernerfolg erzielen.
- *Wirklichkeitsorientierung.* Die Schüler setzen sich handelnd mit komplexen Gegenständen und Problemen des Lebens auseinander und wirken mit ihrer Arbeit in irgendeiner Form – vorstellend, aufklärend, verändernd – auf das Leben zurück. Im Projekt tritt also der systematische, theoretische, fachgebundene Unterricht zugunsten des situativen, praktischen, ganzheitlichen Lernens in den Hintergrund.

- *Produktorientierung.* Ziel- und Angelpunkt der Projektarbeit ist ein konkretes Produkt, dessen Herstellung längere Zeit in Anspruch nimmt. Als größeres Unternehmen, das mit einem vorweisbaren, dauerhaften, öffentlich zu präsentierenden Ergebnis abschließt, unterscheidet sich die Projektmethode wesentlich von anderen Formen handlungsorientierten Lernens wie etwa Experiment, Praktikum, Rollenspiel.« (Knoll 2009, S. 205, Herv. i.O.)

Zwei wichtige Vertreter des Projektunterrichts im deutschen Sprachraum beschreiben Projekte über einen Merkmalskatalog (Gudjons) bzw. über einen idealtypischen Projektablauf (Frey). Die folgende kurze Zusammenfassung der Kernideen dieser Unterrichtskonzeption kann auch als Grundlage für die Entwicklung und Planung von Projekten und projektorientiertem Unterricht an außerschulischen Lernorten genutzt werden – entsprechende didaktische und methodische Fragen werden in Kapitel 3 konkretisiert. Merkmale eines Projektes nach Gudjons sind (Gudjons 2008, S. 76 ff., zit. n. Marquardt-Mau 2015, S. 420):

Projektmerkmale nach Gudjons

(1) »*Auswahl einer problemhaltigen Sachlage* mit Situationsbezug (reale Lebenssituationen), Interessen der Beteiligten und gesellschaftliche Praxisrelevanz (lokal, regional oder global)
(2) die *gemeinsame Planung der Problemlösung*, zielgerichtet, mit Selbstorganisation und Selbstverantwortung
(3) die *handlungsorientierte Auseinandersetzung mit dem Problem* unter Berücksichtigung vieler Sinne und sozialem Lernen sowie
(4) die *Überprüfung der Problemlösung an der Wirklichkeit* durch Produktorientierung (z. B. Gestaltung einer Ausstellung), Interdisziplinarität und unter Berücksichtigung der Grenzen des Projektunterrichts (z. B. Anschlussfähigkeit des Projekts zum lehrgangsorientierten Lernen).«

Projektablauf nach Frey

Frey beschreibt einen idealisierten Projektablauf in den Phasen
(1) Projektinitiative,
(2) Auseinandersetzung mit der Projektinitiative – Projektskizze,
(3) gemeinsame Entwicklung des Projektplans,
(4) Projektdurchführung und
(5) Beendigung des Projekts.

Zusätzlich sind »Fixpunkte« und »Metainteraktionen«, also prozessbezogene Phasen der Planung und der Reflexion erforderlich. Sie werden flexibel eingeplant, wenn sie aus Perspektive der Lernenden, aus organisatorischen oder inhaltlichen Gründen notwendig sind. Werden nur einige der eben genannten Komponenten realisiert, sollte nach Frey nur von »projektartigem Lernen« gesprochen werden (Frey 2002).

Kooperatives Lernen

Dem kooperativen Lernen kommt im Projektunterricht und an außerschulischen Lernorten besondere Bedeutung zu. Mit verschiedenen Methoden (z. B. Think-Pair-Share) können Problemlöse- und soziale Kompetenzen gefördert werden. Lernsituationen sind dabei so angelegt, dass die Einzelnen und die Gruppe für komplexe Lernprozesse Verantwortung übernehmen und sich gegenseitig unterstützen. Die Reflexion der Lernprozesse und der Lernergebnisse ist ein weiteres Kennzeichen kooperativen Lernens. Aus konstruktivistischer Perspektive ist der Wissenserwerb in Lerngemeinschaften durch Austausch und Diskussion von unterschiedlichen Sichtweisen und Konstruktionen anregend und lernfördernd. Dies gilt nicht nur für den Erwerb von Wissen, sondern auch für alle anderen Kompetenzbereiche.

Konstruktion und Instruktion: Lernen und Lehren

Instruktionale vs. konstruktivistische Ansätze

Seit den 1990er Jahren sind »konstruktivistische« Sichtweisen in der Pädagogik und Didaktik verstärkt in der Diskussion. Mit ihren lerntheoretischen Grundlagen für Selbststeuerung, für entdeckendes, problemorientiertes und kooperatives Lernen werden sie instruktionistischen Ansätzen gegenübergestellt, einem kleinschrittigen, vor allem lehrer- bzw. lehrerinnengesteuerten Unterrichten. Die konstruktivistische Perspektive auf das Lernen betont die Autonomie und die Schüler- bzw. Schülerinnenorientierung, das Lernen als individuellen geistigen Entwicklungsprozess, die Verringerung der Kluft zwischen Wissen und Handeln und damit die Kompetenzorientierung. Sie betont das Verstehen durch kognitives Konstruieren und favorisiert damit genetische, entdeckende und forschende Lernformen sowie die Bedeutung des Lernens voneinander in Gemeinschaft (shared cognition).

Damit stehen sich zwei Perspektiven auf unterrichtliches Lernen scheinbar gegenüber: eine passive, rezeptive Position der Lernenden in instruktionsorientiertem Unterricht mit aktiven Lehrenden, die anleiten, darbieten oder erklären versus eine aktive Position der Lernenden, die ihr Wissen situiert und im Austausch miteinander konstruieren mit Lehrenden, die sie dabei unterstützen, beraten und anregen.

Im Schulalltag besteht die Notwendigkeit und Möglichkeiten, Instruktion und Konstruktion miteinander zu verknüpfen und damit eine pragmatische und gemäßigt konstruktivistische Position zum Lehren und Lernen einzunehmen.

Moderat-konstruktivistische Ansätze

Sogenannte moderat-konstruktivistische Ansätze (z. B. Gerstenmaier/Mandel 1995) betonen vor allem

- eine Vorstellung von aktiv und selbstgesteuert Lernenden: Lernende müssen ihr Wissen aktiv, selbstständig konstruieren (und damit Ansätze forschenden, entdeckenden Lernens)
- das Aushandeln und den Aufbau von Wissen in Lerngemeinschaften (kooperatives Lernen)
- das Lernen in bedeutungsvollen Kontexten und Situationen, an authentischen Aufgaben, mit multiplen Perspektiven, an bedeutsamen Problemen (situiertes und problemorientiertes Lernen).

Konstruktion und Instruktion

Instruieren seitens der Lehrenden und Konstruieren auf Seiten der Lernenden schließen sich nicht aus, sondern bedingen sich gegenseitig (vgl. auch Reinmann/Mandl 2006). In jedem Unterricht verknüpfen sich instruktive und konstruktive Prozesse, es gibt Phasen mit mehr oder weniger Steuerung und Anleitung wie Phasen mit mehr oder weniger Konstruktion. Um kognitive Prozesse und aktives Konstruieren anzuregen, ist Unterstützung, Lenkung und Anregung erforderlich, individuell unterschiedlich und in Abhängigkeit von der Aufgabenschwierigkeit, vom Vorwissen und den Vorstellungen der Lernenden und von vorhanden methodischen und metakognitiven Kompetenzen. Für kognitives Lernen, das dem Wissenserwerb dient, sind allerdings Freiheitsgrade erforderlich, damit individuelle Konstruktionsprozesse möglich sind. Daher kann nicht durch Instruktion allein gelernt werden: »Neue Inhalte dürfen nicht als fertiges System bzw. als Welt abgeschlossener Erkenntnisse präsentiert werden. Der Lernende muss vielmehr die reale Möglichkeit haben, eigene Wissenskonstruktionen und Interpretationen vorzunehmen sowie eigene Erfahrungen zu machen« (Gerstenmaier/Mandl 1995, S. 879).

Konstruktion unterstützende Instruktion

Für den Unterricht stellt sich daher die Aufgabe, zu planen, zu entscheiden und zu gestalten, wie durch eine vorbereitete Lernumgebung (Lernaufgaben und Methoden) sowie durch lenkendes und unterstützendes Verhalten, also durchaus auch durch Instruktion, Konstruktionsprozesse bei den Lernenden gefördert werden können. Dies beinhaltet, Phasen von enggeführtem, systematischem Lernen in Wechselwirkung mit situationsbezogenem im handlungsorientierten Umgang mit lebensweltlichen Problemen zu planen und zu gestalten.

Auch durch Instruktion und auch lehrerinnen- bzw. lehrerzentrierten Unterricht können und sollen Konstruktionsprozesse bei den Schülerinnen und Schülern angeregt werden – gleichzeitig erfordert selbstgesteuertes Lernen instruktionale Unterstützung durch Lehrkräfte. Damit Schülerinnen und Schüler beispielsweise Methodenkompetenzen erwerben können, sind instruktive Phasen erforderlich – Methoden in deren situationsbezogenen Anwendung sollen aber auch dazu dienen, sich aktiv-konstruierend, in der Lerngruppe, mit den Lerngegenständen in situierten Kontexten auseinanderzusetzen. Auch bei den in Kapitel 3.3 dargestellten Methoden des Lernens vor Ort (S. 68 ff.) zeigt sich die Interdependenz von Instruktion und Konstruktion.

Situiertes Lernen und Authentizität

Ansätze des Situierten Lernens betonen, dass im Unterricht von Lernenden sinnvolle und authentische Fragen, Aufgaben oder Probleme bearbeitet werden und das Wissen in Situationen angewendet werden müsse. Konstruktivistische Lernumgebungen sollen so gestaltet werden, dass mit realistischen Problemen in authentischen Situationen umgegangen werden muss, sie sollen einen Rahmen und einen Anwendungskontext bieten. Durch multiple Kontexte und multiple Perspektiven kann sichergestellt werden, dass das Wissen flexibel auf andere Problemstellungen übertragen werden kann und träges Wissen vermieden wird (Gerstenmaier/Mandl 1995, S. 879). Authentizität und Anwendungskontexte sind bei Fragestellungen an außerschulischen Lernorten gegeben, multiple Kontexte bestehen häufig am Lernort selbst und können auch durch das Aufeinanderbeziehen von außerschulischen und schulischen Lernphasen geschaffen werden.

Lernen im sozialen Kontext

Unterricht soll die Lernenden kognitiv aktivieren, d. h. die Konstruktion von Konzepten oder deren (Weiter-) Entwicklung anregen. Die sozial-konstruktivistische Perspektive betont, dass das Verstehen durch den Austausch individueller Vorstellungen unterstützt wird und dass gemeinsames (Ko-) Konstruieren hohe Bedeutung hat. Konstruktivistische Lernumgebungen stehen unter dem Anspruch, »kooperatives Lernen und Problemlösen in Lerngruppen ebenso [zu fördern] wie gemeinsames Lernen und Arbeiten zwischen Lernenden und Experten im Rahmen situierter Problemstellungen« (Gerstenmaier/Mandl 1995, S. 879). Diese Formen können beim Lernen an außerschulischen Lernorten mit den o. g. Unterrichtskonzepten realisiert werden. Konstruktivistische Sichtweisen begründen damit grundlegende Annahmen offenen und projektorientierten Unterrichts, z. B. die Betonung individueller Lernzugänge und gleichzeitig kooperativen Arbeitens, oder die Selbstverantwortung und Selbstständigkeit ebenso wie die gemeinsame Verantwortung für Lern- und Arbeitsprozesse.

Unterstützung aktiven Konstruierens

Aktives kognitives Konstruieren wird durch Lehrkräfte angeregt, indem im Unterricht an authentischen, sinn- und bedeutungshaltigen Fragestellungen angeknüpft und von Schülervorstellungen und ihren Denkprozessen ausgegangen wird. Über deren Thematisierung können unterschiedliche Perspektiven und Erklärungsmuster erkannt werden und damit kognitive Konflikte entstehen. Das Ordnen und Strukturieren von Vorstellungen, strukturierte und strukturierende Gespräche zur Sache sowie Veranschaulichungen führen zum Aushandeln von Bedeutungen und tragen zur Weiterentwicklung der individuellen Vorstellungen bei. Darüber hinaus wird Phänomen- und Problemorientierung, also das Lernen in multiplen Kontexten, unterstützt.

Präkonzepte und Vorwissen

Schülerinnen und Schülern den Erwerb von Kompetenzen zu ermöglichen, hierfür Lerngelegenheiten zu schaffen, in denen sie ihre kognitiven Strukturen erweitern und ihr Wissen systematisieren können, erfordert, deren individuelle Erfahrungen, ihr Vorwissen, ihre Kenntnisse, Deutungen und Interpretationen (Präkonzepte) zu kennen und bei der Unterrichtsplanung und -gestaltung zu berücksichtigen.

Alltagsnahe diagnostische Verfahren

Um dieses Vorwissen und die Vorstellungen von Schülerinnen und Schülern zu erheben, können alltagsnahe diagnostische Verfahren genutzt werden, z. B. im Rahmen einer gemeinsamen Unterrichtsplanung, wie dies in Konzeptionen von offenem oder projektorientiertem Unterricht auch vorgesehen ist. Darüber hinaus können sowohl offene wie auch fokussierte Erhebungsformen genutzt werden, wie z. B. Gruppengespräche und individuelle schriftliche Erhebungen, Zeichnungen, Concept Maps oder Mindmaps. Solche Formen, auch in Kombination, ermöglichen einen differenzierten Einblick in das Vorwissen und die Vorstellungen zu den Themen und Inhalten des Unterrichts und sind als Standortbestimmungen nicht nur zu Beginn einer Unterrichtssequenz, sondern auch im weiteren Lehr-Lern-Prozess als formative diagnostische Instrumente erforderlich. Mit ihnen können sowohl inhaltliche als auch methodische und metakognitive Kompetenzen als Grundlage für eine differenzierende Unterrichtsplanung und -gestaltung erhoben werden (vgl. Baar 2017; Schönknecht 2015a; Schönknecht/Maier 2014; Liebers et al. 2013; Baar 2013; Baar/Schönknecht 2012; Schönknecht 2012; Bohl/Kucharz 2010, S. 99 ff.).

Grundlagen für Unterrichtsplanung

Präkonzepte und Vorwissen als individuelle Lernvoraussetzungen sind Grundlage für die Festlegung von Zielen, Inhalten und Methoden für einzelne Schülerinnen und Schüler und für die Klasse, für differenzierte und auch individualisierte Lernaufgaben und -angebote im Unterrichtsprozess. Sie geben – neben den in gemeinsamer Unterrichtsplanung aufzugreifenden Interessen und Fragen der Schülerinnen und Schüler – auch Hinweise, welche Teilaspekte einer Gesamtthematik von unterschiedlichen Gruppen bearbeitet und was als verbindliche Grundlagen für alle festgesetzt wird. Gerade im Hinblick auf die Organisation des Lernens am außerschulischen Lernort mit seinen vielfältigen methodisch-didaktischen Gestaltungsmöglichkeiten kommt der Beachtung dieser Aspekte eine besondere Bedeutung zu.

Lernaufgaben, innere Differenzierung und Lernbegleitung

Qualität von Lernaufgaben

In der Qualität von Lernaufgaben zeigen sich tiefenstrukturelle Merkmale des Unterrichts, sie bestimmen die Lernmöglichkeiten der Schülerinnen und Schüler in der Auseinandersetzung mit den Lerninhalten. Insbesondere für offene und projektorientierte Unterrichtsformen gilt, dass Aufgaben eine zentrale Stellung im Unterricht haben. Vor allem mit differenzierten, individuellen und gemeinsamen Aufgaben wird der Unterricht geplant, realisiert, gesteuert, evaluiert und reflektiert. Aufgabenauswahl und, damit verbunden, auch die Wahl von methodischen Zugängen, beeinflussen entscheidend die Lernumgebung und das Lernen der Schülerinnen und Schüler.

Ein Qualitätskriterium von Lernaufgaben ist, dass sie an individuelle Lernausgangslagen anschließen und Schülerinnen und Schüler in der Zone ihrer nächsten Entwicklung fordern, aber nicht überfordern und damit einen systematischen Kompetenzaufbau unterstützen. Aus allgemeindidaktischer Perspektive finden sich für die Qualität von Aufgaben weitere, darüber hinausgehende hohe Ansprüche, die sich z. B. auf Unterrichtsprinzipien oder Leistungserziehung beziehen:

»Gute Lernaufgaben

- sind herausfordernd auf unterschiedlichem Anspruchsniveau
- fordern und fördern inhalts- und prozessbezogene sowie übergreifende Kompetenzen
- knüpfen an Vorwissen an und bauen das zu erwerbende Wissen kumulativ (vernetzt) auf
- sind in sinnstiftende Kontexte eingebunden
- sind vielfältig in den Lösungsstrategien und Darstellungsformen
- stärken das Könnensbewußtsein durch erfolgreiches Bearbeiten« (Ministerium für Schule und Weiterbildung Nordrhein-Westfalen 2008, S. 13 f., zit. n. Standop/Jürgens 2015, S. 143)

Strukturierung und gemeinsame Planung von Aufgaben

Wichtig ist die Strukturierung der Aufgaben, vor allem bei Schülerinnen und Schülern, die mit zu offen gehaltenen Aufgabenstellungen überfordert sein können. Eine solche Strukturierung kann vorgegeben oder auch mit Schülerinnen und Schülern gemeinsam erarbeitet werden. Die gemeinsame Entwicklung und Planung von Aufgaben fördert darüber hinaus auch metakognitive Kompetenzen und sollte auch deshalb genutzt werden; in einem handlungs- oder projektorientierten Unterricht ist sie schon konzeptionell verankert.

Fachdidaktische und fachliche Qualität

Eine allgemeindidaktische Betrachtung von Aufgabenqualität und Aufgabenkultur kann spezifische fachdidaktische Aspekte und die fachliche Qualität von Aufgabenstellungen nicht thematisieren. Diese spielen aber ebenso eine wesentliche Rolle für die Qualität von Aufgabenstellungen und müssen von Lehrkräften auf Grundlage ihrer fachlichen und fachdidaktischen Expertise entsprechend berücksichtigt werden. Hinweise zu fachlichen und fachdidaktischen Ansprüchen an Lernaufgaben an außerschulischen Lernorten geben auch die Ausführungen zu fachdidaktischen Konzepten und Forschungsergebnissen sowie die Bildungsplananalysen im vierten bis sechsten Kapitel in diesem Band.

Aufgaben auswählen und entwickeln

Im Sinne einer im Unterricht zu entwickelnden *Aufgabenkultur* wird die Aufgabenauswahl und -entwicklung in einem offenen oder projektorientierten Unterricht mit außerschulischen Lernorten gemeinsame Aufgabe von Lehrkräften und Schülerinnen und Schülern. In Bezug auf die Ziele, die Interessen, auf die Fragen der Schülerinnen und Schüler, werden Aufgaben entwickelt, mit denen diesen Fragen nachgegangen werden kann. Dabei werden sowohl die Inhalte (was wollen wir wissen/herausfinden/erforschen?) als auch die Methoden (wie können wir das herausfinden/erforschen?) gemeinsam festgelegt (vgl. z.B. auch Bohl/Kucharz 2010, S. 119; Schönknecht 2008a, Schönknecht/Maier 2014).

Offenheit von Aufgaben

Mit der Offenheit oder Geschlossenheit von Aufgabenstellungen verbindet sich zunächst keine Qualitätsaussage. Auch in einem projektorientierten oder offenen Unterricht, der für außerschulische Lernorte als Unterrichtskonzept gefordert wird, sind sowohl geschlossene (engere) als auch offene (weitere) Aufgabenstellungen sinnvoll. Maier et al. unterscheiden in Bezug auf die Offenheit von Aufgabenstellungen drei Typen von Aufgaben. *Definierte und konvergente Aufgaben* haben einen eindeutigen Arbeitsauftrag bzw. eine klar identifizierbare Fragestellung. Eine Lösung ist gesucht bzw. richtig. *Definierte und divergente Aufgaben* haben ebenso einen eindeutigen Arbeitsauftrag bzw. eine klar identifizierbare Fragestellung, aber mehrere Lösungen (bzw. Lösungswege) sind denkbar bzw. gesucht. *Schlecht definierte und divergente Aufgaben* geben Schülerinnen und Schülern Informationen über ein Problem bzw. eine Situation, keine klare Fragestellung oder keinen Arbeitsauftrag; die Situation impliziert unterschiedliche Fragestellungen, die Problemsituation an sich ist die Handlungsaufforderung und mehrere Lösungen (bzw. Lösungswege) sind denkbar bzw. richtig (Maier et al. o.J.).

Entscheidend ist, so Maier et al., dass für die Schülerinnen und Schüler eindeutig hervorgeht, um welchen Typ von Aufgabe es sich handelt, was vor allem über die Formulierung der Aufgabenstellung realisiert werden kann. Dies ist, wie oben beschrieben, gemeinsame Planungs- und Strukturierungsaufgabe von Lehrkräften, Schülerinnen und Schülern. Unterschiedlich eng oder weit vorgegebene Aufgabenstellungen und Hilfen eröffnen Möglichkeiten der Differenzierung und Individualisierung.

Diese Perspektive auf die Definiertheit von Aufgaben bietet für didaktische und methodische Entscheidungen zum Lernen an außerschulischen Lernorten großes Potential, da insbesondere eine sinnvolle Verbindung von Phasen des Lernens vor Ort mit Lernphasen im Unterricht sowie das Zusammenspiel stärker strukturierter, gelenkter und offenerer, von Schülerinnen und Schülern weitgehend selbstverantworteter Lernphasen analysiert und reflektiert werden kann.

Wissensarten, kognitive Prozesse, Wissenseinheiten

Aufgaben können auch nach weiteren Dimensionen oder Kategorien unterschieden werden: Nach *Wissensarten* (Fakten-, prozedurales, konzeptuelles und metakognitives Wissen), in Bezug auf *kognitive Prozesse* (Reproduktionsaufgaben, Aufgaben mit nahem und weitem Transfer, kreative Problemlösungsaufgaben) sowie nach *zu aktivierenden Wissenseinheiten* (welches Wissen, welche Lösungsschritte sind zur Lösung der Aufgabe erforderlich?). Besonders komplex sind Aufgaben, wenn verschiedene Prozeduren und Konzepte (prozedurales und konzeptionelles Wissen) kombiniert werden (Maier et al. o.J.).

Lebensweltbezug von Aufgaben

Für das Lernen an außerschulischen Lernorten spielt die Aufgabenkategorie »Lebensweltbezug von Aufgaben« eine besondere Rolle. Maier et al. (o. J., o. S.) definieren Lebensweltbezug »als Relation zwischen domänenspezifischem Fachwissen und Erfahrungs- und Lebenswelt des Schülers« und unterscheiden damit vier unterschiedliche Ausprägungen von Lebensweltbezug, die in Aufgabenstellungen erkennbar sind: Bei *Aufgaben ohne Lebensweltbezug* wird keine Verknüpfung zwischen Fachwissen und Erfahrungswelt der Schülerinnen und Schüler vorgegeben oder gefordert, bei *Aufgaben mit konstruiertem Lebensweltbezug* wird eine Verknüpfung zwischen Fachwissen und einer stark konstruierten Lebenswelt, die eher nicht den Erfahrungen von Schülerinnen und Schülern entspricht, vorgegeben oder gefordert. Hierbei wirke der Lebensweltbezug »aufgesetzt«, »an den Haaren herbeigezogen« oder habe nur die Aufgabe, den Umgang mit Fachwissen zu rechtfertigen, wie es z. B. bei eingekleideten Sachaufgaben in Mathematik der Fall ist. Bei *Aufgaben mit konstruiertem, aber authentisch wirkendem Lebensweltbezug* macht letzterer im Zusammenhang der Aufgabe Sinn und wirkt authentisch, wie z. B. bei sinnvollen Anwendungen von Fachwissen im Alltag oder im Berufsleben.

Aufgaben mit Lebensweltbezug

Bei *Aufgaben mit realem Lebensweltbezug* gibt es kaum Differenz zwischen der Aufgabe, Lebenswelt und eigener Erfahrungswelt. Schülerinnen und Schüler beschäftigen sich mit einer realen Problemstellung, die tatsächlich auch gelöst werden muss. Typische Beispiele sind die Vorbereitung einer Klassenfahrt, das Führen eines Klassenkontos oder die Vorbereitung von Bewerbungsschreiben (Maier et al. o.J.).

Weitere Dimensionen von Aufgaben

Die Qualität von und Anforderungen an Aufgaben können anhand der Dimensionen nach Maier et al. verortet werden: Neben den bereits beschriebenen Dimensionen Offenheit/Geschlossenheit und Lebensweltbezug sind weitere relevante Aspekte die Wissensart (Faktenwissen, prozedurales Wissen, Konzepte und/oder metakognitives Wissen), die erforderlichen kognitiven Prozesse (Reproduktion, naher Transfer, weiter Transfer oder Problemlösen), die sprachlogischen Anforderungen (sprachliche Komplexität der Formulierung der Aufgabe) sowie die Repräsentationsformen (wie wird das benötigte Wissen in der Aufgabe präsentiert – als linearer oder nicht-linearer Text, als symbolische oder ikonische Darstellung, und in welcher Repräsentationsform wird die Lösung erstellt).

Innere Differenzierung

Die Frage nach geeigneten Lernaufgaben und die oben thematisierten Lernvoraussetzungen der Schülerinnen und Schüler führen direkt zur Frage nach der Planung und Gestaltung von Differenzierung und Individualisierung im Unterricht als didaktische und methodische Herausforderung. Auch bei der Einbeziehung außerschulischer Lernorte ermöglicht innere Differenzierung, die Heterogenität der Schülerinnen und Schüler zu berücksichtigen. Darüber hinaus werden mit innerer Differenzierung in der Definition Klafkis Unterrichtsprinzipien und der Bildungsauftrag der Schule berücksichtigt. Innere Differenzierung soll, so Klafki:

- »der Zielsetzung optimaler Förderung *aller* Schüler bei der Aneignung von Erkenntnissen, Kenntnissen, Fähigkeiten und Fertigkeiten dienen;
- die Entwicklung verschiedener Persönlichkeitsdimensionen und ihre wechselseitigen Beziehungen anregen und unterstützen;
- die Selbständigkeit jedes einzelnen Schülers fördern, ihn also ›das Lernen lehren‹ oder besser ›das Lernen lernen lassen‹;
- die Fähigkeit der Schüler zu bewusstem sozialen Lernen und in diesem Rahmen ihre Kooperationsfähigkeit entwickeln (während der herkömmliche, undifferenzierte Klassenunterricht den einzelnen Schüler, ob gewollt oder ungewollt, weitgehend isoliert).

  Wenn Unterricht jeden einzelnen Schüler optimal fördern will, wenn er jedem zu einem möglichst hohen Grad von Selbsttätigkeit und Selbständigkeit verhelfen will und Schüler zu sozialer Kontakt- und Kooperationsfähigkeit befähigen will, dann muß er im Sinne Innerer Differenzierung durchdacht werden« (Klafki 2007, S. 181, Herv. i.O.)

Differenzierung: Fundamentum und Additum

Klafki unterscheidet zwei *Differenzierungsgrundformen: nach Methoden und Medien*, bei gleichen Lernzielen und Lerninhalten für alle Schülerinnen und Schüler, sowie *nach Lernzielen und Lerninhalten*, um die Heterogenität der Schülerinnen und Schüler zu berücksichtigen. Eine Differenzierung auf der Ebene von Lernzielen und Inhalten, von ihm als Fundamentum und Additum bezeichnet, dürfe aber nicht zur Einschränkung von Bildungsmöglichkeiten für bestimmte Gruppen führen oder zu Einschränkungen auf der Ebene der allgemeinen Bildungsziele wie Selbst- und Mitbestimmungsfähigkeit (Klafki 2007, S. 182). Diese von Klafki in seinen Überlegungen zur inneren Differenzierung bereits konzeptionell berücksichtigte Erfordernis einer Lern*ziel*differenzierung im Rahmen des Allgemeinbildungsauftrags der Schule zeigt sich auch deutlich in der aktuellen Diskussion zu Inklusion.

Gestaltung komplexer Lehr-Lern-Arrangements

Innere Differenzierung erfordert, Schülerinnen und Schülern Entscheidungsmöglichkeiten einzuräumen, sie selbstbestimmt arbeiten zu lassen, ihre unterschiedlichen Lernvoraussetzungen und Fähigkeiten produktiv zu nutzen. Bei einem geöffneten oder projektorientierten Unterricht wird die Strukturierung weniger über eine eng gesteuerte Phasengliederung oder Artikulation des Unterrichts geleistet, sondern vielmehr durch einen von der Lehrkraft gut durchdachten Wechsel von enger geführten und offeneren Unterrichtsphasen, durch eine gut vorstrukturierte Lernumgebung und durch anspruchsvolle und an das Lernvermögen einzelner und an unterschiedliche Lernziele angepasste Aufgaben.

Lernbegleitung

Eine differenzierte und gezielte Lernbegleitung von Einzelnen und Gruppen von Schülerinnen und Schülern sowie individuelle und gemeinsame Input- und Reflexionsphasen sind ebenso erforderlich. In solch komplexen Unterrichtsarrangements müssen die Schülerinnen und Schüler ihre Lernprozesse und Lernergebnisse dokumentieren, um gezielte Beratung, Reflexion der Prozesse und die Planung der nächsten erforderlichen Lernschritte zu ermöglichen, aber auch, um offene Fragen und Lernergebnisse in gemeinsame Unterrichtsphasen einbringen zu können. Schülerinnen und Schüler übernehmen so mehr Verantwortung für ihren eigenen Lernprozess.

Dimensionen und Kriterien zur inneren Differenzierung

Das Dimensionen- und Kriterienraster zur inneren Differenzierung von Klafki (vgl. Abbildung 2) verdeutlicht, dass unterschiedliche Differenzierungsaspekte und verschiedene Aneignungsmethoden in unterschiedlichen Unterrichtsphasen realisiert werden können. Zusammen mit den oben dargestellten Analysekriterien von Lernaufgaben bietet es eine sinnvolle Planungs- und Reflexionsgrundlage, um sich Differenzierungsmöglichkeiten bewusst zu machen, die für das Lernen an außerschulischen Lernorten mit seinen komplexen Lehr-Lern-Arrangements möglich sind.

Dimension A berücksichtigt, dass Differenzierung in unterschiedlichen Phasen des Unterrichts realisiert werden kann. In Dimension B sind Aspekte, nach denen differenziert werden kann, dargestellt. Sie beziehen sich auf die unterschiedlichen Lernvoraussetzungen und Lernmöglichkeiten der Schülerinnen und Schüler. Dimension C benennt verschiedene Aneignungs- und Handlungsebenen. Weitere eben dargestellte Aspekte, wie z. B. die Aufgabenqualität, die Bedeutung von Präkonzepten und Vorwissen beim Lernen sowie erforderliche Unterstützung und Lernbegleitung, können problemlos in dieses grundlegende Schema integriert werden.

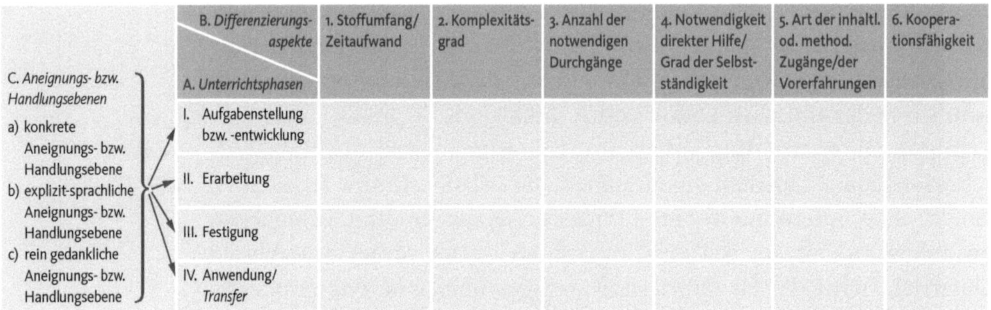

Abb. 2: Dimensionen- und Kriterienraster zur inneren Differenzierung (Klafki 2007, S. 188)

Lernbegleitung Lernberatung

Wird innere Differenzierung realisiert, steht der Lernprozess, die aktive Aneignung der Schülerinnen und Schüler im Mittelpunkt. In Arbeitsphasen haben Lehrkräfte die Aufgabe der Lernbegleitung und Lernberatung, sowohl in offenen als auch in instruktionsorientierten Unterrichtsphasen. Im Unterrichtsprozess nutzt die Lehrkraft dafür zeitliche Freiräume, die sich in den selbsttätigen Arbeitsphasen der Schülerinnen und Schüler ergeben, und plant gezielt auch Zeiträume für Beratung und Begleitung ein. Bei Projekten und projektorientiertem Unterricht sowie im offenen Unterricht sind diese bereits konzeptionell verankert, als Fixpunkte und Metainteraktion (Frey 2002; Bohl/Kucharz 2010, S. 122 ff.; vgl. Kapitel 2.3, S. 43 f.). Eine solche Metakommunikation zu etablieren macht auch beim Lernen am außerschulischen Ort Sinn, gerade dann, wenn es konstruktivistisch geplant und mit anspruchsvollen, herausfordernden Aufgabenstellungen verbunden ist.

Unterstützung und Rückmeldung

Ziel von Lernberatung und Lernbegleitung sind die Unterstützung der Schülerinnen und Schüler im Lernprozess durch eine qualifizierte, differenzierte, informierende und förderorientierte Rückmeldung zu ihren Lernprozessen. Lernbegleitung und Lernberatung sind zudem Grundlage für eine weitere, auch gemeinsame und auf Lernprozesse orientierte Lernplanung, weil sie sowohl der Lehrkraft als auch den Schülerinnen und Schülern Hinweise zum Lernstand, zu Lernerfolgen und zu Schwierigkeiten gibt. Eine so realisierte Begleitung von Schülerinnen und Schülern ist gleichzeitig als Beitrag zur Leistungserziehung und der Etablierung einer pädagogischen Leistungskultur zu sehen: Durch sie werden die Lernfortschritte und Lernleistungen der Schülerinnen und Schüler anerkannt und gewürdigt (Bartnitzky et al. 2005; 2006).

Inhalts- und Lernprozessorientierung

Beratung und Begleitung durch Lehrkräfte haben eine inhaltsbezogene Komponente auf den Lerngegenstand selbst und seine sachliche-fachliche Struktur. Hier gilt es, Schülerinnen und Schülern durch Nachfragen, durch Thematisierung von Widersprüchen, durch Aufforderung zu Begründungen oder durch andere gezielt Impulse Hinweise im Bereich der Zone der nächsten Entwicklung zu geben. Beratung und Begleitung von Lernprozessen haben darüber hinaus eine prozessbezogene Komponente, indem die Lehrkraft Schülerinnen und Schüler bei der Steuerung und Strukturierung ihres eigenen Lernprozesses unterstützt.

Metakognitive Strategien

Ein wichtiger Bereich der Lernbegleitung ist die Reflexion von Lernergebnissen und Lernprozessen, sowohl individuell als auch gemeinsam in einer Lerngruppe. Durch eine beständige Reflexion werden metakonitive Strategien bei Schülerinnen und Schülern gefördert. Gerade bei Lerngängen, Erkundungen und Exkursionen ist eine Reflexion der vor Ort gemachten Erfahrungen unumgänglich, um die neu erworbenen Kompetenzen explizit ins Bewusstsein der Schülerinnen und Schüler zu rücken, damit diese auch in anderen Situationen abgerufen sowie auf neue Zusammenhänge und Situationen übertragen werden können. Dies gilt gleichermaßen für den fachlich-kognitiven wie methodischen Kompetenzerwerb vor Ort, besonders aber für Lernarrangements, die vor allem auf personale sowie soziale Kompetenzen zielen.

Dokumentation von Lernprozessen

Um eine qualifizierte Lernbegleitung und -beratung in offeneren Phasen selbstständigen Arbeitens zu realisieren, sind schriftliche Formen der Dokumentation von Lernprozessen und Lernergebnissen als Grundlage für deren Reflexion erforderlich. Diese werden im Rahmen der »neuen« Formen der Lern- und Leistungsmessung und -beurteilung beschrieben und können z.B. in Form von Forschungstagebüchern, Portfolios und kriterienorientierten Selbst- Mitbewertungs- oder Fremdbewertungsbögen zum Einsatz kommen (Bohl 2009).

Obwohl Lernberatung und Lernbegleitung vor allem Aufgabe der Lehrkraft sind, können auch Schülerinnen und Schüler solche Aufgaben übernehmen. In offenen Unterrichtskonzepten sind Unterstützungs- oder Helfersysteme häufig etabliert (Bohl/Kucharz 2010, S. 126 ff.). Bohl und Kucharz sprechen von einer Kultur gegenseitigen Helfens, die dadurch gefördert werden kann, indem sie explizit zum Thema gemacht wird: die Organisation von Hilfe, soziale Aspekte und inhaltliche Anforderungen an das Helfen sind gemeinsam zu klären. Auch Probleme wie z.B. die Asymmetrie zwischen Helfenden und Hilfe in Anspruch Nehmenden oder die Verfestigung von Selbst- und Fremdeinschätzungen (wer gibt Hilfe/wer nimmt Hilfe an) sollen dabei thematisiert werden. Selbst etablierte Helfersysteme erfordern eine regelmäßige, gemeinsame kritische Reflexion.

3. Didaktik und Methodik des Lernens an außerschulischen Lernorten

Anknüpfend an die theoretischen Grundlagen in Kapitel 1 und 2 werden in diesem Kapitel allgemeindidaktische und methodische Perspektive in mehreren Schritten entwickelt: Bildungsziele sowie die Auswahl von Bildungsinhalten und Themen an außerschulischen Lernorten werden auf bildungstheoretischer Grundlage diskutiert (3.1). Für außerschulische Lernorte relevante didaktische Kategorien werden aus bestehenden Ansätzen entwickelt, methodische Grundfragen erörtert (3.2). Spezifische Methoden der Sachbegegnung und -erschließung vor Ort werden konkretisiert (3.3), Arten und Formen des Lernens an außerschulischen Lernorten dargestellt und unterschieden (3.4). Abschließend wird die Einbindung außerschulischer Lernorte in unterrichtliche Lehr-Lernprozesse mit Schwerpunkt auf die Phasen der Vor- und Nachbereitung thematisiert (3.5).

3.1 Allgemeindidaktische Grundlagen und Perspektiven

Bildungstheoretische Grundlagen Bildungsziele

Die Allgemeine Didaktik fragt nach Bildungszielen: Wie wird die Persönlichkeitsentwicklung unterstützt, wie können Selbst-, Fach-, Sach-, Methoden- und Sozialkompetenz erworben werden, um Schülerinnen und Schüler zu einer selbstständigen Lebensgestaltung sowie zur verantwortlichen und solidarischen Partizipation am gesellschaftlichen Leben zu befähigen? Die Entwicklung dieser Kompetenzen kann auch und in besonderer Weise an außerschulischen Lernorten gefördert werden, da hier in originaler Begegnung die Lebenswelt in ihrer Komplexität, aber auch in ihrer Widersprüchlichkeit erschlossen werden kann. Dem Lernen an außerschulischen Lernorten liegt in diesem Band eine bildungstheoretisch-normative Perspektive zugrunde.

Allgemeinbildung

Durch die Einbeziehung von außerschulischen Lernorten können Räume erschlossen, neuartige Erfahrungen ermöglicht, Handlungskompetenzen gefördert und Partizipationsmöglichkeiten eröffnet werden. Das kategoriale Bildungsverständnis, das Allgemeinbildung als diskursive Auseinandersetzung mit der Welt sieht, zielt auf die Ausbildung von Selbstbestimmungs-, Mitbestimmungs- und Solidaritätsfähigkeit, also auf kritisch-emanzipatorische Ziele (vgl. Kapitel 2.1, S. 26 ff.). Klafki konkretisiert dies auf unterrichtlicher Ebene, indem er fordert, dass im

Unterricht hierfür geeignete Lernsituationen geschaffen werden müssen, in denen diese Prinzipien in wachsendem Anspruch und Schwierigkeitsgrad verwirklicht werden. Dies kann beispielsweise durch die Einbeziehung der Lernenden in die Unterrichtsplanung, die gemeinsame Unterrichtskritik und durch Metaunterricht, durch offenen und schüler- bzw. schülerinnenzentrierten Unterricht realisiert werden (Klafki 1996, S. 129; vgl. Kapitel 2.3, S. 41 ff.). Aus bildungstheoretischer Perspektive ist es also unerlässlich, dass zur Ausbildung entsprechender Kompetenzen Lernumgebungen und Lernformen auch und besonders an außerschulischen Lernorten konzipiert und realisiert werden. Die Orientierung an diesem Bildungsbegriff, an kritisch-emanzipatorischen Zielsetzungen und einer entsprechenden Unterrichtsgestaltung ist Grundlage für alle theoretischen und praxisbezogenen didaktisch-methodischen Überlegungen in diesem Kapitel.

Planungsentscheidungen

Eine bildungstheoretische Begründung außerschulischer Lernorte erfordert, Lernaktivitäten im Klassenzimmer und am außerschulischen Lernort miteinander zu verbinden und aufeinander zu beziehen. Didaktische und methodische Entscheidungen liegen dabei vor allem in der Verantwortung der Lehrkräfte. Die Grundlage für alle konkreten Planungsentscheidungen, wie die Frage nach der Unterrichtsorganisation, den Sozialformen oder den zum Einsatz kommenden Methoden und Medien, sind allgemeindidaktische und fachdidaktische Überlegungen – von Klafki als das *Primat der Didaktik* bezeichnet (Klafki 1976). Didaktische und methodische Überlegungen und Entscheidungen beeinflussen sich dabei gegenseitig.

Auswahl von Bildungsinhalten

Außerschulische Lernorte in ihrer Komplexität und ihrer Vielperspektivität (vgl. Kapitel 3.2, S. 62 ff.) bieten sehr viele und auch sehr unterschiedliche Möglichkeiten, inhaltliche und auch methodische (vgl. Kapitel 3.3, S. 68 ff.) Schwerpunkte zu setzen, Lerngegenstände und Themen auszuwählen und festzulegen. Die aktuellen kompetenzorientierten Bildungspläne bieten bezüglich der Auswahl von Inhalten mehr Spielraum als frühere, stärker inhaltsbezogene Lehrplangenerationen. Wie geeignete Inhalte ausgewählt werden, die die o. g. Bildungsziele und die Entwicklung hierfür notwendiger Kompetenzen unterstützen, liegt damit stärker in der Verantwortung von einzelnen Lehrkräften und kollegialen Teams.

Zwei Kernbereiche der didaktischen Analyse nach Klafki sind als Entscheidungs- und Planungsgrundlage für die Einbeziehung außerschulischer Lernorte in den Unterricht besonders relevant: Die Frage nach der Auswahl der Inhalte sowie der Lebensweltbezug, der sich in der Frage nach der Gegenwarts- und Zukunftsbedeutung zeigt.

Elementar, fundamental, exemplarisch

Für die Auswahl von Unterrichtsinhalten postuliert Klafki drei Prinzipien: Bildungsinhalte müssen elementar, fundamental und exemplarisch sein. Elementar ist ein konkreter Bildungsinhalt, wenn an ihm eine allgemeine Einsicht, ein allgemeines Prinzip, ein grundlegender Sachverhalt, ein Gesetz, ein Problem, eine Haltung erkannt werden kann. Fundamentalia können nicht unterrichtlich inszeniert oder geplant werden, sie werden als Grunderlebnis oder Grunderfahrung wirksam, z.B. in Grenzsituationen. Inhalte sind exemplarisch, wenn sie Elementares oder Fundamentales aufschließen.

> *»Um einen Unterricht planen zu können, der kategorial bildend wirkt, bedarf es des Rückgriffs auf drei Dimensionen, die zusammen die Prüffolie für Entscheidungen für oder gegen Bildungsinhalte als Unterrichtsgegenstände bilden. Wenn Unterrichtsinhalte diesen Grundprinzipien entsprechen, dann sind damit die didaktischen Voraussetzungen erschlossen worden, wonach sie kategorial ›bildend‹ sind. D.h. ›wenn sie* ***elementar im Hinblick auf die Sache*** *(im Besonderen ein Allgemeines zeigen) und wenn sie* ***fundamental im Hinblick auf die Schülerinnen und Schüler sind*** *(Grunderfahrungen und grundlegende Einsichten vermitteln)‹ [...] und wenn beide zusammen, das Elementare und das Fundamentale, am Exemplarischen be- und erarbeitet werden können. Demnach ist das ›exemplarische Prinzip‹ nur im Zusammenhang mit den beiden anderen Prinzipien richtig zu verstehen [...]. Das Exemplarische erschließt das Elementare als allgemeine Erkenntnis, das Fundamentale an einem fruchtbaren Beispiel« (Standop/Jürgens 2015, S. 82, Herv. i.O.)*

Die Frage, die sich Lehrkräfte stellen müssen, wenn es um die Auswahl eines bestimmten außerschulischen Lernortes geht, lautet demnach: *An welchen außerschulischen Lernorten kann im Sinne des exemplarischen Prinzips etwas Elementares im Hinblick auf die Sache (fachbezogen und/oder fächervernetzend) und etwas Fundamentales im Hinblick auf Grunderfahrungen und grundlegende Einsichten von Schülerinnen und Schülern gelernt und bildend wirksam werden?*

Beispiel

Ein Schullandheimaufenthalt auf einer Berghütte kann unter fachlicher Perspektive, dem exemplarischen Prinzip folgend, dazu genutzt werden, die Umgebung systematisch zu kartieren und vor Ort vorkommende Arten der Gebirgsflora zu bestimmen. Elementare Einsichten in Landschaftsformen und in ein Ökosystem können gewonnen werden. Im Sinne kategorialer Bildung stellt sich aber auch die Frage nach dem Fundamentalen: Welche potentiell bildenden Erfahrungen können Schülerinnen und Schüler in Bezug auf Autonomie, Partizipation und Solidarität an diesem Ort machen? Sich als Gruppe längere Zeit in einem Selbstversorgerhaus aufzuhalten, kann solche Erfahrungen ermöglichen. Schülerinnen und Schüler sind, anders als in der Schule, auf sich selbst und die Gruppe verwiesen. Diese Ernstsituation ist auch deshalb fordernd, weil sie sich vom üblichen schulischen Alltag unterscheidet: ein längerer Aufenthalt in einer Berghütte, ohne Mobilfunkempfang, bei dem Verantwortung für sich selbst und die Gruppe übernommen werden muss, bei dem es auch zu Problemen, Unzufriedenheit oder Konflikten kommen kann, die bearbeitet werden. Landschaftsformen und Artenvielfalt können unter einer kritischen, ökologischen und fachlichen Perspektive betrachtet werden und zu fundamentalen Einsichten führen. Durch Reflexion und Integration dieser Erfahrungen kann beispielsweise Solidarität dann nicht lediglich an die exemplarische Situation auf der Hütte gebunden bleiben, sondern als fundamentaler Wert erkannt werden.

Gegenwarts- und Zukunftsbedeutung

Neben dem exemplarischen Prinzip fordert Klafki, Inhalte auf ihre Gegenwarts- und Zukunftsbedeutung für die Lernenden zu überprüfen: Ist der Unterrichtsgegenstand oder Inhalt dazu geeignet, Erfahrungen, Einsichten, Fähigkeiten und Einstellungen zu erwerben, die für die Gegenwart und Zukunft der Schülerinnen und Schüler bedeutsam sind?

> *»Welche Bedeutung hat der betreffende Inhalt bzw. die an diesem Thema zu gewinnende Erfahrung, Erkenntnis, Fähigkeit oder Fertigkeit bereits im geistigen Leben der Kinder meiner Klasse, welche Bedeutung sollte er – vom pädagogischen Gesichtspunkt aus gesehen – darin haben? [...] Wo liegt die Bedeutung des Themas für die Zukunft der Kinder?«*
> *(Klafki 1963, S. 135)*

Schwerpunktsetzungen

Da an außerschulischen Lernorten meist verschiedene Aspekte als Bildungsgegenstand ausgewählt werden können, ist erforderlich, weiter zu konkretisieren: Welche Bildungsinhalte sollen an einem speziellen außerschulischen Ort Lerngegenstand werden? Der zur Verfügung stehende inhaltliche Spielraum kann und sollte genutzt werden, um gemeinsam mit den Schülerinnen und Schülern Schwerpunkte zu setzen. Gegenwartsbedeutung meint, insbesondere aktuelle (Lern-)Bedürfnisse oder Erfahrungen, die die Lehrkraft und die Schülerinnen und Schüler selbst für wichtig halten, zu berücksichtigen.

Ist die Auswahl von bestimmten außerschulischen Lernorten durch Schulprofil oder -curriculum bereits vorab festgelegt, z. B. bei Schullandheimaufenthalten oder Studienfahrten, bei Projekten oder Praktika in bestimmten Schulstufen, können und sollten diese Grundfragen ebenso gestellt werden: Was genau an diesen Lernorten inhaltlich und thematisch realisiert wird, ist in der Regel offener formuliert und freier gestaltbar als im Unterricht in der Schule mit einer oft eng getakteten, meist auch einzelfachbezogenen und längerfristig festgelegten Planung.

Sache als didaktische Kategorie

Für eine allgemeindidaktische, nicht fachdidaktische Perspektive auf außerschulische Lernorte und dort mögliche Bildungsinhalte sowie methodische Fragen, ist die Sache als allgemeine und zugleich zentrale didaktische Kategorie besonders geeignet. In der Sachunterrichtsdidaktik wird sie als umfassende und allgemeine didaktische Kategorie seit langem intensiv vor einem bildungstheoretischen Hintergrund bearbeitet und reflektiert. Die Sachunterrichtsdidaktik bezieht sich dabei explizit auf das Allgemeinbildungskonzept Klafkis und versteht sich als bildungswissenschaftliche, nicht fachdidaktische Disziplin (Kahlert et al. 2015, S. 13 ff.). Auch Klafki selbst hat seine Überlegungen auf den Sachunterricht bezogen und an ihm konkretisiert (Klafki 1992). Die Sache ist dabei ein eher offener Begriff und bezieht sich »nicht nur auf ›Realien‹, sondern ebenso auf ›Humaniora‹, auf alles, was in Raum und Zeit erfahren werden kann. Sachen des Sachunterrichts sind entsprechend nicht nur reale Gegenstände und Phänomene, sondern auch das, was hinter den Phänomenen erkennbar ist: Das *Elementare*, also formulierbare Wissenskerne, denen für das Verständnis von Zusammenhängen eine allgemeine Bedeutung und Gültigkeit zukommt und die basale Vorstellungen prägen« (Köhnlein 2015, S. 37, Herv. i.O.). Die Sache bezieht sich auf Inhalte und die Gegenstände, aber auch auf fachgemäße Arbeitsweisen, grundlegende Erkenntnismethoden und fachspezifische Bildungsaufgaben.

Ein solches umfassendes Verständnis von der Sache als didaktische Kategorie ermöglicht, unterschiedliche fachliche Perspektiven zu berücksichtigen bzw. nicht auszuschließen, also eine allgemeindidaktische Perspektive auf didaktische und methodische Überlegungen zu außerschulischen Lernorten. Fachliches Lernen und systematisch geordnetes fachliches Wissen bilden zwar einen wichtigen Schwerpunkt schulischen Lernens. Für reale Probleme und Sachverhalte, die an außerschulischen Lernorten in besonderer Weise bearbeitet werden können, wie z. B. Umweltbildung oder die Friedensfrage, sind aber auch und vor allem fächerübergreifende und fächerverbindende Perspektiven erforderlich: »Sachen müssen sowohl in den Ordnungszusammenhang der Fächer als auch in den komplexen Zusammenhang des wirklichen Lebens und der wirklichen Welt gestellt werden« (Esslinger-Hinz et al. 2007, S. 80).

Lebenswelt als didaktische Kategorie

Der Lebensweltbezug ist für das Lernen an außerschulischen Lernorten konstitutiv, dies gilt ebenso für die Sachunterrichtsdidaktik. Die Fachbezeichnung Sachunterricht knüpft an den Realienunterricht des 18. und 19. Jahrhundert mit seinem Lebensweltbezug an, die Sachunterrichtsdidaktik damit auch an die Bedeutung der Lebenswelt und deren

Erschließung für schulische Bildungsprozesse. Die Alltags- und Lebenswelt ist in der Sachunterrichtsdidaktik das Bezugsfeld für die Auswahl von Bildungsinhalten, um an die Erfahrungen, Interessen und Erlebnisse der Schülerinnen und Schüler anzuknüpfen, sie zu erschließen, verstehbar zu machen und Handlungskompetenzen für sie zu entwickeln. (Nießeler 2015b, S. 28).

Mit diesem umfassenden Verständnis von der Sache als Bildungsgegenstand und der Lebenswelt aus Ausgangs- und Zielperspektive des Unterrichts werden im Folgenden für eine allgemeindidaktische und methodische Perspektive auf außerschulische Lernorte auch entsprechende sachunterrichtsdidaktische Überlegungen und Konzepte zugrunde gelegt.

Unterschiedliche Weltzugänge

Mit der Leitvorstellung, Schülerinnen und Schüler bei der Erschließung ihrer Umwelt, ihrer Lebenswelt zu unterstützen, kommt fachspezifischen Zugängen eine andere Rolle zu: »Als Ressourcen gelten nicht die spezifischen Strukturen von Sachfächern, sondern der[en] Erkenntniswert und das Explorationspotential für die Erschließung der Lebenswelt und die Grundlegung einer anschlussfähigen Bildung« (Köhnlein 2015, S. 38). Die offene Kategorie der Sache berücksichtigt dabei sehr unterschiedliche Weltzugänge, neben fachorientiertem auch ästhetisches Lernen (vgl. z. B. Richter 2015) oder das Philosophieren (vgl. z. B. Michalik 2015a). Lerngegenstände an außerschulischen Lernorten stammen aus der Lebenswelt und werden an sie zurückgebunden – auch mit dem Anspruch, dass Schülerinnen und Schüler sich aktiv in die Gesellschaft einbringen, Partizipationsmöglichkeiten nutzen, ihre Umwelt gestalten und verändern.

Vernetzung und Integration

Die Sachunterrichtsdidaktik betont die Vernetzung unterschiedlicher fachlicher und überfachlicher Methoden und Arbeitsweisen, die Integration von Wissenschaftsorientierung und lebensweltorientierten Dimensionen aus einer allgemeindidaktischen Perspektive. Allgemeinbildung und grundlegende Methodenkompetenz werden ebenso thematisiert wie fachspezifische Zugänge, Ziele und Methoden in Vorbereitung auf den Fachunterricht der weiterführenden Schulen. Für didaktische und methodische Überlegungen wird im Sachunterricht die Integration verschiedener Perspektiven auf den Gegenstand betont. Es geht aber auch darum, im Sinne einer Vielperspektivität sehr unterschiedliche Möglichkeiten des Weltverstehens zu erarbeiten und eine Orientierung in der Welt auf Grundlage von Erfahrungen und Wissen zu ermöglichen.

Vielperspektivität

Diese integrative Ausrichtung bei gleichzeitiger Betonung unterschiedlicher Perspektiven auf die Welt, wie z. B. eine naturwissenschaftliche, gesellschaftliche, kulturelle oder an Wertfragen orientierte Auseinandersetzung mit Phänomenen, ist an außerschulischen Lernorten stärker als im fachspezifischen Unterricht im Klassenzimmer möglich und erforderlich. Eine wichtige Ergänzung dieser allgemeindidaktischen Perspektive auf die »Sachen« stellen die auch an außerschulischen Lernorten notwendigen fachdidaktischen und fachwissenschaftlichen Grundlagen und Konzepte dar (vgl. Kapitel 5, S. 107 ff.). Sie sind in der Konzeption des Sachunterrichts der Grundschule bereits angelegt und werden in den Unterrichtsfächern und Fächerverbünden der Sekundarstufe ausdifferenziert.

Kind als didaktische Kategorie

Neben der Sache und der Lebenswelt sind in der Konzeption des Sachunterrichts auch die Schülerinnen und Schüler selbst eine didaktische Kategorie (Fölling-Albers 2015). Die epistemische Neugier von Kindern bzw. generell von Menschen als anthropologische Grundannahme ist hier ebenso relevant wie konstruktivistische Lerntheorien (s. Kapitel 2.3, S. 45 ff.). Beim Gestalten von Lernsituationen soll an das Vorwissen der Schülerinnen und Schüler angeknüpft werden, indem z. B. vorhandene (Prä-)Konzepte im Unterricht thematisiert werden (s. Kapitel 2.3, S. 48 ff.). In der Grundschulpädagogik wird das Kind als didaktische Kategorie auch intensiv als die Frage nach der Kindgemäßheit schulischer Lernangebote und als die »besondere didaktische Herausforderung, die Ansprüche von ›Kind und Sache‹ miteinander zu verknüpfen« (Fölling-Albers 2015, S. 35), diskutiert. Diese Grundannahme gilt gleichermaßen für die Verbindung von Sache und Jugendlichen bzw. jungen Erwachsenen in den Sekundarstufen.

Die Sachunterrichtsdidaktik bezieht sich also auf bildungstheoretische Grundlagen und Ziele, hat einen sowohl fachlichen als auch vielperspektivischen und integrativen Ansatz der Auseinandersetzung mit Inhalten und der Lebenswelt und thematisiert dabei intensiv die Vernetzung fachlicher sowie überfachliche Methoden und Arbeitsweisen und thematischer Zugänge. Sie konstituiert ihre Lerngegenstände auf Grundlage der didaktischen Kategorien Kind bzw. Schüler/Schülerin, Sache (Wissenschaften) und Lebenswelten und eignet sich daher in besonderer Weise für die weiteren didaktisch-methodischen Überlegungen und Entscheidungen für außerschulische Lernorte.

3.2 Didaktische und methodische Perspektiven und Entscheidungen

Die bisherigen didaktischen Überlegungen können an zwei Ansätzen der Sachunterrichtsdidaktik konkretisiert werden – als Grundlage und Unterstützung für konkrete didaktisch-methodische Planungsentscheidungen: Das Konzept der Umgangsweisen von Pech und Rauterberg (2013) akzentuiert die Lebensweltorientierung und erkenntnis- bzw. wissenschaftstheoretische Grundlagen, das Kompetenzmodell der Gesellschaft für Didaktik des Sachunterrichts (GDSU 2013) hebt die Vielperspektivität und Vernetzung von Inhalten und Methoden besonders hervor. Beide können für außerschulische Lernorte aus allgemeindidaktischer wie bildungstheoretischer Perspektive wichtige Impulse für Lehrkräfte geben, Bildungsinhalte, Themen und methodische Verfahren an außerschulischen Lernorten unter Berücksichtigung des Bildungsauftrags der Schule zu bestimmen. Weitere fachspezifische und fächerverbindende bzw. -übergreifende Konzepte werden in Kapitel 5 thematisiert, sie sind in diesen beiden integrativen Ansätzen aber bereits angelegt.

Umgangsweisen: Lebensweltbezug und wissenschaftstheoretische Überlegungen

Das Konzept der Umgangsweisen ist für die weiteren methodischen Überlegungen insofern relevant, als die Einbeziehung außerschulischer Lernorte in den Unterricht auch dazu beitragen soll und kann, lebensweltlich bedeutsame elementare methodische Kompetenzen zu fördern. Den Begriff »Umgangsweisen« verwenden Pech und Rauterberg in Abgrenzung zu Methoden, um den Lebensweltbezug zu betonen.

Lebensweltliche Umgangsweisen

Erkenntnis- und Umgangsweisen des täglichen Lebens, wie z. B. Beobachten, Versuchen, Gestalten, Sammeln und Ordnen, weisen Ähnlichkeiten zu Methoden des schulischen Lernens auf. Wie beim Erwerb von inhaltlichem und konzeptuellem Wissen an bereits vorhandene (Prä-) Konzepte angeknüpft werden muss, sollen auch vorhandene lebensweltliche Kompetenzen und Konzepte im Unterricht aufgegriffen werden. Pech und Rauterberg (2013) sehen keinen grundsätzlichen qualitativen Unterschied zwischen (fach-)wissenschaftlichen und lebensweltlichen Methoden und betonen die Notwendigkeit unterschiedlicher Weltzugänge:

> *»für die Ausgestaltung und Systematisierung der Welterschließung sind die ›lebensweltlichen Umgangsweisen‹ unverzichtbar. Dies nicht im Sinne von durch Unterricht zu überwindenden Hindernissen auf dem Weg zum Lehrziel ›richtige, wissenschaftliche Methoden‹, sondern als in vielen [...] Kontexten anerkannte und damit in den Unterricht aufzunehmende [...] erkenntnisgenerierende Umgangsweisen mit Welt.«*
> *(Pech/Rauterberg 2013, S. 23)*

Wissenschafts- und erkenntnistheoretische Grundlagen

Die wissenschafts- und erkenntnistheoretische Perspektive in diesem Konzept relativiert eine oft angenommene Allgemeingültigkeit oder »Wahrheit« wissenschaftlicher Aussagen dahingehend, dass sie immer auf Grundlage der jeweiligen wissenschaftlichen Perspektive auf die Welt gesehen und interpretiert werden müssen und dass eine solche spezifische Perspektive über keinen Anspruch auf Wahrheit oder universelle Gültigkeit verfügt. Diese Perspektive ist auch in Bezug auf die Komplexität außerschulischer Lernorte und der Möglichkeit, sie über vielfältige, verschiedene, auch fachwissenschaftliche Zugänge zu erschließen, relevant:

> *»Ein modernes Wissenschaftsverständnis definiert und differenziert Wissenschaften nicht mehr über Gegenstände/Gegenstandsbereiche, sondern über Erkenntnismethoden und Erkenntnisinteressen [...] Somit sind wissenschaftliche Aussagen, Ergebnisse, Deutungen von Sachen jeweils Ergebnisse der spezifischen Umgangsweisen von Wissenschaft mit Welt unter einem bestimmten Erkenntnisinteresse«*
> *(Pech/Rauterberg 2013, S. 21).*

Wenn im Unterricht thematisiert wird, dass unterschiedliche wissenschaftliche Methoden zu unterschiedlichen Erkenntnissen über die Welt kommen und dies bei der Gewinnung, Interpretation und Einordnung von Wissen berücksichtigt werden muss, kann ein differenziertes Wissenschaftsverständnis angebahnt werden.

Beobachten, Recherchieren, Gestalten, sich positionieren

Pech und Rauterberg beschreiben vier Umgangsweisen: Beobachten, um etwas herauszufinden; Recherchieren, um etwas herauszufinden; Gestalten, um etwas kommunizierbar zu machen; Sich positionieren, um sich zu orientieren.

Sich positionieren

Am Beispiel der Umgangsweise »sich positionieren« können die Chancen außerschulischer Lernorte für gesellschaftlich-partizipatorische Bildungsprozesse deutlich werden, z. B. bei einem Projekt zur Stadtteilentwicklung mit Bürgerbeteiligung im Schulviertel, in dem eine Klasse sich engagiert. Fragen, die hier mit Schülerinnen und Schülern auf einer Metaebene thematisiert werden sollen, sind z. B.: Wie kann man damit umgehen, wenn verschiedene Positionen aufeinandertreffen? Wann ist es legitim, die eigene Position vielleicht auch mit Macht durchzusetzen, wann ist es geboten, die eigene Position zu überprüfen? Welche Möglichkeiten der Kompromissfindung (Abstimmung, Konsensfindung) gibt es? Wann ist eine Positionierung überhaupt sinnvoll – wann nicht? Wie kann ich anderen meine Position bzw. die Plausibilität meiner Position verdeutlichen? Sollte meine Positionierung nicht auf Akzeptanz stoßen, welche Möglichkeiten habe ich dann (Pech/Rauterberg 2013, S. 43)?

Mit dem Konzept der Umgangsweisen und seiner Abgrenzung vom Begriff der Methoden soll der Fehlschluss vermieden werden, dass nur bzw. vor allem fachwissenschaftlich Methoden dazu beitragen, Erkenntnisse über die (Lebens-)Welt zu gewinnen:

> *»Dem Paradigma der ›Umgangsweisen‹ [...] liegt der Gedanke zu Grunde, dass ›Erkenntnis‹ der Welt und kommunizierbares Wissen über die Welt nicht – ausschließlich – gebunden sind an wissenschaftliche Methoden. Auch Umgangsweisen und Wissen aus anderen Kontexten liefern Orientierung und ermöglichen Kommunikationsfähigkeit.«*
> *(Pech/Rauterberg 2013, S. 22, Herv. i.O.).*

Die Anerkennung der von Schülerinnen und Schülern in unterschiedlichen kulturellen Kontexten individuell entwickelten Umgangsweisen in diesem Konzept ist auch im Sinne der Kind- und Lebensweltorientierung erforderlich. Wissenschaftliche und erfahrungsorientierte Wege der Erkenntnisgewinnung stehen gleichberechtigt nebeneinander und können eine unreflektierte Wissenschaftsgläubigkeit verhindern.

Die Vielperspektivität außerschulischer Lernorte

Außerschulische Lernorte sind komplex und vielgestaltig. An ihnen können zum einen bestimmte fachliche Schwerpunkte gesetzt werden, zum anderen liegt ihr Potential aber vor allem auch darin, schon bei der Auswahl des Ortes *verschiedene fachliche Zugänge und weitere Perspektiven* in Planungsüberlegungen einzubeziehen.

Vernetzung von Perspektiven

Der Sachunterricht ist ein vielperspektivischer Lernbereich, in dem die Vernetzung von z. B. sozial- und naturwissenschaftlichen Zugängen bereits konzeptuell angelegt ist. Der Perspektivrahmen Sachunterricht (GDSU 2013) bietet für die Erschließung der Vielperspektivität außerschulischer Lernorte eine sinnvolle allgemeindidaktische Hintergrundfolie – sowohl für die Auswahl der Bildungsinhalte als auch der Methoden. Sein Kompetenzmodell mit einem vielperspektivischen Zugang zu Bildungsinhalten und zu Methoden stellt für die Unterrichtsplanung und -gestaltung ein Analyseraster für das Lernen am außerschulischen Lernort bereit, das auch auf den Unterricht in der Sekundarstufe – trotz engerer Fächergrenzen – übertragbar ist.

Themen fachspezifisch und fächerübergreifend

Im Kompetenzmodell des Perspektivrahmens Sachunterricht werden sozialwissenschaftliche, naturwissenschaftliche, geographische, historische und technische *perspektivbezogene Themenbereiche und Konzepte* mit Konzepten wie Leben, Kraft, Demokratie von *perspektivübergreifenden Themenbereichen und Fragestellungen* (z. B. Mobilität, Ernährung,

Frieden, nachhaltige Entwicklung) unterschieden. Diese eher inhaltlichen Dimensionen betonen stärker die deklarative Komponente kompetenten Handelns.

Denk-, Arbeits- und Handlungsweisen

Die sogenannten *Denk-, Arbeits- und Handlungsweisen* betonen dahingegen stärker die prozedurale Komponente des Handelns. In der konkreten Umsetzung werden immer beide Dimensionen berücksichtigt, denn »ohne entsprechende Verfahren kann man keinen Inhalt erschließen, und umgekehrt ist es auch nicht möglich, abstrakt und inhaltsfrei Methoden oder Verfahren durchzuführen« (GDSU 2013, S. 12).

Die folgenden Tabellen verdeutlichen diese inhaltliche und methodische Vielperspektivität und können als Entscheidungs- und Begründungsraster für die Festlegung von Unterrichtsinhalten und -themen (Kapitel 3.1), Methoden (Kapitel 3.3), Arten und Formen der Sachbegegnung (Kapitel 3.4) sowie der konkreten Gestaltung des Unterrichts (Kapitel 3.5) dienen. Dieser Überblick wurde spezifisch für Lernen an außerschulischen Lernorten auf Grundlage des sachunterrichtlichen Kompetenzmodells (GDSU 2013, S. 13) und dessen Konkretisierungen (GDSU 2013, S. 20ff.) zusammengestellt, ist aber ohne weiteres auch auf den Unterricht in der Sekundarstufe übertragbar.

Zu jeder der *perspektivübergreifenden* Denk-, Arbeits- und Handlungsweisen, die als »zentrale Fähigkeiten zur bildungswirksamen Erschließung der Lebenswelt« (GDSU 2013, S. 13) gesehen werden, werden in der Tabelle 2 beispielhaft unterstützende Lernmöglichkeiten und -situationen aufgeführt (GDSU 2013, S. 20ff.):

erkennen/verstehen	z. B. sammeln, ordnen, vergleichen, strukturieren, vernetzten, modellieren
Lernmöglichkeiten/-situationen: gezielte Aktivierung von Vorerfahrungen; gemeinsame Konstruktion von Vorstellungen und Wissen; Diskutieren und Argumentieren widersprüchlicher Aussagen; selbstständige Erarbeitungsprozesse; komplexe, problemhaltige Aufgabenstellungen, die die Übertragung des Wissens in neue Kontexte erfordern	
eigenständig erarbeiten	**z. B. beobachten, Informationen erschließen, recherchieren**
Lernmöglichkeiten/-situationen: Erkundungen und Untersuchungen, die selbst geplant und ausgeführt werden; selbstgewählte Lernwege erläutern, begründen, überprüfen; Stärken und Schwächen einschätzen; Präsentationen vor anderen Personengruppen	

evaluieren/reflektieren	z. B. bewerten, beurteilen, einschätzen, sich positionieren, Lernprozesse reflektieren
Lernmöglichkeiten/-situationen: über Widersprüche und Hintergründe von Argumenten nachdenken; eigene Arbeitsleistungen/-produkte bewerten; überlegen, ob neu erworbenes Wissen Auswirkungen auf das tägliche Miteinander haben kann; Nachdenk- Diskussions- und Reflexionsphasen, in denen z. B. Gerechtigkeit, Solidarität, Frieden oder Nachhaltigkeit reflektiert werden	
kommunizieren/zusammenarbeiten	z. B. mitreden, austauschen, argumentieren
Lernmöglichkeiten/-situationen: sich über Vermutungen, Arbeitsprozesse, Beobachtungen oder Erklärungen austauschen; gemeinsam an komplexen Aufgaben arbeiten; Verantwortung für Teilaufgaben übernehmen; Erkenntnisse präsentieren und zur Diskussion stellen; gemeinsame Planungen	
Interessen entwickeln	z. B. forschende Haltung entwickeln, fragen, vermuten, deuten
Lernmöglichkeiten/-situationen: offene Aufgabensituationen; Fragestellungen entwickeln; Expertenvorträge; problemhaltige Aufgaben; faszinierende, verblüffende, ästhetisch ansprechende Inhalte, Gegenstände oder Fragestellungen	
umsetzen/handeln	z. B. gestalten, Projekte durchführen
Lernmöglichkeiten/-situationen: Gestaltungs- oder Forschungsaufgaben; Aktionen, die auf Veränderung der außerschulischen Lebenswelt gerichtet sind; projektorientierte Auseinandersetzung mit komplexen Gegenständen wie z. B. Biotope Stadtviertel; Gestaltung einer Ausstellung	

Tab. 2: Perspektivübergreifende Denk-, Arbeits- und Handlungsweisen

Perspektivbezogene Denk-, Arbeits- und Handlungsweisen (Tabelle 3) berücksichtigen Erfahrungen in der Lebenswelt und bieten gleichzeitig Anschlussmöglichkeiten an Inhalte und Methoden der Fachkulturen der Sachfächer als verschiedene Formen des Ordnens und Deutens der Welt (GDSU 2013, S. 14, S. 27 ff.):

Politik – Wirtschaft – Soziales *sozialwissenschaftliche Perspektive*	z. B. verhandeln, urteilen, partizipieren
• An ausgewählten gesellschaftlichen Gruppen partizipieren • Argumentieren sowie zwischen Einzelnen oder zwischen Gruppen mit unterschiedlichen Interessen und Bedürfnissen verhandeln • Politisch urteilen • Ökonomische Entscheidungen begründen • Kulturelle Deutungen und Werte respektieren • Gesellschaftsbezogene Handlungen planen und umsetzen	

<table>
<tr><td>Belebte und unbelebte Natur
naturwissenschaftliche Perspektive</td><td>z. B. die belebte und unbelebte Natur untersuchen, experimentieren</td></tr>
<tr><td colspan="2">• Naturphänomene sachorientiert untersuchen und verstehen
• Naturwissenschaftliche Methoden einüben und anwenden
• Naturphänomene auf Regelhaftigkeiten zurückführen
• Konsequenzen aus naturwissenschaftlichen Erkenntnissen für das Alltagshandeln ableiten
• Naturwissenschaftliche Lernwege und Erkenntnisse sprachlich darstellen, strukturieren; argumentieren, bewerten und reflektieren</td></tr>
<tr><td>Räume – Naturgrundlagen – Lebenssituationen
geographische Perspektive</td><td>z. B. Räume erkunden und sich in diesen orientieren</td></tr>
<tr><td colspan="2">• Räume und Lebenssituationen in Räumen wahrnehmen; Raumvorstellungen und -konzepte bewusst machen und reflektieren
• Räume erkunden, untersuchen und Ergebnisse dokumentieren
• Sich in Räumen mit Hilfe von Orientierungsmitteln orientieren
• Ordnungsmuster zu räumlichen Situationen und zu Natur-Mensch-Beziehungen aufbauen und weiterentwickeln</td></tr>
<tr><td>Zeit – Wandel
historische Perspektive</td><td>z. B. sich in Zeiten orientieren, rekonstruieren</td></tr>
<tr><td colspan="2">• Fragen nach Veränderungen menschlichen Zusammenlebens in der Zeit stellen
• Mit Quellen und Darstellungen umgehen und ihnen historischen Sinn entnehmen
• Sinnhafte und intersubjektiv überprüfbare Erzählungen bilden</td></tr>
<tr><td>Technik – Arbeit
technische Perspektive</td><td>z. B. bauen, konstruieren, herstellen, Technik nutzen, bewerten und beurteilen</td></tr>
<tr><td colspan="2">• Fertigungsprozesse und technische Lösungen entwerfen und realisieren
• Technische Funktionen und Arbeitsprozesse vor erkunden und analysieren
• Mit Technik sachgerecht umgehen, Produkte warten und Gefahren kennen
• Technische Produkte und Problemlösungen vergleichen und bewerten
• Technische Zusammenhänge und Lösungen verstehen, dokumentieren, umsetzen, vermitteln</td></tr>
</table>

Tab. 3: Perspektivbezogene Denk-, Arbeits- und Handlungsweisen

3.3 Methoden an außerschulischen Lernorten

Zusammenhang von Zielen, Inhalten und Methoden

In diesem Teilkapitel wird eine aus allgemeindidaktischer Perspektive begründete Auswahl an Unterrichtsmethoden für außerschulische Lernorte vorgestellt. Die Auswahl und Strukturierung von Bildungsinhalten (auch an außerschulischen Lernorten) erfolgt immer mit Blick auf kritisch-emanzipatorische Bildungsziele (vgl. Kapitel 3.1, S. 56 ff.) und einem entsprechenden Lernverständnis: »Lernen im Sinne kritisch-konstruktiver Didaktik muss in seinem Kern entdeckendes bzw. nachentdeckendes und sinnhaftes, verstehendes Lernen anhand exemplarischer Themen sein« (Klafki 1996, S. 129). Methoden müssen also nicht nur sach- und zielgemäß sein, sondern auch Lernprozesse im Sinne dieses Lernverständnisses ermöglichen und fördern (Standop/Jürgens 2015, S. 88).

Unterrichtskonzepte und Methoden

Unterrichtskonzepte wie handlungsorientierter oder projektorientierter Unterricht eignen sich als methodische Großformen, in besonderer Weise für außerschulische Lernorte (vgl. Kapitel 2.3, S. 43 ff.) und sind mit einem entsprechenden Set an methodischen Kleinformen verknüpft wie z. B. einer gemeinsamen Projektplanung oder Metagesprächen. Sie sind auch meist mit bestimmten Unterrichtsprinzipien und einem konstruktivistischen Lernverständnis konnotiert (vgl. Kapitel 2.3, S. 45 ff.). Methoden sind einerseits Werkzeuge für Lehrkräfte, um Lernprozesse anzuregen und Bildungsziele anzustreben, um Unterricht zu planen, zu gestalten und zu evaluieren. Auf Schüler- bzw. Schülerinnenseite stellen Methoden Werkzeuge zur Erschließung der Welt dar.

Lernen des Lernens

Außerschulische Lernorte bieten die Chance, ein vielfältiges Spektrum an Methoden einzusetzen und dabei gezielt den Aufbau der Methodenkompetenz von Schülerinnen und Schülern zu fördern. Ein solches »Lernen« des Lernens, wird in aktuellen Bildungsplänen besonders betont und ergänzt die Klafkische Trias Sach-, Selbst- und Sozialkompetenz. Auf Grundlage der bereits vorhandenen Kompetenzen (kann beim Lernen am außerschulischen Lernort sowie in der Vor- und Nachbereitung der Ausbau und der Erwerb vielfältiger, auch neuer Denk-, Arbeits- und Handlungsweisen unterstützt werden – an Aufgaben mit Lebensweltbezug.

Methodische Kompetenzen fördern

Schülerinnen und Schüler benötigen ein reichhaltiges, reflektiertes Methodenrepertoire nicht nur im Hinblick auf das weitere schulische, sondern auch auf das lebenslange Lernen. Förderung von Methodenkompetenz wird möglich durch explizite Thematisierung von Methodischem im Unterricht. Dies kann – auch bei außerschulischen Lernorten – vor allem durch die Beteiligung der Schülerinnen und Schüler an der inhaltlichen und methodischen Unterrichtsplanung und -gestaltung realisiert werden (Was wollen wir herausfinden – wie können wir es herausfinden?). Die systematische Reflexion von Methoden und Arbeitsweisen sowie der reflektierte Umgang mit ihnen tragen zum Aufbau von Methodenkompetenz bei (Schönknecht 2008a; 2008b).

Methoden für Orte mit/ohne Programm

Methodische Überlegungen sind sowohl für Lernorte mit als auch für Lernorte ohne Bildungsauftrag erforderlich. Beim Aufsuchen von Lernorten mit Programmangebot wie z. B. Museen oder Science Centern geht es vor allem darum, vorhandene Konzepte und vorgegebene Arbeitsaufgaben oder -materialien zu prüfen und gegebenenfalls zu modifizieren oder auch zu ergänzen: Welche Möglichkeiten der Vorbereitung im Unterricht bieten sich an? Passen die Aufgaben zu den Vorerfahrungen und Interessen der Schülerinnen und Schüler, zu ihren Fragen, zu den Lernzielen, die mit der Erkundung verbunden sind? Haben sie Möglichkeiten, ihr Wissen und ihre Fragen einzubringen? Lassen die vorgegebenen Aufgaben genug Freiraum zu eigenständigen und vielfältigen Lösungen? Oder ist die Aufgabenqualität problematisch, weil z. B. kaum Anregungen gegeben werden, die zum Denken und Verstehen, zum Durchdringen der Sachverhalte mit einem weiten Methodenrepertoire anregen? Können Aufgaben auf verschiedenen Niveaus bearbeitet werden, ist Differenzierung möglich?

Lernorte ohne pädagogische Angebote oder Lernorte mit Angeboten, die aber nicht genutzt, sondern auf eigene Faust erschlossen werden, werfen ähnliche Fragen auf, erfordern darüber hinaus aber auch eine umfassende eigenständige Planung der Erkundung in Bezug auf Inhalte und Methoden.

Methodenwahl als didaktisch begründete Entscheidung

Methodische Entscheidungen werden immer im Blick auf ihre didaktische Funktion in der Lernumgebung, die die Lehrkräfte gestalten, gefällt: Eignet sich die Frage, die Sache, das Problem für eine Bearbeitung im Projektunterricht? Welche Teilaspekte eines Themas werden wo (im Klassenzimmer, am außerschulischen Lernort) wie (handlungs- oder problemorientiert, instruktional, entdeckend) bearbeitet? Welche Methoden werden sinnvollerweise genutzt, wenn es um Motivierung, Entwicklung von Fragen und Interessen geht – oder um Strukturierung oder Vertiefung, um Rückmeldung zum Lernstand, um den Erwerb von Faktenwissen oder Handlungskompetenzen? Aus didaktischer Perspektive müssen Methoden auch daraufhin ausgewählt oder miteinander verknüpft werden, ob sie Individualisierung und Differenzierung und die Berücksichtigung von grundlegenden Unterrichtsprinzipien ermöglichen (vgl. Kapitel 2.3, S. 40 ff., S. 52 ff.).

Methodenspektrum

Für die Gestaltung von Unterricht unter Einbeziehung außerschulischer Lernorte werden in diesem Kapitel konkrete methodische Vorschläge gegeben. Das mögliche Methodenspektrum ist wegen der thematischen, inhaltlichen und fachlichen Breite außerschulischer Lernorte allerdings kaum einzugrenzen. Überblicks- und ausführliche Darstellungen zu Unterrichtsmethoden aus allgemeindidaktischer Perspektive können die hier gesetzten Schwerpunkte ergänzen, wie z. B. Reich (2017), Wiechmann/Wildhirt (2015), Reeken (2015) oder Arnold/Sandfuchs/Wiechmann (2009).

Grundlagen der Sachbegegnung und Sacherschließung

Methoden zur Erschließung der Sache am Lernort

Die allgemeindidaktische Perspektive für die konkreten methodischen Vorschläge in diesem Kapitel ist die Orientierung an der Sache, an der Lebenswelt und den Schülerinnen und Schülern als didaktische Kategorien (vgl. Kapitel 3.1, S. 60 ff.). Wie unterstützt der Einsatz unterschiedlicher Methoden Schülerinnen und Schüler dabei, der Sache vor Ort zu begegnen, sie zu erschließen? Wie können entsprechende Lernaufgaben ausgewählt, konzipiert und eingesetzt werden? Die im Folgenden dargestellten Methoden haben ihren Schwerpunkt auf der Auseinandersetzung mit der Sache am außerschulischen Lernort selbst. Phasen der Vor- und Nachbereitung werden in Kapitel 3.5 thematisiert.

Didaktische Funktion und bildungstheoretische Grundlagen

Für grundlegende methodische Überlegungen zu außerschulischen Lernorten wird auch hier, wie in Kapitel 3.2, auf die Didaktik des Sachunterrichts Bezug genommen, die über eine lange und aktuell weitergeführte Tradition der Auseinandersetzung mit Sachbegegnung, -erschließung, -gestaltung und -reflexion verfügt. Bei der Frage nach der (Lebens-) Welterschließung werden dort die Fragen nach dem »Was« (Bildungsinhalte) und dem »Wie« (methodische Zugänge) eng aufeinander bezogen. Methoden werden damit im Zusammenhang mit ihrer didaktischen Funktion auf bildungstheoretischer Grundlage gesehen.

Möglichkeiten der Sachbegegnung, -erschließung, -gestaltung und -reflexion sind aus zwei didaktischen Perspektiven relevant: Als Beitrag zur Allgemeinbildung werden Aufgaben und Bildungsziele beschrieben, die als Orientierung für die Welterschließung in Bezug auf außerschulische Lernorte von Bedeutung sind (Kahlert et al. 2015, S. 88 ff.):

Methodisches Erschließen – Reflektierendes Verstehen – Kompetentes Handeln – Sachgerechtes Urteilen – Interessen entwickeln – Anschlussfähiges Wissen und Können grundlegen

Methoden und Sache an außerschulischen Lernorten

An diese Aufgaben und Bildungsziele schließen sich methodische Überlegungen an: Welche Methoden des Lehrens und Lernens im Umgang mit den »Sachen« sind erforderlich? Der Umgang mit der Sache stellt aus allgemeindidaktischer Perspektive für alle Bildungsgegenstände, die am außerschulischen Lernort zur Sache, zum Thema werden können, eine sinnvolle Schwerpunktsetzung und Strukturierung dar:

Den Sachen begegnen – Die Sachen erschließen – Die Sachen mitgestalten – Die Sachen darstellen und reflektieren – Die Sachen versprachlichen (Kahlert et al. 2015, S. 441 ff.)

Außerschulische Lernorte erforschen

Eine zweite und wichtige ergänzende Perspektive für außerschulische Lernorte ist der Ansatz des Forschenden Lernens. Ziel der Allgemeinbildung ist u. a. ein kritisches Wissenschaftsverständnis und eine Hinführung an wissenschaftliches Arbeiten, auch unter fachdidaktischer Perspektive (vgl. Kapitel 3.2, S. 63 ff.). An außerschulischen Lernorten können vielfältige Erhebungs- und Auswertungsmethoden genutzt und reflektiert werden (vgl. Kapitel 3.4, S. 85 ff.). Konzepte wie »Forschendes Lernen« (vgl. z. B. Messner 2009) und »Philosophieren mit Kindern« (vgl. z. B. Michalik 2015b) knüpfen an die epistemische Neugier von Kindern und Jugendlichen an, unterstützen die Entwicklung einer forschenden Haltung, selbstständigen Denkens und eine konstruktive Auseinandersetzung mit unterschiedlichen Selbst- und Weltbildern.

Für die Begegnung mit und die Erschließung von außerschulischen Lernorten kann auf eine große Vielfalt von sozial- und naturwissenschaftlichen Forschungsmethoden und -zugängen angeknüpft werden. Auf Grundlage ihres Studiums verfügen Lehrkräfte über ein Inventar an fachbezogenen sowie bildungswissenschaftlichen Erhebungs- und Auswertungsverfahren und Möglichkeiten zu dessen Nutzung im Unterricht. Das Konzept des Forschenden Studierens ist im Lehramtsstudium inzwischen weit verbreitet und mit forschungsmethodischen Qualifikationen verbunden (vgl. z. B. Tremp/Hillbrand 2012; Huber 2009). Um auch Schülerinnen und Schülern einen forschenden Zugang zum Lernort zu ermöglichen, kann daran angeknüpft werden (vgl. Kapitel 3.4, S. 86 ff.).

Sachbegegnung und Sacherschließung

Zwischen Sachbegegnung und Sacherschließung sind Übergänge fließend: bei der Sachbegegnung am außerschulischen Lernort finden auch Erschließungsprozesse statt (Nießeler 2015a, Tänzer 2015). Sacherschließung zielt auf Durchschauen und Verstehen des Lerngegenstands, von Deutungen und Erklärungen. Beides zielt auf strukturiertes deklaratives sowie prozedurales Wissen.

Die individuellen Erfahrungen, Kenntnisse, Deutungen und Interpretationen der Schülerinnen und Schüler differenzieren sich in der Begegnung und Auseinandersetzung vor Ort und im Unterricht aus. Sacherschließung erhebt den Anspruch, Schülerinnen und Schüler dabei zu unterstützen, Vorstellungen von der Sache »in ihre bestehenden kognitiven Strukturen einzufügen, ihr Wissen zu systematisieren, zu erweitern, zu verallgemeinern und damit über den konkreten Einzelfall hinaus anwendungsfähig werden zu lassen« (Tänzer 2015, S. 448 f.).

Alltagsnahe diagnostische Verfahren

Um Vorwissen und Vorstellungen von Schülerinnen und Schülern zu erheben, können alltagsnahe diagnostische Verfahren genutzt werden, z. B. im Rahmen einer gemeinsamen Unterrichtsplanung: Was weiß ich/wissen wir schon – was will ich/wollen wir wissen – wie kann ich/können wir das herausbekommen? Offenere und fokussierte Fragen, die in Gruppengesprächen und in individuellen schriftlichen Texten, über Zeichnungen oder Mindmaps beantwortet werden, ermöglichen einen differenzierten Einblick in Vorwissen und die Vorstellungen zu den Lerngegenständen (vgl. auch Baar 2017; Schönknecht 2015a; Schönknecht/Maier 2014; Liebers et al. 2013; Baar 2013; Baar/Schönknecht 2012;

Schönknecht 2012;). Die Feststellung von Lernständen zu Beginn des Unterrichts ist Grundlage für differenzierte und auch individualisierte Lernaufgaben und -angebote (vgl. Kapitel 2.3, S. 48 ff.). Präkonzepte und Vorwissen als individuelle Lernvoraussetzungen sind Grundlage für die Festlegung von Zielen, Inhalten und Methoden für einzelne Schülerinnen und Schüler und für die Klasse. Sie geben – neben den Interessen der Schülerinnen und Schüler – auch Hinweise, welche Teilaspekte einer Gesamtthematik von unterschiedlichen Gruppen bearbeitet werden können und was als verbindliche Grundlagen für alle festgesetzt werden muss.

Gespräche und regelmäßiger Austausch

Regelmäßige Gespräche und gemeinsamer Austausch über das methodische Vorgehen und über die Sachthemen selbst sichern eine gemeinsam getragene Planung, fördern methodische Kompetenzen und unterstützen die Sachdurchdringung und -erschließung. Aus konstruktivistischer Perspektive ist auch die soziale Ko-Konstruktion, also die Auseinandersetzung mit Vorstellungen, Konzepten, Erklärungen und Ideen anderer, in hohem Maße förderlich für das eigene Lernen. Deshalb sollten Gespräche und Austausch so gestaltet werden, dass unterschiedliche Perspektiven, Interpretationen und Deutungen gezielt zum Thema gemacht werden, und dass ausreichend Zeit und Raum für die Auseinandersetzung mit unterschiedlichen Wahrnehmungen, Eindrücken und Beobachtungen vor Ort sowie in der Vor- und Nachbereitung im Unterricht eingeplant wird.

Originale Begegnung

Eine Besonderheit bei Exkursionen, Erkundungen und Lerngängen ist, dass die Begegnung mit dem Unterrichtsgegenstand als »Originale Begegnung« stattfinden kann. Voraussetzung für Originale Begegnung ist, dass Schülerinnen und Schüler Fragen an den »Gegenstand« stellen und/oder der »Gegenstand« Fragen an sie stellt, die dann bearbeitet werden können (Roth 1976).

Fragehaltung und Zugänglichkeit

Bei außerschulischen Lernorten genügt es nicht, einen Ort nur aufzusuchen, damit Fragen geweckt werden. Arbeitsvorgänge oder Produktionsabläufe in Handwerks- und Industriebetrieben oder Dienstleistungsunternehmen sind komplex und meist kaum der direkten Beobachtung zugänglich. Auch Zusammenhänge in ökologischen Lebensräumen wie einer Hecke, einer Wiese oder einem Teich, erschließen sich nicht auf den ersten Blick. Deshalb ist die Frage nach der Zugänglichkeit, Darstellbarkeit von Inhalten und der Durchschaubarkeit (Klafki 1963) außerschulischer Lernorte auch eine methodische. Was kann mit welchen Methoden vor Ort beobachtet, durchschaut, erkannt werden? Wie entwickeln sich daraus weitere Fragen und eine fragende Grundhaltung, wie werden diese Fragen aufgenommen und bearbeitet? Wie muss die Erkundung vorbereitet werden, damit »Originale Begegnung« zwischen

Lernenden und Sache möglich werden kann? Im Folgenden werden solche Methoden der Sachbegegnung und Sacherschließung ausführlich dargestellt, die für das Lernen an außerschulischen Lernorten besondere Bedeutung besitzen und für alle Fachperspektiven relevant sind.

Methoden der Sachbegegnung und Sacherschließung

Erkunden

Das *Erkunden* zielt nach Nießeler auf eine erste Auseinandersetzung mit dem Unterrichtsgegenstand. Es ist gekennzeichnet durch selbsttätiges Entdecken, eigenständiges, interessegeleitetes Fragen und Beobachten in einer forschenden Grundhaltung. Dazu gehört auch das systematische Sammeln von vielfältigen Gegenständen und Wirklichkeitseindrücken. Ein Unterrichtsgang eigne sich besonders dann für eine Erkundung, wenn die Gegenstandsstruktur an Ort und Stelle am besten durchschaut werden kann, wie z. B. bei manchen physisch-geographischen Strukturen, biologischen Lebenszusammenhängen oder wirtschaftlich-technischen Abläufen (Nießeler 2015a, S. 442 f.).

Erleben

Beim *Erleben* stehe dahingegen eine eher ganzheitliche, erlebnisbetonte Erfassung im Vordergrund. Eindrücke, »die auf individuelle Weise zum Ausdruck gebracht werden können, etwa in der Form von Erzählungen oder Zeichnungen« (Nießeler 2015a, S. 443), werden subjektiv verarbeitet. In aktuellen erlebnispädagogischen Ansätzen werden Aspekte der reformpädagogischen Konzeption des Erlebnisunterrichts aufgenommen. Über die erlebnispädagogische Dimension hinaus (und ohne die komplexe Begriffsbestimmung und theoretische Diskussion von »Erlebnis« hier aufzunehmen) kann die Möglichkeit einer ganzheitlichen, offenen, nicht gezielten Wahrnehmung von Lernorten auch in fachdidaktischen oder fächerübergreifenden Perspektive eine wichtige Rolle bei der Begegnung mit der Sache und Personen am außerschulischen Lernort sein. Auch in der Begegnungsform der Praktika (vgl. Kapitel 3.4, S. 81 f.) kommt dem (Mit-)Erleben und dem offenen Erkunden, z. B. in sozialen Einrichtungen, hohe Bedeutung zu.

Betrachten

Beim *Betrachten* als weitere Begegnungsform steht eine kontemplative Wahrnehmung, ein genaues Hinsehen und »Verweilen bei Phänomenen in ihrer Erscheinungsfülle« (Nießeler 2015a, S. 444) im Fokus, nicht eine empirisch-rationale Perspektive. Dem Erleben und dem Betrachten als Art der Sachbegegnung kann auch die Idee eines peripatetischen Unterrichts zugeordnet werden (vgl. Kapitel 3.5).

Beobachten als Anschauung

Das *Beobachten* hat im »Anschauungsunterricht« – ebenso wie der oben beschriebene Zugang Erleben – reformpädagogische Wurzeln. Der Anschauungsunterricht der Heimatkunde forderte genaues Beobachten und Beschreiben, Unterscheiden und Beurteilen. Ein wichtiges Ziel dieser Unterrichtskonzeption und damit des methodischen Vorgehens, das sich mit unterschiedlichen Schwerpunkten auch stark ausdifferenziert hat, war es, aus »konkreter Anschauung Vorstellungen (abstrakte Anschauungen)« und damit auch Begriffe zu gewinnen (Kühnel 1909, S. 8). Es gab sehr vielfältige Konzepte des Anschauungsunterrichts mit unterschiedlichen Schwerpunkten wie z. B. einen erlebensbetonten Anschauungsunterricht, Konzepte, die die Bedeutung von Lehrererzählungen betonten oder Ansätze, die differenzierte, methodisch geleitete Anschauung von realen Objekten im Klassenzimmer oder in der Lebenswelt hervorhoben.

Beobachten als wissenschaftliche Methode

Beobachten an außerschulischen Lernorten kann auch als eine empirisch-wissenschaftliche Methode gesehen werden – im Anschluss an den Anschauungsunterricht und das darauf bezogene Unterrichtsprinzip der Anschauung (Kiel 2013, S. 212 f.). Mit einem forschenden Zugang können damit an außerschulischen Lernorten Methoden empirischer Feldforschung eingeführt, erworben und reflektiert werden (vgl. Kapitel 3.4, S. 86 ff.). Beobachtungen können unterschiedlich stark vorstrukturiert werden, mit weniger Vorgaben oder Beobachtungskategorien oder mit sehr ausdifferenzierten Beobachtungsleitfäden oder Protokollierungsbögen. Beobachtungskategorien und unterschiedliche Dokumentationsformate können im Unterricht gemeinsam mit den Schülerinnen und Schülern entwickelt oder ausgewählt, differenziert und modifiziert werden.

Dokumentation von Beobachtungen

Je nachdem, wie offen oder standardisiert Beobachtungen konzipiert sind, gestalten sich auch *Dokumentationen von Beobachtungen*, die Beobachtungsprotokolle oder Feldnotizen, die entsprechend, mehr oder weniger strukturiert oder komplex sein können. Das Spektrum reicht von numerischen, quantitativen Datenerhebungen (Strichlisten, z. B. bei Verkehrszählungen) bis zu qualitativen Zugängen, z. B. über visuelle Daten (Zeichnungen, Fotos, Videos) und verschiedene Varianten von verbalen Daten (Feldnotizen, freie Texte, Gedanken, Assoziationen) oder auch Kombinationen verschiedener Daten. Als Datengrundlage gehen diese Dokumente in die Analyse und Auswertung der Beobachtungen im sich anschließenden Unterricht ein.

Befragen

Befragungen als Methode können zu allen Themenbereichen, die sich an außerschulischen Lernorten ergeben, eingesetzt werden, für naturwissenschaftlich-technische Sachverhalte ebenso wie für sozialwissenschaftlich-gesellschaftliche Themen oder in kulturellen und ästhetischen Bereichen. Eine fachspezifische Methode stellt die Befragung von Zeitzeugen (oral history) aus der Geschichtsdidaktik dar (Michalik 2015a, S. 33 ff.).

Methodisch weisen Befragungen als empirisch-wissenschaftliche Methode ein breites Spektrum an Formen und Vorgehensweisen auf: *Schriftliche Befragungen* (meist standardisiert mit vorgegebenen, z. T. auch offenen Antwortmöglichkeiten, als Fragebogen strukturiert, in Papierform oder online) oder *mündliche Befragungen/Interviews* (unterschiedlich stark vorstrukturiert, stärker gelenkte oder offene Formen) eignen sich gleichermaßen für den Unterricht am außerschulischen Lernort.

Vorbereitung von Befragungen und Interviews

Für mündliche Befragungen an außerschulischen Lernorten sind verschiedene Interviewformen möglich – hier bietet sich auch eine Nutzung des inzwischen sehr ausdifferenzierten Methodenrepertoires qualitativer Sozialforschung an (vgl. z. B. Helfferich 2011). Befragungen erfordern gezielte inhaltliche und methodische Vorbereitung. Sollen die Befragungen einen wirklichen Erkenntnisgewinn bringen, müssen zunächst inhaltlich relevante Themen und Aspekte identifiziert, gesammelt und strukturiert werden: Was können/wollen wir – von wem – zu welchen Aspekten des Themenfeldes erfahren?

In einem zweiten Schritt geht es darum, Fragen zu formulieren und Methodenkompetenzen für die Befragungssituation zu entwickeln. Aus einer strukturierten Sammlung von Aspekten und Themen werden konkrete Fragen und Gesprächsimpulse entwickelt, formuliert und in eine sinnvolle Reihung gebracht, sodass eine strukturierte, handhabbare Fragesammlung oder ein Interviewleitfaden entsteht (vgl. z. B. Helfferich 2011, S. 178 ff.).

Gesprächsverhalten und Fragetechniken

Das Gesprächsverhalten der Interviewenden und die Gestaltung der Gesamtsituation sind weitere Planungsschritte. Für gelingende Interviews unterschiedlicher Formate (z. B. narrative oder problemzentrierte Interviews) sind unterschiedliche Fragearten und -techniken erforderlich, um das Interview in Gang zu bringen sind gute Einstiegsfragen und erzählgenerierende Impulse zu entwickeln. Techniken, die das Gespräch aufrechterhalten, sind das Zurückspiegeln von Gesagtem, das Paraphrasieren von Aussagen und Angebote von Deutungen. Eine Befragung erfordert Haltungen von Zugewandtheit, Offenheit und Interesse gegenüber den Interviewten und ihren Aussagen bei gleichzeitiger Zurückhaltung bei eigenen Redeanteilen. Ein solches Gesprächsverhalten kann in Rollenspielen eingeübt werden.

Zielgruppen

Für Befragungen an außerschulische Lernorte können zwei unterschiedliche Zielgruppen für Befragungen unterschieden werden. In der Literatur zu außerschulischen Lernorten werden vor allem Befragungen von Expertinnen und Experten thematisieren. Für bestimmte Fragestellungen ist es auch sinnvoll, Passanten oder Ortsansässige eines Stadtviertels, den Mann oder die Frau »auf der Straße«, Nutzerinnen und Nutzer von öffentlichen Einrichtungen oder Besucherinnen und Besucher eines Museums oder einer Gedenkstätte zu befragen, also Kinder, Jugendliche oder Erwachsene zu Sachthemen, zu ihrem Erfahrungswissen oder ihren Einstellungen und Meinungen.

Sachwissen Erfahrungswissen Einstellungen Meinungen

Befragung von Expertinnen und Experten

Als Expertinnen und Experten im engeren Sinne können »Vertreter von Institutionen und öffentlichen Einrichtungen (Polizei, Gericht, Sportverein, Kirche, Stadtverwaltung etc.), [...] Vertreter politischer Interessen[s]gruppen (Parteien, Bürgerinitiativen, Umweltorganisationen, Tierschutzvereine, Amnesty International etc.) oder [...] Betroffene politischer Prozesse« unterschieden werden (Michalik 2015a, S. 30). Expertinnen und Experten in einem weiteren Sinne sind Personen, »die über besonderes Wissen zu einem bestimmten Sachgebiet verfügen (z.B. Eltern, Mitschüler/innen, Fachlehrer/innen)« (Michalik 2015a, S. 30). Letztere unterscheiden sich von der erstgenannten Gruppe dadurch, dass sie aus dem engeren Schulkontext stammen und eventuell leichter zugänglich sind, wie zum Beispiel auch Externe, die Arbeitsgemeinschaften in Schulen anbieten. Expertinnen und Experten können also auch unter Eltern und schulnahen Personen, aus deren Kontakten, Arbeitszusammenhängen oder spezifischen Interessensgebieten gefunden werden.

Expertinnen und Experten

Erwachsenen Expertinnen und Experten wird eine wichtige Funktion als Mittler zwischen Schule und Lebenswelt zugeschrieben. Sie verfügen über umfangreiche Erfahrungen, theoretisches und praktisches Wissen, können in ihrem Gebiet authentisch in Grundfragen einführen, vermögen oft auf auch komplexe Fragestellungen differenziert zu reagieren. Die Ansätze des Cognitive Apprenticeship (Collins/Brown/Newman 1987) und des situierten Lernens (Hartinger/Mörtl-Hafizović 2004) bieten für das Lernen mit Expertinnen und Experten wichtige Hinweise. Ähnlich der traditionellen Handwerkslehre wird in authentische Situationen und Aktivitäten durch gezielte Anleitung und Unterstützung in komplexe Problemstellungen eingeführt. Expertinnen und Experten kommunizieren dabei, wie sie Situationen deuten und Lösungsstrategien entwickeln. Setzen sich Lernende mit ähnlichen Problemen auseinander, werden sie durch abnehmende Unterstützung und Rückmeldung begleitet und immer wieder aufgefordert, ihre Denkprozesse und Problemlösestrategien zu artikulieren, zu diskutieren und zu reflektieren. Dadurch werden die Selbststeuerung von Lernprozessen, der Erwerb anspruchsvoller kognitiver Strategien, von Problemlösekompetenz und anwendungsbezogenem Wissen angeleitet und unterstützt (Thiel 2009; Schönknecht 2015b).

Sammeln und Ordnen

Sammeln und Ordnen wird in didaktischen Zusammenhängen häufig als eine typische kindliche Tätigkeit beschrieben, ist jedoch soziale Praxis in allen Lebensphasen. Es gilt als anthropologische Konstante und Teil der Alltagskultur (Brenne/Kekeritz/Schmidt 2015). Sammeln knüpft als soziale Praxis an lebensweltliche Umgangsweisen von Kindern und Jugendlichen an (vgl. Kapitel 3.2). Sammeln ist allerdings nicht nur soziale Praxis, sondern in Natur- und Geisteswissenschaften eine klassische und weiterhin relevante Methode der Erkenntnisgewinnung, was sich bspw. in naturwissenschaftlichen oder historischen Sammlungen zeigt. In Museen werden Sammlungen als gesellschaftliches Bildungsangebot auch öffentlich präsentiert.

Beim Sammeln an außerschulischen Lernorten können Ordnungs- und Sinnzusammenhänge erkannt, Phänomene oder Zusammenhänge entdeckt und analysiert werden. Sammeln und Ordnen als Methoden sind eine Form der forschenden Weltaneignung und insofern »wissenschaftspropädeutisch bedeutsame Aktivitäten [...] Sammeln, vergleichen, ordnen, systematisieren, erinnern, auffinden, Übersicht gewinnen, präsentieren, aufbewahren, sichten. Auch Verwertungen von Sammlungen geraten in den Blick: Ein Archiv anlegen, eine Ausstellung vorbereiten und durchführen usw.« (Duncker 2007, S. 15).

Was gesammelt wird, unterliegt grundsätzlich keiner Beschränkung: Sammlungen sind generell »durch ein hohes Maß an Diversität geprägt. Es gibt kein kulturelles Substrat, was nicht sammelfähig ist« (Brenne/Keritz/Schmidt 2015, S. 6). Sammlungen können von Dingen oder Zeichen in der Welt angelegt werden, von »menschlichen Spuren«, wie z. B. Graffiti, besondere Formen (zeichnerisch festgehalten oder fotografiert) oder (Alltags-)Materialien, von Gegenständen in der Natur (Herbarium, zoologische oder geologische Sammlungen). Die Perspektive der Sammelnden entscheidet darüber, ob bzw. welche Gemeinsamkeiten von Sammelobjekten sie wahrnehmen und entdecken. An so entstandenen Sammlungen können Phänomene, Muster und Ordnungszusammenhänge und damit Sinn entdeckt und bearbeitet werden.

Internationale Sammlerbewegungen, wie z. B. »manholecovers« (Sammlungen von Fotos/Frottagen von Kanaldeckeln) zeigen, wie kultur-, industriegeschichtlich und ästhetisch aufschlussreich Sammlungen von Alltagsgegenständen sein können. Auch ungezieltes und unstrukturiertes Sammeln von Dingen und Eindrücken (z. B. Fotos und/oder Geräusche) am außerschulischen Lernort kann eine Sammlung vielfältiger und auf den ersten Blick vielleicht unzusammenhängender Objekte und Spuren ergeben, die durch Ordnungs- und Strukturierungsversuche auch Kreativität fördert.

Experimente und Versuche

Experimentieren hat als Methode vor allem in den MINT-Fächern hohe Relevanz. Dies zeigt sich in entsprechenden Unterrichtsvorschlägen und -konzepten, aber auch an vielen Neugründungen von sogenannten Science Centern, Lernlaboratorien und anderen außerschulischen Lernorten und Projekten mit MINT-Schwerpunkten (vgl. Kapitel 6.2, S. 156 ff.).

Qualität der Aufgaben und Ziele vor Ort

Für die Einbindung solcher Angebote in unterrichtliche Zusammenhänge ist darüber nachzudenken, inwiefern solche Lernumgebungen insgesamt und die dort vorhandenen Lernangebote dazu beitragen können, dass Schülerinnen und Schüler sowohl fachliche als auch methodische Kompetenzen, wie z.B. das Experimentieren erwerben können. Durch eine Voraberkundung, durch die Analyse der Lernangebote vor Ort und auch durch die Beobachtung der Schülerinnen und Schüler, wie sie die Angebote nutzen, können Lehrkräfte die Lernumgebungen und Aufgaben analysieren und einschätzen. Kann handlungsorientiertes Lernen stattfinden? Ist forschendes und entdeckendes Lernen möglich? Finden komplexere Lernhandlungen statt, bei denen auch Entscheidungsspielräume bestehen, oder steht genaues Nachvollziehen gegebener Anleitungen im Vordergrund? Werden die Schülerinnen und Schüler aufgefordert, Vermutungen und Beobachtungen festzuhalten und zu reflektieren oder geht es eher darum, ein allgemeines Interesse für Naturwissenschaften zu entwickeln?

Experimentieren, Versuchen, Laborieren, freies Explorieren

Eine begriffliche Unterscheidung und Klärung zwischen Experimenten, Versuchen, Laborieren und Explorieren schlagen Hartinger et al. (2013) vor. Für Schülerinnen- und Schülerlabore und andere außerschulische Lernorte kann sie dazu dienen, unterschiedliche Bereiche naturwissenschaftlicher Methodenkompetenz zu unterscheiden und auch fachspezifisch zu ergänzen oder auszudifferenzieren. Sie unterstützt auch dabei, die Qualität von außerschulischen Lernorten mit MINT-Schwerpunkt zu analysieren, um die so gewonnenen Erkenntnisse für die Erkundung zu nutzen, das Lernen vor Ort vorzubereiten und in den Unterricht einbinden zu können.

Bei Experimenten und Versuchen können nach dem Grad der Selbstständigkeit verschiedene Begriffe genutzt werden (Hartinger et al. 2013, S. 3ff.). Beim *Experimentieren* steht am Anfang eine echte Fragestellung oder Vermutung, die die Schülerinnen und Schüler dann in allen Schritten selbstständig bearbeiten: Frage/Vermutung(en) – Plan zur Überprüfung der Vermutung – Ausführung, ggf. Modifizierung des Plans – Beobachtung – Beantwortung der Frage durch die Ergebnisse. Beim *Versuchen* werden vorgegebene Schritte durchgeführt, Teilfähigkeiten wie das genaue Beobachten können dadurch unterstützt, Gesetzmäßigkeiten veranschaulicht werden. Versuche können auch interessante oder verblüffende Phänomene präsentieren, um zu Fragen oder zum Weiterforschen anzuregen. *(Freies) Explorieren* ist eine selbstbestimmte Beschäftigung mit naturwissenschaftlichen Materialien oder Themen, die vor allem der Förderung von Interesse und Kreativität dient. Beim *Laborieren* werden Schülerinnen und Schüler angeleitet, wenn z.B. Schritte des Experimentierens aufgezeigt werden oder eine selbstständige Erarbeitung (noch) nicht erwartet werden kann.

	Fragestellung vorhanden	Fragestellung nicht vorhanden
Vorgehensweise vorgegeben	Laborieren	Versuche durchführen
Vorgehensweise nicht vorgegeben	Experimentieren	Explorieren

Tab. 4: Naturwissenschaftliche Arbeitsweisen (Hartinger et al. 2013, S. 7)

In der Vier-Felder-Tafel (Tabelle 4) wird deutlich, dass alle Varianten in Bezug auf ihre Zwecke und Ziele eingesetzt werden können. Für die Grundschule plädieren Hartinger et al. dafür, die Begriffe im Unterricht nicht einzuführen, sondern weiterhin von Experiment oder Experimentieren zu sprechen, da dieser Begriff in der Regel positiv besetzt sei (Hartinger et al. 2013, S. 7). In der Sekundarstufe ist es aus fachlicher Perspektive geboten, hier begrifflich zu unterscheiden.

3.4 Arten und Formen der Begegnung mit außerschulischen Lernorten

In der allgemeindidaktischen und schulpädagogischen Literatur werden Begriffe wie z. B. Exkursion, Unterrichtsgang, Lern-/Lehrgang oder Studienfahrt häufig nicht klar definiert oder voneinander abgegrenzt. Die fachdidaktische Literatur ist hier in Teilen präziser, doch auch hier gilt, dass die Begriffe je nach Fachtradition und fachdidaktischen Konzepten zwischen den Fächern, aber auch innerhalb der Fachdisziplinen unterschiedlich ausgelegt werden (vgl. Kapitel 4, 5 und 6). In diesem Kapitel werden mögliche Arten und Formen der Begegnung mit außerschulischen Lernorten beschrieben und voneinander unterschieden.

Kriterien der Unterscheidung

Für eine solche Unterscheidung und Kategorisierung können verschiedene Kriterien herangezogen werden: Die Dauer und die Häufigkeit des Aufenthalts, die räumliche Nähe des außerschulischen Lernortes zur Schule, die auch Auswirkungen darauf hat, wie, wann und wie oft der Ort erreicht werden kann (zu Fuß, mit öffentlichen Verkehrsmitteln) und welcher zeitliche, finanzielle und organisatorische Aufwand damit verbunden ist. Ebenso können die Intensität einer Erkundung sowie die Gestaltung der Lehr-Lern-Situationen (selbsttätiges und selbstständiges Erkunden oder Präsentation bzw. Demonstration mit eher darbietendem Charakter) zur Beschreibung unterschiedlicher Arten der Begegnung herangezogen werden.

Dauer, Häufigkeit, Intensität

Ein Aufenthalt an einem außerschulischen Lernort kann wenige Schulstunden (Unterrichtsgang) bis zu mehreren Wochen (Studienfahrt, Betriebspraktikum) dauern. Außerschulische Lernorte können einmalig, mehrfach oder auch über längere Zeit immer wieder aufgesucht werden, z. B. zu Langzeitbeobachtungen in der Natur oder um Veränderungen im Stadtteil zu dokumentieren. Ein außerschulischer Lernort kann auch regelmäßig und quasi institutionalisiert aufgesucht werden, manche Klassen verbringen wöchentlich oder vierzehntägig einen »Draußentag« im Wald (Schüler 2008; Kühn 2008). Burk und Claussen unterscheiden bezüglich der Intensität und der Häufigkeit des Aufenthalts drei mögliche Kontaktformen: das *lose Herumstreifen*, die *Erkundung* und das *Projektpraktikum* (Burk/Claussen 1998, S. 32). Diese Unterscheidung wird im Folgenden erweitert und modifiziert.

Offenes, ungerichtetes Erkunden

Ein loses Herumstreifen, ein *offenes und ungerichtetes Erkunden* am außerschulischen Lernort ist Burk und Claussen zufolge vor allem in der Vorbereitungsphase oder bei der Einführung in ein neues Thema sinnvoll. Schülerinnen und Schüler können eine erste Orientierung für das weitere Lernen gewinnen, indem sie z. B. Gegenstände sammeln, Eindrücke festhalten und Fragen entwickeln. Intensiveres Untersuchen und Erkunden findet dann bei weiteren Lerngängen statt.

Peripatetischer Unterricht

Diese Form des offenen, auch ungerichteten Erkundens zeigt sich auch im sogenannten *peripatetischen Unterricht*, der bereits in der Reformpädagogik propagiert wurde. Gestützt auf das Anschauungsprinzip und das Prinzip der räumlichen Nähe der Heimatkunde schlugen z. B. Harnisch und Finger in der ersten Hälfte des 19. Jahrhunderts als Realbegegnung die Erkundung der näheren Umgebung der Schülerinnen und Schüler durch Lehrwanderungen und Unterrichtsgänge vor (Mitzlaff 2004a; 2004b). Harnisch unterschied einen »Sommerweg«, der eine reale Begegnung mit den Sachen ermöglichen sollte, und einen »Winterweg«, der eine breite Sammlung von Anschauungsmitteln aus der Natur zum Ziel hatte, die im Unterricht dann bearbeitet werden sollten (Mitzlaff 2004a, S. 79). Als ein methodisches Kernelement des kindorientierten heimatkundlichen Anschauungsunterrichts Fingers beschreibt Mitzlaff den »peripatetischen Unterricht«, der begrifflich an die aristotelische Schule der Peripatetiker anknüpft (peripatein – umherwandeln). Diese von vielen Zeitgenossen als schulfremd belächelte und kritisierte Methode ähnele dem »Sommerweg« von Harnisch und umfasste Ausflüge, Lehrwanderungen und Besichtigungen (Mitzlaff 2004b, S. 88).

promenades scolaires, sorties enquête

Freinet sieht in seinem Konzept »*promenades scolaires*«, also Erkundungsgänge in die Schulumgebung vor als wichtige Quelle für Kinderfragen, die anschließend im Unterricht bearbeitet werden. Ziel der Erkundungen ist die Untersuchung der Lebenswelt, des »milieu naturel et social«. Bei kleineren Exkursionen, sogenanten »*sorties enquête*«, sind gemeinsame Beobachtungen, Erlebnissen und Fundstücke Ausgangspunkt für weitere Nachforschungen in den Ateliers und dienen auch als Anregung, freie Texte zu verfassen. Das Aufsuchen der näheren Schulumgebung hat damit vor allem eine Fragen generierende Funktion in einem schülerorientierten, offenen und an forschendem Lernen orientierten Unterricht (I.C.E.M. o.J., Hagstedt 2004).

Promenadologie, Strollogy

Die sogenannte *Promenadologie* (Spaziergangsforschung, Spaziergangswissenschaft, strollogy) ist eine kulturwissenschaftliche, ästhetische, raumsoziologische Methode urbaner Feldforschung. Als ihr Begründer gilt der Kasseler Soziologe und Planungstheoretiker Lucius Burckhardt. Grundidee ist hier, dass sich eine Landschaft oder eine Siedlung auf besondere Weise durch langsames Erwandern, durch Spazierengehen und Betrachten erfahren, sich auf besondere Weise erschließen und die Umweltwahrnehmung sich erweitern lässt (Burckhardt 2006). Das Spazierengehen, Promenieren und Ambulieren sei die »natürlichste« und einfachste Art, sich eine Landschaft oder eine Stadt zu erschließen. Anknüpfend an das oben beschriebene »lose Herumstreifen« und den »peripatetischen Unterricht«, bietet sich diese Methode auch für außerschulische Lernorte an, z. B. zur Wahrnehmung des urbanen Raumes oder von Landschaften:

> *»Die Spaziergangswissenschaft sucht den Ort und das Lebendige auf, versucht sich darin, das Betrachten wiederzuentdecken. Betrachten heißt, neue Blickwinkel erschließen, Sehweisen ausprobieren, [U]ngewohntes wahrnehmen, störende Elemente aufdecken, Fehler machen und bei sich selbst bemerken. Spaziergangswissenschaft will ein anderes Verständnis von Zeit und Raum gewinnen. Spazierengehende Menschen sind schon durch den Gebrauch ihrer Füße langsamer – und da sie gehen, weil sie dazu Lust haben, und nicht, um anzukommen, sind sie zeitlich unberechenbar. Raum sieht die Spaziergangswissenschaft als Konstrukt der Wahrnehmung – also als vieldeutig.«*
> *(Schmitz 2015)*

Erkundung

Als *Erkundung* bezeichnen Burk und Claussen eine intensive und konzentrierte Auseinandersetzung mit den Phänomenen und Sachen vor Ort. Sie sei vor allem bei Lernorten angezeigt, die nur einmal aufgesucht werden können und bedürfe auch deshalb einer besonders intensiven und sorgfältigen Vor- und Nachbereitung. Bei Erkundungen können sowohl überfachliche und fächerverbindende Methoden als auch alle klassischen Methoden der Feldforschung verschiedener Wissenschaftsdisziplinen genutzt werden. In den methodischen Hinweisen zur Arbeit an außerschulischen Lernorten (Kapitel 3.3) liegt ein Schwerpunkt auf dieser intensiven Kontaktform.

Projekte

Bei *Projekten* oder projektorientierten Vorhaben steht eine hohe Eigenverantwortung der Schülerinnen und Schüler im Vordergrund, und zwar in allen Phasen – von der Entwicklung einer Projektidee über die Projektplanung und -durchführung bis zur Präsentation und Evaluation der erzielten Ergebnisse (vgl. auch Kapitel 2.3, S. 43 ff.). Projekte können einmalige Einzelinitiativen, aber auch längerfristige Kooperationen sein. Sie können als Reaktion auf aktuelle Fragen und Situationen, auf Interessen oder Bedürfnisse der Schülerinnen und Schüler oder außerschulischer Personen reagieren, auf Problemstellungen im näheren oder weiteren Umfeld der Schule. Projekte, die außerschulische Lernorte integrieren, sind inhaltlich und strukturell sehr vielfältig. Projekte können die Wahrnehmung sozialer und gesellschaftlicher Aufgaben einbeziehen, wie z. B. Kooperationen mit Altenheimen, Kindertagesstätten, Mitarbeit bei Tafeln, Hausaufgabenbetreuung oder Unterstützungsangebote für geflüchtete Menschen, Hilfsprojekte, Theater- und Kunstprojekte, Aufforstungsprojekte, Urban Gardening (vgl. auch das Konzept des Service Learning, Kapitel 5.1, S. 114). Projekte beziehen sich auch auf klassische Unterrichtsthemen (z. B. ein Projekt zum Lebensraum Wald, eine Freizeitkarte des Nahraums erstellen, eine Fahrradwerkstatt als Schülerfirma gründen). In der Sekundarstufe, insbesondere in den Oberstufen, haben sich seit einigen Jahren auch Projektseminare etabliert, deren Schwerpunkte entweder in der Berufsvorbereitung oder in einer Einführung in wissenschaftliches Arbeiten mit Bezug zur Lebenswelt liegen (z. B. eine Alpenüberquerung auf Grundlage geschichts-, geographie- und/oder sportwissenschaftlicher Erkenntnisse).

Praktika

Auch *Praktika* sind in den Sekundarstufen aller Schularten fest verankert. Die wichtigsten Formen, die an außerschulischen Lernorten stattfinden, sind Sozialpraktika sowie Betriebspraktika zur Berufsorientierung.

Kombination verschiedener Kontaktformen

Die unterschiedlichen Kontaktformen können auch kombiniert werden: An eine Fragen generierende, offene Erkundung eines Lernortes, die im Unterricht ausgewertet wird, kann sich die gemeinsame Planung einer intensiven Erkundung oder ein häufigeres Aufsuchen des außerschulischen Lernorts im Rahmen eines Projektes anschließen.

Arten und Formen der Begegnung – weitere Begriffe

In Veröffentlichungen zu außerschulischen Lernorten, aber beispielsweise auch in Bildungsplänen (vgl. Kapitel 4), werden Begriffe wie Lerngang, Unterrichtsgang, Exkursion, Lehr- oder Lernwanderung oder Schulfahrt oft wenig trennscharf für unterschiedliche Arten und

Formen der Begegnung mit außerschulischen Lernorten verwendet. Durch eine möglichst eindeutige Beschreibung werden sie im Folgenden genauer bestimmt und voneinander unterschieden. Als Kriterien werden die didaktische Gestaltung und die Ziele, die mit dem Aufsuchen des Lernorts außerhalb der Schule verbunden sind, herangezogen (vgl. Kapitel 3.1., 3.2). Die Dauer, Länge oder Häufigkeit des Aufenthalts an einem Lernort außerhalb der Schule (von wenigen Schulstunden bis hin zu mehreren Tagen oder Wochen in Folge) sowie die Art der Fortbewegung (zu Fuß, mit öffentlichen Verkehrsmitteln oder Reisebussen) werden ebenfalls berücksichtigt, denn auch sie haben Auswirkungen auf die Möglichkeiten der Gestaltung des Lernens vor Ort und auf die Kompetenzen, die dort erworben werden können.

Für kürzere, einmalige Aufenthalte sind grundsätzlich sowohl ein strukturiertes Vorgehen mit vorab geplanten Aufgabenstellungen möglich als auch offene, nur wenig vorstrukturierte Arrangements, um erste Eindrücke am Lernort zu gewinnen, Interessen zu wecken und Fragen zu generieren. Längere Aufenthalte, auch an weiter entfernten Lernorten und häufige Besuche eines Lernortes erfordern dahingegen eine detailliertere Planung.

Unterrichtsgang

Ein *Unterrichtsgang* dauert meist etwa zwei Schulstunden bis maximal einen Unterrichtsvormittag und dient der Erkundung der näheren Schulumgebung. Der Lernort kann meist zu Fuß oder auch mit öffentlichen Verkehrsmittel erreicht werden. Unterrichtsgänge dienen der Begegnung und Auseinandersetzung mit z. B. Handwerksbetrieben vor Ort, einem Bachlauf, einer Wiese, dem Wochen- oder einem Supermarkt, historischen Bauwerken, Denkmälern, Museen, Bibliotheken, Archiven, Institutionen, Energieversorgungsunternehmen oder Behörden in der Gemeinde oder im Stadtteil.

Lehrgang, Lerngang

Die Unterscheidung von Unterrichtsgängen in *Lern- und Lehrgang* bezieht sich auf die didaktische und lerntheoretische Ausrichtung. Von einem *Lerngang* kann gesprochen werden, wenn die Schülerinnen und Schüler selbst vor Ort aktiv werden. Lernprozesse werden von den vor Ort erkundeten Lerngegenständen, vom Ort selbst oder von der Lehrkraft initiiert, die Lernenden setzen sich dann aber eigenständig, oftmals handlungs- und forschungsorientiert mit den Inhalten auseinander. Einem solchen Vorgehen liegt ein sozialkonstruktivistisches Lernverständnis zugrunde. Ein *Lehrgang* ist kognitivistisch ausgerichtet, hier steht die Wissensvermittlung im Vordergrund: Die Lehrkraft, Expertinnen oder Experten, aber auch Medien wie Plakate oder Audioguides, präsentieren vor Ort Inhalte und Zusammenhänge, die von den Schülerinnen und Schülern aufgenommen und verarbeitet werden sollen.

Lehrwanderung

Der Begriff *Lehrwanderung* hebt, ebenso wie Lern- bzw. Lehrgang oder Unterrichtsgang, die Fortbewegung zu Fuß hervor. In Anlehnung an heimatkundliche Konzepte der Reformpädagogik wird damit an das Wandern in der Natur angeschlossen. Gleichzeitig wird mit diesem Begriff – wie beim Lehrgang – das Lehren und damit das instruktive Moment betont. Die Vermittlung von Informationen vor Ort und in der Realbegegnung steht hier meist im Vordergrund, wie es z. B. bei einem Waldlehrpfad der Fall ist, bei dem Schautafeln die Lehrfunktion übernehmen. Aber auch das Naturerleben als emotional-affektiver Zugang zur erwanderten Landschaft kann im Fokus stehen (vgl. S. 81 f.).

Lehr- und Lernperspektive

Bei Unterrichtsgängen wird ein offenes, freies Erkunden eines außerschulischen Lernorts häufig kombiniert mit gezielten Fragestellungen oder Arbeitsaufgaben, können Präsentationen und Vorträge durch die Lehrkraft oder Expertinnen und Experten genauso berücksichtigt werden wie das selbständige, handlungsorientierte Forschen zu selbstgewählten Fragestellungen. In der Praxis kommen beide Perspektiven also oft zusammen, die Unterscheidung in Lehr- und Lernperspektive hat vor allem eine analytische Funktion.

Exkursion

Der Begriff *Exkursion* (lat. »excurrere«, herumlaufen) wird vor allem in den Fachdidaktiken verwendet, in denen er zum Teil eine lange Tradition hat und in fachspezifischen Konzepten verankert ist (vgl. Kapitel 5). Exkursionen können sowohl in die direkte Schulumgebung stattfinden und eher von kurzer Dauer, aber auch mehrtägig sein und zu weit entfernten Orten führen. Die Fachdidaktiken unterscheiden meist Halbtags-, Tagesexkursionen und mehrtägige Exkursionen und grenzen die Exkursion damit vom Unterrichtsgang ab, der auch nur eine oder zwei Zeitstunden dauern kann. Exkursionen werden meist zu Fuß durchgeführt, aber auch andere Fortbewegungsmittel sind möglich (z. B. Rad, Kanu).

In der oben dargestellten Unterscheidung von ungerichtetem Erkunden, Erkundung, Projekt und Praktikum ist die Exkursion der Erkundung zuzurechnen, es werden aber auch andere Abgrenzungen verwendet. Reich unterscheidet beispielsweise Erkundung und Exkursion insofern, dass die Lernenden bei einer Erkundung im Gegensatz zur Exkursion keine vorgegebenen Aufgabenstellungen »abarbeiten«, sondern inhaltlich und organisatorisch selbstständig tätig sind (Reich 2003, S. 1). Für die Geographiedidaktik definiert Rinschede (2007, S. 235) die Exkursion dahingegen allgemeiner als »methodische Großform des Unterrichts mit dem Ziel der realen Begegnung mit der […] Wirklichkeit außerhalb des Klassenzimmers«, damit wird Exkursion zu einem Oberbegriff für jedes Lernen am außerschulischen Lernort. Diese Begriffsverwendung ist in allen Fachdidaktiken mit Exkursionsdidaktik üblich. Unterschieden wird allerdings zwischen Exkursionsformaten: Während die *fremd geführte Exkursion* von einer externen Expertin oder einem Experten geplant und durchgeführt wird, übernimmt diese Aufgabe bei der *selbst geführten Exkursion* in der Regel die Lehrkraft (Klein 2010, S. 23 ff.), oder aber Schülerinnen und Schüler werden in die Planungs- und Durchführungsphase als Leiterinnen und Leiter einbezogen.

Feldforschung an außerschulischen Lernorten

Bereits bei der Darstellung von Methoden der Sachbegegnung und Sacherschließung (Kapitel 3.3, S. 68 ff.) und in den bisher dargestellten Arten und Formen der Begegnung zeigt sich immer wieder ein forschender Zugang zum außerschulischen Lernort. Steht dieser forschende Zugang im Fokus, kann man von Feldforschung an außerschulischen Lernorten sprechen (vgl. Kapitel 3.3, S. 71 f., S. 74 f.). Bei der Vielfalt möglicher außerschulischer Lernorte kann dabei ein breites Spektrum von qualitativen und quantitativen, natur- oder sozialwissenschaftlichen Forschungsmethoden zur Anwendung kommen. Feldforschung kann im Rahmen einer Exkursion, eines Projektes oder in einem Praktikum realisiert werden. In der Waldorfpädagogik ist bspw. ein Landvermessungspraktikum fester Bestandteil des Mathematikunterrichts der Oberstufe. Ein sozialwissenschaftlicher Forschungszugang ermöglicht, anhand quantitativer Daten beispielsweise ein Stadtviertel bezüglich der sozioökonomischen Struktur, der Nutzung von öffentlichen Einrichtungen oder der Rahmen- und Lebensbedingungen zu untersuchen. Die Perspektive der dort wohnenden und arbeitenden Menschen, deren Bedeutungs- und Handlungszusammenhänge in ihrer Lebenswelt, kann ergänzend dazu mit subjektorientierten qualitativen Methoden wie Befragungen und Beobachtungen in den Blick genommen werden.

Forschungsprozess

Schülerinnen und Schüler können durch die selbstständige Planung, Vorbereitung, Durchführung und Auswertung eines solchen Feldforschungsprojekts vielfältige methodische Kompetenzen erwerben. Werden außerschulische Lernorte im Sinne von Feldforschung erkundet, kann ein gesamter *Forschungsprozess* durchlaufen werden. Orientierung bietet dabei dessen typischer Ablauf, dem auch die Stufen oder Phasen des Projektunterrichts (vgl. Kapitel 2.3, S. 43 ff.) entsprechen.

Forschungsfragen

Eine *Forschungsfrage* kann sich aus dem Unterricht ergeben, oder aber sie entwickelt sich während oder nach einem ersten offenen Erkunden des außerschulischen Lernorts. Aus den dort gemachten Beobachtungen beispielsweise zur Nutzung von öffentlichen Einrichtungen und Plätzen in einem Stadtteil ergeben sich Fragen, die als Forschungsfrage(n) spezifiziert werden: Welche Bedürfnisse haben unterschiedliche Generationen von Anwohnern und Besuchern in Grünanlagen in unserem

Stadtviertel? Oder: Von welchem Personenkreis wird die Stadtbücherei mit welchen Intentionen genutzt?

Forschungsdesign, Forschungsmethoden, Forschungsplan

Um Forschungsfragen zu beantworten, wird ein *Forschungsdesign* entwickelt. Wie lassen sich für die Fragestellung aussagekräftige Daten erheben und auswerten? Mit welchen *Forschungsmethoden* kann die Fragestellung beantwortet werden? Werden Daten quantitativ und/oder qualitativ erhoben? Wer soll, kann oder muss befragt werden, um aussagekräftige Antworten und Daten zu erhalten? Gibt es vorhandene Daten oder Dokumente, die in die eigene Untersuchung einbezogen werden können? Ein *Forschungsplan* wird erstellt.

Datenauswertung und -interpretation, Forschungsbericht

Die Datenauswertung und -interpretation findet im Unterricht statt und wird in einem *Forschungsbericht* dargestellt. Kennzeichen von Forschung ist, dass Ergebnisse veröffentlicht und zur Diskussion gestellt werden. Öffentlichkeit bedeutet in diesem Zusammenhang die Schulklasse, die gesamte Schule oder aber auch die außerschulische Öffentlichkeit. Bei vielen Projekten ist die Veröffentlichung und Diskussion der Ergebnisse auf außerschulischer Ebene geboten wie z. B. in einem Bürgerhaus, einem Jugendzentrum, in der Stadtteilbibliothek oder in der Stadtverwaltung.

Wandertage, Ausflüge, Schulfahrten

Wandertage, Ausflüge und Schulfahrten werden von Schülerinnen- bzw. Schüler- und Elternseite und sicherlich auch zum Teil von Lehrkräften eher als schulische Veranstaltungen an außerschulischen Orten ohne einen Schwerpunkt auf fachliches Lernen wahrgenommen. Stattdessen stehen vor allem die Stärkung der Klassengemeinschaft und das soziale Lernen im Vordergrund. Sie sind aber grundsätzlich ebenso wie Unterrichtsgänge oder Exkursionen – so ist es in den meisten amtlichen Vorgaben der Kultusministerien der Länder explizit gefordert – an den Unterricht und an den schulischen, auch fachlichen Bildungsauftrag rückzubinden. Die amtlichen Vorgaben der Bundesländer unterscheiden sich allerdings dahingehend, wie explizit eine solche Rückbindung gefordert wird. In den »Richtlinien für Schulfahrten« des Kultusministeriums Nordrhein-Westfalen heißt es z. B.:

> *»Schulwanderungen und Schulfahrten, Schullandheimaufenthalte, Studienfahrten und internationale Begegnungen – im Folgenden Schulfahrten – sind Bestandteile der Bildungs- und Erziehungsarbeit der Schulen. Sie dienen ausschließlich Bildungs- und Erziehungszwecken und müssen einen deutlichen Bezug zum Unterricht haben, aus dem Schulprogramm erwachsen und im Unterricht vor- und nachbereitet werden.«*
> *(KM Nordrhein-Westfalen 1997)*

In Bayern wird für verschiedene Formen der Oberbegriff »Schülerfahrten« festgelegt. Die Aktivitäten, die hierunter gezählt werden, stimmen allerdings nur zum Teil mit den im Erlass Nordrhein-Westfalen genannten überein. Die Bindung an den schulischen Erziehungs- und Bildungsauftrag und die unterrichtliche Einbindung wird weniger konkret und verbindlich beschrieben als im obigen Beispiel:

> *»Schülerfahrten sind unter anderem Schullandheimaufenthalte (gegebenenfalls mit sportlichem Schwerpunkt), Schul- und Studienfahrten, Fachexkursionen, Schülerwanderungen und Schulskikurse. Fahrten im Rahmen des internationalen Schüleraustauschs sowie Unterrichtsgänge sind keine Schülerfahrten im Sinne dieser Bekanntmachung [...] Eine Schülerfahrt ist eine Schulveranstaltung. Sie muss daher im inneren Zusammenhang mit dem Schulbesuch stehen, durch ihn bedingt sein.«*
> *(KM Bayern 2004, 2010)*

Schullandheimaufenthalte

Bei *Schullandheimaufenthalten* steht die Förderung von sozialen und personalen Kompetenzen sowie die Möglichkeit zu projektorientieren und fächerübergreifenden Lern- und Arbeitsformen im Fokus. Ein Lernen in Arbeits- und Gemeinschaftsformen, die im Unterrichtsalltag an Schulen kaum möglich sind, kann durch eine »besondere Verbindung zwischen Wohnen, Lernen, Arbeiten und Freizeit« (Kruse 2008, S. 138) realisiert werden. Die besondere Bedeutung von Schullandheimaufenthalten im Rahmen des Bildungs- und Erziehungsauftrages zeigt sich auch in länderspezifischen Bekanntmachungen, Verwaltungsvorschriften, Richtlinien, Regelungen und Verordnungen (vgl. z. B. die Rechtsvorschriftendatenbank der KMK). Einen einführenden Überblick über Gestaltungsmöglichkeiten und aktuelle Entwicklungen der Schullandheimpädagogik bietet Kruse (2008). Der Verband Deutscher Schullandheime mit seinen Landesverbänden gibt die Fachzeitschrift »Schullandheimpädagogik« heraus (www.schullandheim.de). In einigen Bundesländern bestehen auch eigenständige Landes- oder Dachverbände mit umfangreichen Informations- und Materialangeboten.

Viele Schullandheime bieten Projekte und Programme zu vielfältigen Themen, zum Teil auch mit Unterstützung durch Pädagoginnen und Pädagogen vor Ort: erlebnispädagogische Maßnahmen, Projekte zur Drogen- oder Gewaltprävention, zur Demokratie-, Werte- oder Gesundheitserziehung, aber auch spezielle Maßnahmen zur Berufsorientierung oder im Bereich Inklusion, interkulturelles Lernen und internationale Jugendbegegnung, Bildung für nachhaltige Entwicklung, auf verschiedenste Sportarten ausgerichtete Programme sowie unterschiedliche Schwerpunkte kultureller Bildung.

Studienfahrten

Als *Studienfahrten* werden Klassenfahrten mit thematischer Ausrichtung oder Schwerpunktsetzung vor allem in den Sekundarstufen bezeichnet. Studienfahrten sind in der Regel mehrtägige Fahrten zu weiter entfernt liegenden Zielen, wie beispielsweise Fahrten zu Gedenkstätten, Fahrten im Rahmen der Politischen Bildung (z.B. Bundestag, Europaparlament), oder Fahrten in fachlich-thematisch ergiebige Orte und Regionen. Die in diesem Rahmen angesteuerten Orten werden oft fächervernetzend oder fächerübergreifend, z.B. unter geographischer, biologischer, (kunst-)historischer, (inter-)kultureller und/oder politischer Perspektive, in Form von Museumsbesuchen, Stadtführungen, thematischen, geführten Wanderungen, Besichtigungen und anderen Aktivitäten intensiv erkundet. Die vertiefte Auseinandersetzung vor Ort wird in der Regel durch die Beteiligung der Schülerinnen und Schüler bei der inhaltlichen und organisatorischen Planung und Gestaltung wesentlich mitbestimmt. Dies kann z.B. durch Übernahme von inhaltlichen Beiträgen wie Referate und Präsentationen oder auch durch die Gestaltung von Erkundungssituationen vor Ort geschehen, indem Schülerinnen und Schüler selbstständig eine Stadtführung verantworten oder Gespräche mit Expertinnen und Experten führen.

Die vielen verschiedenen hier beschriebenen Arten und Formen der Begegnung verdeutlichen die vielfältigen Möglichkeiten und Varianten des Lernens an außerschulischen Lernorten. Begegnungsformen sind auch über Rahmenvorgaben im Bildungs- und Erziehungsauftrag der Schule verankert; dies wird in Kapitel 4 anhand einer Bildungsplananalyse detailliert ausgeführt. Zudem soll die Darstellung vielfältiger Formen und Arten der Begegnung (Kapitel 3.4) wie auch der Methoden der Sacherkundung (Kapitel 3.3) Lehrkräfte dazu ermutigen, außerschulische Lernorte auch immer spontan in die aktuelle Unterrichtsarbeit zu integrieren: Ergeben sich Fragen oder Themen im Unterricht durch Interessen oder Bedürfnisse der Schülerinnen und Schüler, die vor Ort erfahrbar und erlebbar sind und die im schulischen Nahraum durch Unterrichtsgänge bearbeitet werden können, sollten diese Möglichkeiten genutzt werden.

3.5 Außerschulische Lernorte im Lehr-Lern-Prozess

Unterrichtsphasen

Die Lehr-Lern-Prozessstruktur und die Artikulation des Unterrichts können bei der Vielzahl von möglichen außerschulischen Lernorten, bei den unterschiedlichen Zielrichtungen und methodischen Formaten sehr unterschiedlich gestaltet werden. Liegt ein Lerngang *zu Beginn* einer Unterrichtseinheit, geht es meist darum, in eine Thematik einzuführen, Erfahrungen und Informationen zu sammeln sowie individuelle und gemeinsame Fragestellungen zu entwickeln. Liegt er *in der Erarbeitungs- oder Vertiefungsphase*, sind die Schülerinnen und Schüler mit der Thematik bereits in Ansätzen vertraut und können in die inhaltliche und methodische Planung stärker einbezogen werden. Es können gemeinsam Fragestellungen entwickelt werden, denen vor Ort mit einem vielfältigen Methodenrepertoire (vgl. Kapitel 3.3) nachgegangen werden kann. Dass eine Einbettung in die Mitte einer Unterrichtseinheit über hohes Potential verfügt, Lernprozesse bei den Schülerinnen und Schülern auszulösen, zeigen auch Studien zu außerschulischen Lernorten (vgl. Kapitel 6). Am *Ende einer Unterrichtseinheit* kann das Lernen vor Ort der Vertiefung, Sicherung oder dem Transfer dienen. Der didaktische Ort eines Unterrichtsganges im Unterricht wird am konkreten Fall entschieden, ist abhängig von den Zielen und der Funktion, die dem Lernort im gesamten Lehr-Lern-Arrangement zukommen.

Didaktischer Ort

Lernen am außerschulischen Lernort wird im Klassenzimmer vorbereitet, geplant und anschließend ausgewertet und reflektiert. Aufgaben und Ziele in unterschiedlichen Phasen werden im Folgenden idealtypisch dargestellt: in der Vorbereitung und Planung (Einführung), beim Lernen vor Ort (Durchführung, Erarbeitung) und in der Auswertung und Reflexion (Sicherung, Anwendung, Integration, Transfer). Außerschulische Lernorte können auch mehrfach aufgesucht werden, z. B. im Rahmen von Projekten, die Phasen können also bei komplexeren Unterrichtsvorhaben auch mehrfach durchlaufen werden. Um das Lernen an außerschulischen Orten interessant, motivierend, schülerinnen- und schülergerecht sowie in Bezug auf Erfahrungs- und Lernmöglichkeiten ertragreich zu gestalten, sind die Qualität der Vor- und Nachbereitung und die Eigenaktivität der Schülerinnen und Schüler in allen Unterrichtsphasen ausschlaggebend.

Vorbereitung und Planung

Im Rahmen der Vorbereitung eines Lernganges werden Fragen und Ziele festgelegt, die vor Ort bearbeitet werden können. Unerlässlich ist eine vorab stattfindende Erkundung und Begehung des außerschulischen Ortes durch die Lehrkraft, um im Detail zu recherchieren, welche Möglichkeiten der inhaltlich-fachlichen wie methodischen Auseinandersetzung gegeben sind, um Vorgespräche mit beteiligten Personen vor Ort wie auch Expertinnen und Experten zu führen, um zu klären, wie die Lernvoraussetzungen und Interessen der Schülerinnen und Schüler berücksichtigt werden können, welche Erarbeitungs- und Dokumentationsmöglichkeiten sich bieten, und um Organisatorisches zu klären.

Erkundungen an pädagogisch nicht vorstrukturierten Orten eröffnen in der Regel mehr Gestaltungsspielraum als Orte mit pädagogischen Programmen, aber auch bei letzteren ist eine Vorerkundung erforderlich, um sie angemessen in unterrichtliche Zusammenhänge einbinden zu können.

Vorüberlegungen

Fragen, die sich die Lehrkraft im Rahmen notwendiger Vorüberlegungen stellen muss, sind demnach: Welche Methoden scheinen besonders geeignet, bei Schülerinnen und Schülern die zu vermittelnden Kompetenzen anzubahnen? Wo kann handelndes Lernen ermöglicht werden, wo ist entdeckendes Lernen, wo sind konstruktivistisch orientierte oder instruktive Lernsituationen angebracht? Die Konkretisierung dieser Vorüberlegungen kann in einer gemeinsamen Planungs- und Vorbereitungsphase im Unterricht realisiert werden, um Fragen und Interessen, Erwartungen und Vorkenntnisse der Schülerinnen und Schüler zu berücksichtigen.

Vorwissen und Präkonzepte

Welches Vorwissen Schülerinnen und Schüler haben, über welche Vorstellungen und Konzepte sie verfügen, muss für die konkrete Unterrichtsplanung eruiert werden (vgl. Kapitel 2.3, S. 48 ff.; Kapitel 3.3, S. 72 ff.). Der Austausch des Vorwissens und der Erfahrungen der Schülerinnnen und Schüler ermöglicht eine erste inhaltliche Auseinandersetzung mit dem Thema im Unterricht, erste Ordnungs- und Systematisierungsversuche finden dabei statt. Aus diesem inhaltlichen Einstieg in die Thematik ergeben sich in der Regel neue Fragen und Schwerpunkte für die weitere Planung.

Gemeinsame inhaltliche und methodische Planung

Außerschulische Orte sind in besonderer Weise dazu geeignet, Schülerinnen und Schüler an der inhaltlichen und methodischen Planung zu beteiligen, da sie aufgrund ihrer Komplexität und Vielperspektivität eine Vielfalt an inhaltlichen und methodischen Schwerpunktsetzungen ermöglichen. Im Rahmen einer vertiefenden Auseinandersetzung mit dem Unterrichtsthema und dem außerschulischen Lernort kann gemeinsam geplant werden, welche Fragen geklärt, welche Inhalte und welche Kompetenzen mit welchen Methoden vor Ort erworben werden können. Dadurch können auf inhaltlicher Ebene Vorkenntnisse, Interessen und Fragen berücksichtigt werden. Schülerinnen und Schüler können auch in die inhaltliche Vorbereitung mit einbezogen werden, z. B. durch Impulsreferate oder die Entwicklung von Interviewfragen (vgl. Kapitel 3.3, S. 75 ff.). Auch methodische Kompetenzen können durch eine gemeinsame Planung gefördert werden: Was kann vor Ort mit welchen Methoden erforscht, herausgefunden, untersucht werden (vgl. Kapitel 3.3, S. 68 ff.)? Welche Methoden sind bekannt, welche müssen für die Erkundung zuvor erst noch erarbeitet werden (z. B. Protokollieren, ein Forschungstagebuch führen, einen Kompass oder ein GPS-Gerät benutzen)? In der

Organisation eines Unterrichtsganges oder einer Studienfahrt können Schülerinnen und Schüler Verantwortung übernehmen und dabei auch lebenspraktische Kompetenzen erwerben, indem sie z. B. eine Fahrt mit öffentlichem Nahverkehr für die Klasse organisieren oder einen Museumsführungstermin vereinbaren.

Differenzierung

Für das Lernen an außerschulischen Lernorten können vielfältige Differenzierungsmöglichkeiten geplant werden, die die Heterogenität der Schülerinnen und Schüler berücksichtigen, z. B. durch unterschiedliche Aufgabenstellungen, die verschiedene kognitive Niveaustufen bedienen, aber auch die vorhandenen unterschiedlichen Fragen und Interessen berücksichtigen. Fragestellungen können arbeitsteilig und in verschiedenen Sozialformen bearbeitet werden (vgl. Kapitel 2.3, S. 41 ff.), um dann in der Nachbereitung vor Ort oder im Klassenzimmer ausgewertet und wieder zusammengeführt zu werden.

Lernen vor Ort

An den sehr unterschiedlichen möglichen Lernorten werden Kategorien und Perspektiven auf die Lerngegenstände erarbeitet (vgl. Kapitel 3.1; Kapitel 3.2, S. 56 ff.). Forschendes, entdeckendes, handlungs- oder projektorientiertes Lernen wird an anspruchsvollen, herausfordernden und differenzierenden Aufgabenstellungen realisiert (vgl. Kapitel 2.3, S. 38 ff.), unterschiedliche Methoden des Sachbegegnung und Sachererschließung (vgl. Kapitel 3.3, S. 68 ff.) können ebenso eingesetzt werden wie verschiedene Arten und Formen der Begegnung (vgl. Kapitel 3.4, S. 80 ff.).

Dokumentation vor Ort

Entscheidend für eine ertragreiche Auswertung der Erkundung im Unterricht ist die Dokumentation der Arbeitsprozesse vor Ort, die bereits in der Planungsphase vorbereitet werden muss. Sowohl für die Erkundung selbst als auch die Dokumentaton der Erkundung können Aufgaben von allen, bestimmte Aufgaben aber auch arbeitsteilig bearbeitet werden. Vielfältige Möglichkeiten der Dokumentation vor Ort können genutzt und sachgerecht eingesetzt werden: Notizen und (Sach-)Zeichnungen, Tabellen, Protokolle, Fotos und Tonaufnahmen, Fund- und Belegstücke, freie Texte. Auch nicht an konkrete Aufgabenstellungen Gebundenes kann dokumentiert werden, z. B. Eindrücke und spontane Überlegungen oder Ideen und Bewertungen.

Reflexion, Auswertung, Integration und Transfer

Der Erkundung folgt eine intensive Auseinandersetzung im Unterricht, um Sachfragen zu klären und sich mit dem methodischen Vorgehen reflektierend auseinanderzusetzen. Ziel der Auswertungsphase ist, das Erarbeitete, Gesehene, Gehörte, Erlebte und Dokumentierte zu bearbeiten: Eindrücke zu strukturieren, Zusammenhänge zu erkennen, zu rekonstruieren und damit zu verarbeiten und Ergebnisse abschließend auch zu präsentieren.

Reflexion

Damit Lernen nachhaltig werden kann, müssen Schülerinnen und Schüler Gelegenheit erhalten, ihre Erfahrungen zu reflektieren. Dabei geht es neben einer kompetenzorientierten Auseinandersetzung mit der Erkundung durchaus auch um affektive Aspekte. Direkt nach der Erkundung können die Eindrücke und Erfahrungen erfasst werden. Eine Reflexion kann als schriftliche Befragung, als Bericht oder als Exkursionsportfolio gestaltet werden und in Kleingruppengesprächen oder im Plenum vorgenommen werden. Mögliche Reflexionsfragen sind: Was hast du heute gelernt? Was war neu für dich, was hast du schon gekannt oder gewusst? Welche Erwartungen hattest du an den Unterrichtsgang? Welche Erwartungen wurden erfüllt, welche nicht? Was hat dir besonders gut gefallen, was weniger? Warum? Worüber würdest du gern noch mehr erfahren? Welche Fragen hast du noch?

Die Reflexion der am Lernort eingesetzten Methoden der Sacherschließung, über Lernwege und Arbeitsweisen, kann zur Förderung methodischer und metakognitiver Kompetenzen beitragen: Konnten wir mit den gewählten Methoden unsere Fragestellungen beantworten?

Aufbereitung und Auswertung

Verschiedene Dokumente, die vor Ort erstellt wurden, werden aufbereitet und ausgewertet. Fundstücke sowie vor Ort erstellte Text-, Bild- und Tondokumente werden zusammengestellt und analysiert. Alle zusammengetragenen Materialien werden untersucht, kommentiert, kategorisiert oder systematisiert. Modelle, Skizzen, Karten, Grafiken oder Schautafeln können erstellt werden, um Ergebnisse und Zusammenhänge zu veranschaulichen. Auch kreative, ästhetische Methoden der Bearbeitung und Darstellung werden genutzt. Weitergehende Fragen, die sich am Lernort oder bei der Auswertung des Lernganges ergeben, können weiterverfolgt werden. Die Auswertung erfordert vielfach Klärungen im kommunikativen Austausch in verschiedenen Formen von moderierten Gruppen- und Unterrichtsgesprächen, um Wahrnehmungen und Einsichten zu vergleichen und Sachverhalte zu klären. Weitere Recherchen können erforderlich sein, neue Fragen können aufgeworfen und bearbeitet werden.

Präsentation

Präsentationen der Ergebnisse können als Ausstellungen oder Vorträge im Klassenverband, oder aber in der Schulöffentlichkeit (z. B. für andere Klassen oder Eltern) realisiert werden. Bei bestimmten Themen und Fragestellungen ist es möglich, wenn nicht sogar erforderlich, dass die Ergebnisse an den außerschulischen Lernorten selbst präsentiert werden. Dadurch wird auch der Ernsthaftigkeitsaspekt und die gesellschaftliche Relevanz der eigenen Arbeit betont.

Integration und Transfer

Reflexion methodischer Kompetenzen

In der Integrations- und Transferphase wird der Unterrichtsgang kontextualisiert: An welche vorhandenen Wissensbestände schließen die neu gewonnenen Erkenntnisse an, wie sind sie aufeiander bezogen? An welcher Stelle müssen bisherige Vorstellungen und Konzepte modifiziert, an welcher Stelle relativiert oder erweitert werden? Oder aber: Welche der neuen Erkenntnisse müssen aufgrund der Kontextualität und Exemplarität ihrerseits relativiert werden? Welche Inhalte und Ergebnisse bedürfen einer Vertiefung, welche Anknüpfungspunkte bestehen für einen Transfer auf andere Sachverhalte?

4. Außerschulische Lernorte in Bildungsplänen

Hinweise zur Berücksichtigung außerschulischer Lernorte zeigen sich in Bildungsplänen in Präambeln, in Fachpapieren sowie bei didaktisch-methodischen Hinweisen und Vorschlägen zur Unterrichtsgestaltung. Eine Analyse von Bildungsplänen zeigt auf, welche Bedeutung außerschulischen Lernorten in den Vorgaben und Richtlinien von ministerieller Seite zugeschrieben wird. Die in diesem Kapitel dargestellten Ergebnisse einer exemplarischen Analyse unterschiedlicher Bildungspläne liefern darüber hinaus *Anregungen für die Unterrichtsplanung und -praxis*, auch wenn sich im Bildungsplan des jeweils eigenen Bundeslandes nur wenige Hinweise zur Einbeziehung außerschulischer Lernorte finden lassen. Damit ergänzt sie die didaktisch-methodischen Überlegungen in Kapitel 3 und die Darstellung fachdidaktischer Konzepte in Kapitel 5 dieses Bandes.

Untersucht wurden die Bildungspläne für die *Grundschule* in Sachsen und Bayern (4.1), die Pläne für die *Sekundarstufe 1* von Berlin/Brandenburg/Mecklenburg-Vorpommern, die Mittelschule in Sachsen und die Realschule in Bayern (4.2) sowie die Bildungspläne Hamburgs und Hessens für die *Sekundarstufe 2* (4.3). In einem Fazit (4.4) werden die Ergebnisse der Analysen zusammenfassend und im Hinblick auf die Unterrichtspraxis interpretiert.

4.1 Außerschulische Lernorte in Bildungsplänen der Grundschule

Im bayerischen Grundschullehrplan gibt es keine Wahlpflichtbereiche, in denen im sächsischen Lehrplan das Aufsuchen außerschulischer Lernorte recht häufig verortet ist. Ebenso wie in Sachsen sind außerschulische Lernorte dennoch fester Bestandteil des bayerischen Grundschulunterrichts. In beiden Plänen werden außerschulische Lernorte gleich häufig, nämlich 23-mal genannt; die einzelnen Hinweise sind dabei in Nuancen verschieden und oft auch jeweils anderen Klassenstufen bzw. Fach- und Themenbereichen zugeordnet. Häufig lässt sich das Lernen am außerschulischen Ort *aus der Sache selbst* (beispielsweise beim Skifahren oder bei der Verkehrserziehung) ableiten.

Sachimmanenz

Regionaler Bezug

In beiden Bildungsplänen zeigt sich eine *Betonung des regionalen Bezugs*: Neben den fachlichen Aspekten geht es auch um die *Anbahnung von Heimatverbundenheit, das Kennenlernen der näheren Umgebung* sowie die *Partizipation an regionalen, kulturellen Angeboten*. Lokalen Besonderheiten wird in beiden Plänen Rechnung getragen. Teilweise werden in beiden Bundesländern auch fächerübergreifende Konzepte sichtbar, die auf eine *Bildung für nachhaltige Entwicklung* abzielen, so zum Beispiel, wenn Sport- und Naturerlebnis unter sportökologischer Perspektive miteinander verbunden werden. In den Fächern Deutsch und Mathematik spielen außerschulische Lernorte in den Bildungsplänen beider Länder eine untergeordnete Rolle.

Im Kapitel »Ziele und Aufgaben der Grundschule, verbindliche Aussagen zum fächerverbindenden Unterricht sowie zur Entwicklung der Lernkompetenz« des sächsischen Bildungsplans werden außerschulische Lernorte nur mit einem Satz erwähnt. Im bayerischen Lehrplan werden diese dahingegen bereits sehr ausführlich in den »Leitlinien für die Bildung und Erziehung von Kindern bis zum Ende der Grundschulzeit« berücksichtigt:

Sachsen	»Auch Zeiten für das Einbeziehen außerschulischer Lernorte sollten bedacht werden.«
Bayern	»Bildungseinrichtungen haben den gesamten Lebensraum der Kinder im Blick, nutzen Beteiligungsmöglichkeiten aktiv und öffnen sich für Impulse aus dem Umfeld. Mögliche Kooperationen mit externen Institutionen und Personen umfassen Angebote für Kinder (z. B. Besuche, Einbeziehung in aktuelle Projekte) wie auch für Eltern und Familien. Es entsteht eine stärkere Verbindung der Bildungseinrichtungen mit dem Gemeindeleben und der Arbeitswelt.«; »außerschulische Bildungsorte besuchen und außerschulische Bildungsangebote nutzen«; »Klassenfahrten und Wanderungen«, um die Interessen der Schülerinnen und Schüler aufzugreifen und zu vertiefen

Fachprofile und Fachpapiere

In Bayern konkretisieren sich diese Forderungen in den Ausführungen zu den einzelnen Fachprofilen, in Sachsen in den Fachpapieren, indem Hinweise zu außerschulischen Lernorten an dort festgeschriebene Inhalte und Kompetenzen angebunden werden. Im Lernbereich Sachunterricht, aber auch in den Fächern Kunst und Sport wird außerschulischen Lernorten in beiden Plänen ein besonderer Stellenwert zugesprochen. Die folgende exemplarische Gegenüberstellung der Hinweise auch zu anderen Unterrichtsfächern zeigt Gemeinsamkeiten und Unterschiede in der Schwerpunktsetzung der Länder auf:

Sachunterricht

Bayern	»direkte Begegnungen (mit Menschen, Tieren und Pflanzen, Naturphänomenen, Werkzeugen, Gegenständen und Bauwerken auch an außerschulischen Lernorten)«, die Kinder dabei unterstützen, »ihre Kenntnisse und Fähigkeiten auf ihren Alltag zu übertragen und diesen zunehmend selbständig zu bewältigen«; außerschulische Räume erkundet, um prozessbezogene Kompetenzen wie Erkennen und Verstehen zu entwickeln; Besuch von Stadt- und Heimatmuseen; Beobachtung von Tieren und Pflanzen; Verkehrserziehung auch außerhalb des Schulgeländes
Sachsen	»authentische Begegnungen, damit der Schüler sich selbst ein Bild von der Welt machen kann«; die Begegnung mit dem Original und Exkursionen »ermöglichen die klärende Auseinandersetzung mit der Sache«; »Dem Lernen im Schulgarten und an außerschulischen Lernorten kommt besondere Bedeutung zu«; Besuch von Museen und religiöse Stätten; Aufsuchen einer Steinmetzwerkstatt; Nutzung eines Verkehrsgartens; Besuch eines Schulmuseums; Einbeziehen von Angeboten in Suchtberatungsstellen in den Unterricht; Waldexkursionen; Zoo- und Tierparkbesuche; Beobachtungen an Wasser- und Uferzonen; Betriebserkundungen, um die Entstehung lokaler Produkte nachzuvollziehen; Besichtigung eines Wasserwerks oder einer Kläranlage

Kunst

Bayern	»Begegnung mit Werken der Bildenden Kunst, z.B. in Museen, Galerien, Ateliers oder im öffentlichen Raum«, um kulturelle Teilhabe zu ermöglichen; Naturräume zur Materialsammlung für den Kunstunterricht; Museen sowie Denkmäler zur Entwicklung eigenen kreativen Tuns aufsuchen; »Fragen an Kunstwerke (möglichst vor dem Original in Atelier oder Museum)«, um eine »emotionale, verständnisvolle und wertschätzende Beziehung zu diesen aufzubauen«; Fotografieren in der näheren Umgebung der Schule
Sachsen	Parks, Kirchen und öffentliche Gebäude erkunden, um deren Atmosphäre und Funktion zu erleben; Natur und Alltagswelt auf »außergewöhnlicher Darstellungsweisen von Schriftzeichen« hin erkunden; Ausstellungen, Galerien, Ateliers, Messen, Kirchen besuchen, um Kunstwerken zu begegnen; Einblick »in die Einheit von Form und Funktion gebauter Umgebung« gewinnen, dazu architektonische »Elemente in und an Bauwerken« betrachten sowie den »Zusammenhang von Form und Funktion (an Kirchen, Brücken, Gewölben)« nachvollziehen

Sport

Bayern	den Naturraum der Schulumgebung kennen lernen und einen nachhaltigen, »verantwortungsvollen Umgang mit Natur und Umwelt« zeigen; örtliche Möglichkeiten zu sportlichen Aktivitäten »im Hinblick auf eine sinnvolle Freizeitgestaltung« nutzen; Nutzung von Sport- und Freizeitangeboten in der näheren Umgebung bei »Erkundungs-, Wahrnehmungs- und Orientierungsübungen (z. B. Schatzsuche, Naturerfahrungsspiele, Sinnesgarten)«; Schwimmbadbesuch und Wintersport, bei dem sich die Schülerinnen und Schüler »freudvoll in der Natur« bewegen und »damit ihr körperliches Wohlbefinden« steigern
Sachsen	Skilaufen, Eislaufen, Schwimmen, Leichtathletik und Ausdauerläufe »vor allem im Freien«; Wanderungen, um »verschiedene Formen des Gehens, Laufens, Springens und Werfens in der Natur« zu üben; Umweltbewusstsein schärfen, indem das »Bewegungserlebnis in Zusammenhang mit dem Naturerlebnis erfahren« wird; »sich rücksichtsvoll in der Natur bewegen«; verschiedene Geländeformen für das Lauftraining nutzen; »Bewegungsmöglichkeiten in der Natur« explorieren; durch das Turnen und Spielen im Freien mit Inlineskater, Rollbrettern oder Skateboards den Gleichgewichtssinn schulen; Orientierungslauf mit Karte und Kompass

Musik

Bayern	professionellen Tanzvorführungen »live oder via medialer Wiedergabe« folgen; Begegnung mit einem musikalischen Ensemble oder einem regionalen Musiker
Sachsen	»außerschulische Möglichkeiten« nutzen; Besuch einer Singspielvorführung; Musizierstätten wie Musiktheater und Schülerkonzerte in der Region und in ganz Sachsen kennen lernen

Werken

Bayern	–
Sachsen	»originale Begegnungen vor Ort« durch Exkursionen und Unterrichtsgänge ermöglichen; »eine ausgewählte technisch-handwerkliche Tradition der Region« oder »die Historie eines technischen Objekts« in Form von Exkursionen erkunden

Religionslehre/Ethik

Bayern	*Katholisch:* Besuch der Kinderbibeltage in der Pfarrgemeinde *Evangelisch:* Friedhofserkundung
Sachsen	*Katholisch:* Erkundung von Kirchen; Besuch eines Friedhofs *Evangelisch:* Besuch eines Altersheims, eines Friedhofs und einer katholischen Gemeinde sowie Kirche; Aufsuchen einer diakonischen Einrichtung *Ethik:* Besuch eines Altersheims

Deutsch

Bayern	Besuch eines Kinos
Sachsen	Bibliotheken, einen Verlag, Buchhandlungen oder Literaturcafés aufsuchen, um Buchausstellungen oder Lesungen zu besuchen bzw. ein selbsterstelltes Buch zu präsentieren; Durchführen einer Befragung

Mathematik

Bayern	»Übungen zur Raumorientierung in der unmittelbaren Umwelt«, fächerverbindend mit Sachunterricht
Sachsen	–

4.2 Außerschulische Lernorte in Bildungsplänen der Sekundarstufe 1

Als Grundlage für die Analyse von Bildungsplänen der Sekundarstufe 1 dienen der gemeinsame Bildungsplan für Berlin, Brandenburg und Mecklenburg-Vorpommern aus dem Jahr 2004, der aktuell für einige Unterrichtsfächer und Klassenstufen noch gültig ist, sowie der neu konzipierte gemeinsame Rahmenplan 1–10 für Berlin und Brandenburg, der für einige Unterrichtsfächer mit dem Schuljahr 2017/18 in Kraft trat. In die vergleichende Analyse einbezogen wurden auch die aktuellen Pläne für die Mittelschule in Sachsen und die Real- bzw. Mittelschule in Bayern.

Im Vergleich der Bildungspläne Berlin, Brandenburg und Mecklenburg-Vorpommern von 2004 und Berlin/Brandenburg von 2017 fällt auf, dass der neue Plan außerschulische Lernorte bei der Formulierung der didaktischen Grundlagen explizit und beispielhaft nennt sowie Begründungszusammenhänge aufzeigt, während dies im alten Plan nicht geschieht:

Berlin 2004	»Teilnahme an Projekten und Wettbewerben, an Auslandsaufenthalten und internationalen Begegnungen« haben »eine wichtige Funktion beim Lernen«.
Berlin 2017	»Durch die Teilnahme an Projekten und Wettbewerben, durch das Lernen an außerschulischen Lernorten wie in Schülerlaboren, Forschungsstätten, Museen, Gedenkstätten, Theatern, Universitäten oder in Unternehmen, durch Auslandsaufenthalte und durch internationale Begegnungen erweitern die Lernenden ihren Erfahrungshorizont. Sie erhalten Gelegenheit, in neuen Zusammenhängen zu denken und zu handeln sowie eigene Haltungen, Einschätzungen und Perspektiven zu reflektieren.«

In den Fachpapieren des neuen Bildungsplans werden außerschulische Lernorte dann allerdings weit weniger häufig genannt als dies bislang der Fall war. Exemplarisch ist dies im Fach *Biologie* zu beobachten: In den Plänen von 2004 taucht das Wort »Exkursion« allein neunmal auf, wobei beispielsweise Zooexkursionen nicht nur zur Verhaltensbeobachtung von Tieren, sondern auch zur Beobachtung menschlichen Verhaltens und mit dem Ziel, ein Verständnis für Evolutionsprozesse zu entwickeln, genannt werden. Geräuschpegelmessungen im Straßenraum, Lerngänge zu Wasserwerken und Gewässern, in den Wald und auf Wiesen sowie Hinweise auf Museumsbesuche ergänzen die Hinweise. Im neuen Rahmenlehrplan sucht man im Fach Biologie nach dem Begriff »Exkursion« vergeblich. Außerschulische Lernorte werden nur im Zusammenhang mit Ökosystemen sowie biologischen Arbeitsweisen genannt.

Biologie

Geschichte

Ähnliche Ergebnisse liefert auch ein Vergleich der Pläne für das Fach *Geschichte*. Eine Besonderheit der neuen Pläne ist hier, dass das Lernen an außerschulischen Lernorten im Rahmen des Erwerbs von fachspezifischen Kompetenzen nach Niveaustufen aufgefächert wird: Schülerinnen und Schüler sollen Museen, Bibliotheken, Gedenkstätten und andere Lernorte entweder eigenständig und reflektiert, weitgehend selbständig oder aber unter Anleitung nutzen.

Die unterschiedliche Gewichtung mag vor allem dem Aufbau der Pläne geschuldet sein, die nun weniger detaillierte Hinweise zur Unterrichtsgestaltung enthalten, dafür aber online verfügbare Unterrichtsmaterialien zur Verfügung stellen. Es kann sich aber auch um eine inhaltlich-methodische Verschiebung handeln, die dem Lernen am außerschulischen Ort eine geringere Bedeutung zuweist als dies bislang der Fall war.

Vorschläge in vielen Bereichen

Beim *bayerischen Bildungsplan* dahingegen fällt die Fülle an Vorschlägen in allen Fächern auf. Im Fächerverbund *Geschichte/Sozialkunde/Erdkunde* an bayerischen Mittelschulen werden beispielsweise in allen Jahrgangsstufen zu nahezu jedem Themengebiet Exkursionen, Erkundungen, Ausflüge und das Einbeziehen außerschulischer Lernorte unter »Arbeitsweisen, Arbeitstechniken« aufgeführt. Auch in der Formulierung des fächerübergreifenden Bildungs- und Erziehungsauftrags wird die hohe Bedeutung außerschulischer Lernorte sichtbar. Zielrichtung ist vor allem die Entwicklung von Empathie und Verantwortungsbewusstsein der Gemeinschaft und Umwelt gegenüber sowie eine sinnvolle Freizeitgestaltung.

Deutsch

Im Vergleich mit den Vorgaben zum Grundschulunterricht nehmen außerschulische Lernorte in der Sekundarstufe 1 in Sachsen und Bayern im Fach *Deutsch* eine größere Rolle ein: Für die Mittelschulen in Sachsen werden im Fachlehrplan Bibliotheks-, Lesungs- und Theaterbesuche sowie eine literarische Exkursion genannt, in Bayern gar für jede Klassenstufe der Realschule zwischen einer und drei Aktivitäten an außerschulischen Lernorten. In der Berliner bzw. Brandenburgischen Sekundarstufe spielen außerschulische Lernorte im Fach Deutsch – wie schon in der Primarstufe – dahingegen keine Rolle. Für den Bereich *Deutsch als Zweitsprache* nennt der Plan Lernsituationen an außerschulischen Lernorten dann allerdings über 50-mal: Diese reichen vom Einkaufen auf dem Markt und dem Preisvergleich vor Ort über die (fotografische) Erkundung der Schulumgebung, den Besuch von Freizeiteinrichtungen und Vereinen bis zum Besuch einer Polizeidienststelle, des Bahnhofs, eines Tierheims und verschiedener Betriebe.

Deutsch als Zweitsprache

4.3 Außerschulische Lernorte in Bildungsplänen der Sekundarstufe 2

Für die Sekundarstufe 2 wurden die Bildungspläne zu den einzelnen Fächern der Freien Hansestadt Hamburg sowie die Lehrpläne des Bundeslandes Hessen näher untersucht.

In den Fächern Geschichte, Chemie, Physik, Musik, Fremdsprachen oder Deutsch fehlen im Hamburger Bildungsplan Hinweise und Bezüge zu außerschulischen Lernorten vollständig. Dies mag daran liegen, dass der Unterricht in der Sekundarstufe 2 generell wenig an konkrete Erfahrungen anknüpft und ein anderes Niveau der kognitiven Abstraktion bei den Schülerinnen und Schülern anstrebt, was auch explizit formuliert wird: »Schülernahe Untersuchungsgegenstände und Zugänge werden in der gymnasialen Oberstufe zunehmend ergänzt und abgelöst durch Inhalte, Methoden und Modellvorstellungen, die die aktuellen Lebens- und Erfahrungswelten der Schülerinnen und Schüler deutlich überschreiten« (BP Hamburg Gymnasium, Geografie, S. 11). Obwohl es unter den Hinweisen zur Gestaltung von Lernsituationen generell heißt, dass »kulturelle oder wissenschaftliche Einrichtungen sowie staatliche und private Institutionen« (BP Hamburg Gymnasium, S. 6) als außerschulische Lernorte genutzt werden sollen und dies teilweise auch in den Ausführungen zu den didaktischen Grundlagen für die einzelnen Fächer festgeschrieben wird, werden konkrete Hinweise und Vorschläge nur selten gegeben. Im hessischen Bildungsplan spielen außerschulische Lernorte in der gymnasialen Oberstufe eine größere, auch weiterhin beachtliche Rolle, die sich in der konkreten Benennung innerhalb der Fachpapiere dokumentiert. Beispielhaft wird dies für einige Fächer dargestellt:

Biologie

Hamburg	Freilanduntersuchungen und Bestandaufnahmen in Ökosystemen
Hessen	Besichtigung eines Universitätsinstituts oder eine Abteilung eines chemischen Unternehmens zu Arbeitsweisen der Gentechnik; Exkursion mit praktischer Arbeit (z. B. Messung abiotischer Faktoren), um »mit ökologischen Arbeitsmethoden vertraut« zu machen und »einige der in der Praxis auftretenden Schwierigkeiten« zu erkennen

Chemie

Hamburg	–
Hessen	Bestimmte »Unterrichtsthemen sowie die Einbeziehung der Technik oder gesellschaftlicher Aspekte« können »eine Verlagerung an außerschulische Lernorte erfordern«; Besuch von Universitäts- und Forschungsinstituten, Industrie, Brauerei zum Thema Redoxreaktionen; Exkursionen mit Einblicken in Produktionsverfahren in verschiedenen Themenbereichen zu Kohlenwasserstoffverbindungen; Exkursionen zu entsprechenden Betrieben im Rahmen des Themas »Chemisches Gleichgewicht«; Besuche von Umweltbehörden

Politik/Gesellschaft/Wirtschaft

Hamburg	Projektorientiertes, forschendes und entdeckendes Lernen, Erkundungen und Feldbeobachtungen (unter »Didaktische Grundsätze« formuliert)
Hessen	Befragungen oder eigene Beobachtungen vor Ort z. B. zur Schließung und Ansiedlung von Industrie- und Dienstleistungsbetrieben, zur Beschäftigung ausländischer Arbeitnehmer; exemplarische Erkundung eines Betriebs der Region mit Öko-Audit

Geschichte

Hamburg	»eigenständige historische Erkundungen dokumentieren und vorstellen«
Hessen	regionalgeschichtliche Exkursionen und Stadtbesichtigungen; Museums- und Ausstellungsbesuche; Besuch von Ausstellungen, Gedenkstätten für die Opfer des Nationalsozialismus; Arbeit im Archiv zur Regional- und Ortsgeschichte; Besuch von Grenzmuseen; weitere Hinweise auf außerschulische Lernorte in allen Themengebieten (außer beim Thema »Schlüsselprobleme der Gegenwart«)

Religion/Ethik

Hamburg	*Überkonfessionell:* Originale Begegnung und Erkundung vor Ort, um theologisch angemessene Auseinandersetzung mit religiösen Traditionen zu erzielen (unter »Didaktische Grundsätze« formuliert)
Hessen	*Katholisch:* Besuch von Museen; Unterrichtsgänge zu bzw. Erkundungen von Kirchen; Besuch von Synagogen und von Moscheen; Exkursionen zu »Orten, an denen die Frage nach dem Menschen, seiner Würde und seiner Verantwortung besonders deutlich wird (z. B. soziale Einrichtung, Konzentrationslager)« *Evangelisch:* Besuch von Kirchen, Synagogen und Moscheen; Museen (für religionskundliche und moderne Kunst); Besuch eines buddhistischen oder hinduistischen Tempels/Zentrums, eines Friedhofs oder Krematoriums; Besuch von Beratungsstellen; »Wahrnehmung von Religion in der Schule und Schulumgebung«; partizipierende Observation in einem Kloster, einer Kommunität, einem Haus der Stille, in Taizé oder in einer Moschee *Ethik:* Unterrichtsgänge zu religiösen Einrichtungen (Gottesdiensthäuser, Gemeindezentren, Zentren für Jugendliche, soziale Einrichtungen); Besuch einer Gerichtsverhandlung

Kunst

Hamburg	Raum vor Ort bewusst erfahren; Angebote von Hochschulen, Museen, Ausstellungszentren sowie Galerien in den Unterricht einbeziehen
Hessen	»Öffnung nach außen«; lokale Gegebenheiten und die Architektur vor Ort zur Werkanalyse nutzen; Kooperation mit dem Stadtarchiv und Museen, um »die Stadt, in der wir leben« unter ästhetischen Gesichtspunkten zu erkunden; Erschließung der Häuser, Straßen und Plätze der eigenen Stadt; Besuch »aktueller oder thematisch geeigneter Ausstellungen«

Musik

Hamburg	»zur Bereicherung des Unterrichts« am öffentlichen Musikleben teilnehmen
Hessen	»Der Musikunterricht kann sich nicht auf den Lernort Schule beschränken, sondern muss sich der außerschulischen Musikkultur öffnen«; mehrmalige Konzertbesuche; Opernaufführungen, Liederabende, Ballett; Besuch eines Tonstudios

4.4 Fazit

Unterschiedlicher Stellenwert

Hinweise zum Aufsuchen außerschulischer Lernorte finden sich in den Bildungsplänen aller Bundesländer, Schularten und Schulstufen. Die Pläne der Sachfächer enthalten besonders viele Anregungen für Besuche, Erkundungen und Exkursionen. Erhebliche Unterschiede zwischen den einzelnen Plänen existieren allerdings in Bezug auf die Häufigkeit, Zielrichtung und Verbindlichkeit der Vorschläge. Tendenzen für einzelne Unterrichtsfächer und Fächerverbünde lassen sich zwar ableiten, zeigen sich jedoch nicht durchgängig für alle Bundesländer, Schularten oder Jahrgangsstufen. Im Fach Chemie wird z. B. in manchen Bundesländern außerschulischen Lernorten in der Sekundarstufe 2 eine sehr hohe Bedeutung zugemessen, in anderen Bundesländern werden sie nicht erwähnt. In Geographie sind außerschulische Lernorte in allen Plänen für die Sekundarstufe 1 äußerst präsent, in der Sekundarstufe 2 spielen sie kaum mehr eine Rolle.

Überfachliche Ziele

Mit dem Unterricht an außerschulischen Lernorten sollen vor allem in der Grundschule, aber auch noch in der Sekundarstufe 1 regionale Bezüge geschaffen werden. Weitere Ziele sind Verantwortungsübernahme und Partizipation im und am Gemeindeleben. Der Kontakt mit der Außenwelt soll eine Brücke schlagen zwischen Theorie und Praxis, zwischen Schule und Lebenswelt.

Schwerpunkte in Grundschule und Sekundarstufe 1

Quantifiziert man die Hinweise in den Fächern und Schulstufen, zeigt sich, dass das Lernen am außerschulischen Lernort in der Sekundarstufe 1 die größte Rolle zu spielen scheint: Realschülerinnen und Realschüler der 7. Jahrgangsstufe in Bayern müssten beispielsweise während des Schuljahrs alle ein bis zwei Wochen einen außerschulischen Lernort aufsuchen, wenn Lehrkräfte alle vorhandenen Hinweise des Bildungsplans aufgreifen würden. Schülerinnen und Schüler, die das Unterrichtsfach Deutsch als Fremdsprache in Berlin/Brandenburg/Mecklenburg-Vorpommern besuchen, wären mehrmals pro Woche im Rahmen des Unterrichts außerhalb des Schulgeländes unterwegs. Auch in Grundschulen stünde in allen Bundesländern zumindest alle zwei Wochen ein Unterrichtsgang, eine Erkundung oder Exkursion auf dem Programm. Dabei ist allerdings zu bedenken, dass das Aufsuchen außerschulischer Lernorte in den Bildungsplänen meist unter den methodisch-didaktischen Hinweisen bzw. unter möglichen Arbeitsweisen zu finden ist. Diese dienen Lehrerinnen und Lehrern vor allem als Anregung, sind in der Regel aber nicht verbindlich. Letztlich liegt es also im Ermessen der Lehrkräfte, ob die Vorschläge aufgegriffen werden oder nicht.

Gemeinsame und fächerverbindende Planung

Angesichts der Fülle an Hinweisen erscheint es sinnvoll, dass Lehrkräfte einer Schule in Klassen-, Fach- und Jahrgangsteams gemeinsam planen, welche außerschulischen Lernorte in welchen Jahrgangsstufen aufgesucht werden. Eine gemeinsame Planung nutzt auch das Potential, gezielt Orte auszuwählen, die nicht nur fachbezogene, sondern auch fächerverbindende und fächerübergreifende Lernmöglichkeiten bieten. In diesem Zusammenhang bietet sich projektorientiertes Arbeiten (vgl.

Kapitel 2.3, S. 43 ff.) besonders an. Neben einer solchen längerfristigen Jahres- oder Stufenplanung sollten immer auch aktuelle Angebote (z. B. Ausstellungen) berücksichtigt und kurzfristig realisiert werden.

Schulinterne Datenbank

Sinnvoll ist es, als Kollegium eine Datenbank mit geeigneten außerschulischen Lernorten in der näheren und weiteren Schulumgebung anzulegen, die abgestimmt ist auf die gültigen Bildungspläne. Enthält eine solche Sammlung neben Kontaktdaten und organisatorischen Hinweisen auch Angaben zu inhaltlichen Schwerpunkten, didaktisch-methodische Möglichkeiten und am Lernort erwerbbare Kompetenzen, kann dadurch nicht nur der Austausch unter den Kolleginnen und Kollegen angeregt werden, es kann sich darüber hinaus eine Kultur an der Schule etablieren, die das Lernen am außerschulischen Lernort systematisch berücksichtigt.

Fehlende Systematik

In den analysierten Bildungsplänen ist weder eine spezifische Didaktik außerschulischer Lernorte noch eine Systematik erkennbar. Selbst im bayerischen Bildungsplan für die Grundschule, der in den formulierten Leitlinien das Aufsuchen außerschulischer Lernorte recht ausführlich begründet und betont, wird das skizzierte didaktische Prinzip im Rahmen der Fachpapiere nicht mehr konsequent weiterverfolgt. In allen gesichteten Bildungsplänen erscheinen die Hinweise auf außerschulische Lernorte teilweise zufällig, wenn nicht sogar beliebig: So ist beispielsweise weder unter einer fachlichen, noch unter einer exkursions- oder allgemeindidaktischen Perspektive nachvollziehbar, warum in Geschichte zu manchen Themengebieten Ausstellungsbesuche, zu anderen originale Begegnungen mit historischen Stätten gefordert werden.

In nahezu allen Plänen fehlt eine konsequente Einbindung außerschulischer Lernorte mit dem Ziel, forschendes Lernen zu ermöglichen, das sich nicht an den Orten selbst, sondern an dort erwerbbaren fachspezifischen, methodischen Kompetenzen orientiert. Dass Begriffe wie Unterrichtsgang, Erkundung, Exkursion, Besuch oder Besichtigung scheinbar zufällig verwendet und nicht unterschieden werden (vgl. Kapitel 3.4, S. 80 ff.), deutet ebenfalls darauf hin, dass für die Einbindung außerschulischer Lernorte in die Bildungspläne ein fundiertes didaktisches Konzept bislang fehlt.

Begrenztheit der Wirkkraft von Bildungsplänen

Erkenntnisse aus verschiedenen Studien zeigen, dass sich Lehrkräfte bei der Gestaltung ihres Unterrichts oft an Anderem als an Bildungs- oder Lehrplänen orientieren. So stellen beispielsweise Vollstädt et al. (1999) in ihrer Studie zur Akzeptanz und Wirkung von Lehrplänen fest, dass Lehrkräfte Bildungspläne meist nur zur inhaltliche Orientierung und zur Erstellung von Stoffverteilungsplänen nutzen, sich bei der Unterrichtsgestaltung dann aber viel stärker am eigenen methodischen Repertoire, an fachspezifischen Konzepten, an Kooperationsmöglichkeiten mit Kolleginnen und Kollegen sowie am Schulbuch orientieren. In einer Studie zur Akzeptanz und Wirkung von Lehrplänen als Steuerungsinstrument im Schulsystem zeigt sich, dass immerhin knapp über die Hälfte der befragten Lehrkräfte angeben, dass der Lehrplan für sie eine Hilfe bei der Planung von Exkursionen darstelle (Adolph 2015, S. 151). Dennoch hält auch Adolph die Wirkkraft von Lehrplänen für begrenzt und stellt fest, dass sich beispielsweise »messbare Effekte auf Dimensionen der Unterrichtsqualität« (Adolph 2015, S. 119) durch (neue) Lehrpläne nicht verzeichnen lassen.

Kompetenzorientierung als Herausforderung

Die aktuelle Generation von Bildungsplänen ist weniger inhalts-, sondern kompetenzorientiert gestaltet. In der Folge stellt sich die Frage, in welcher Form außerschulische Lernorte überhaupt in diesen Plänen verortet werden können: Man kann sie – wie bisher – weiterhin unter methodischen Hinweisen zum Erreichen von Kompetenzen fassen, könnte aber auch beispielsweise die sinnvolle Auswahl eines geeigneten Lernorts oder das sach- und fachgerechte Lernen an einem solchen als eigene Kompetenzen formulieren. Reinhoffer gibt zu bedenken, dass »Lerngänge in ihrer Vielfalt nicht zu bändigen sind und die entstehenden Lernprozesse und Lernergebnisse sich so komplex gestalten, dass sie als Gesamtes kaum in überprüfbare Kompetenzraster gepresst werden können« (Reinhoffer 2008, S. 61). Ein Beispiel dafür, wie diese Schwierigkeit überwunden werden kann, stellt der Perspektivrahmen Sachunterricht dar (GDSU 2013, vgl. auch Kapitel 3.2), der sowohl perspektivenbezogene als auch perspektivenübergreifende Denk-, Arbeits- und Handlungsweisen formuliert, die als am außerschulischen Lernort erwerbbare Kompetenzen Eingang in die Bildungspläne finden könnten. Gleiches wäre für alle anderen Unterrichtsfächer denkbar, zumal auch in der Sekundarstufe Fächerverbünde bestehen. Mit der Ausweisung solchermaßen »verörtlichter« Kompetenzen ginge auch eine höhere Verbindlichkeit einher als dies bislang der Fall ist.

5. Fachdidaktische Konzepte zum Lernen an außerschulischen Lernorten

Im folgenden Kapitel wird dargestellt, welcher Stellenwert außerschulischen Lernorten innerhalb der einzelnen Fachdidaktiken zugewiesen wird und welche (fach-) spezifischen Konzepte und Überlegungen dem Lernen an Lernorten außerhalb des Klassenzimmers jeweils zugrunde liegen. Die Analyse ergänzt die allgemeindidaktische Perspektive auf außerschulische Lernorte, die in Kapitel 3 entwickelt wurde und kann – neben Hinweisen zur Gestaltung des Lernens an außerschulischen Lernorten aus fachwissenschaftlicher Perspektive – im Anschluss an das vorhergehende Kapitel auch darüber Aufschluss geben, warum in Bildungsplänen das Lernen an außerschulischen Lernorten in einigen Fächern stärker, in anderen Fächern weniger berücksichtigt wird.

Die Einteilung in separate Unterrichtsfächer wurde in vielen Bundesländern inzwischen zugunsten von Fächerverbünden aufgelöst, die sich nicht nur nach Bundesland, sondern auch nach Schulform voneinander unterscheiden. Für dieses Kapitel wurde eine Unterteilung in folgende Bereiche vorgenommen, innerhalb derer die jeweiligen Konzepte zusammengefasst dargestellt werden:

- Mensch und Gesellschaft (Kapitel 5.1: Geschichte, Politik, Gedenkstättenpädagogik, Geographie sowie ökonomische und technische Bildung, S. 108 ff.),
- Natur und Umwelt (Kapitel 5.2: Biologie, Schulgarten, Umweltbildung und Bildung für nachhaltige Entwicklung, Physik und Chemie, S. 121 ff.),
- Sachunterricht (Kapitel 5.3, S. 129 ff.)
- Kultur und Religion (Kapitel 5.4: Sport, Kunst, Musik, Religion, S. 132 ff.)
- Deutsch, Mathematik und Fremdsprachen (Kapitel 5.5, S. 142 ff.).

Einbezogene Quellen

Für die Analyse wurden vor allem aktuelle, einschlägige Publikationen herangezogen, insbesondere Einführungen, Hand- und Lehrbücher sowie Überblickswerke, die in der Lehrerinnen- und Lehrerbildung häufig zum Einsatz kommen. Darüber hinaus wurden auch Sammelbände zur aktuellen fachdidaktischen Forschung sowie Tagungsbände fachdidaktischer Gesellschaften ausgewertet.

5.1 Mensch und Gesellschaft

Unter den Bereich Mensch und Gesellschaft werden die Unterrichtsfächer Politik und Geschichte, Geographie sowie ökonomische und technische Bildung gefasst. Die für die Analyse herangezogenen fachdidaktischen Publikationen orientieren sich meist an den klassischen Unterrichtsfächern mit ihren je eigenen Fachkulturen. An den Schulen werden diese Fächer – vor allem an Gymnasien – zum Teil separat unterrichtet, zum Teil sind sie aber auch Bestandteil unterschiedlicher Fächerverbünde wie »Welt – Zeit – Gesellschaft« (Baden-Württemberg, Hauptschule), »Politik und Wirtschaft« (Hessen, Sekundarstufe I), »Geschichte Sozialkunde Erdkunde« (Bayern, Mittelschule), »Wirtschaft-Arbeit-Technik« (Berlin/Brandenburg, Sekundarstufe I) oder »Politik/Gesellschaft/Wirtschaft« (Hamburg, Gymnasium). Neben den Fachperspektiven wird in diesem Kapitel auch die Gedenkstättenpädagogik dargestellt, die an der Schnittstelle von Geschichts- und Politikunterricht sowie Kultureller Bildung anzusiedeln ist.

Verschiedene Lernortskonzepte

In einigen der im Folgenden dargestellten Fachdidaktiken sind auf das jeweilige Fachverständnis ausgerichtete Lernortskonzepte vorhanden: Die *Geschichtsdidaktik* weist eine fachspezifische Systematisierung von Lernorten auf, und vor allem der sogenannte erkundende Geschichtsunterricht bezieht außerschulische Lernorte konsequent in seine Konzeption ein (S. 111 ff.). In der *Geographie* existiert eine eigene Exkursionsdidaktik, die eng an die allgemeinen fachdidaktischen Diskurse angebunden ist und beständig weiterentwickelt wird (S. 116 ff.). Die Didaktik der *ökonomischen Bildung* verantwortet eine Betriebserkundungsdidaktik, während außerschulische Lernorte im Rahmen *technischer Bildung* kaum in die fachdidaktischen Überlegungen eingebunden werden (S. 119 ff.). Auch in der *Politikdidaktik* kann nicht von einer konsensfähigen fachspezifischen Konzeption des Lernens an außerschulischen Lernorten gesprochen werden, obwohl außerschulische Lernorte vor allem in demokratiepädagogische Ansätze einbezogen werden (S. 112 ff.). Die *Gedenkstättenpädagogik* hat eigene didaktische und pädagogische Konzepte entwickelt, auf deren Programme Lehrkräfte zurückgreifen können (S. 115 ff.).

Geschichte

Außerschulische Lernorte haben einen festen Platz in der Geschichtsdidaktik. Begründet wird deren Aufsuchen zum einen mit allgemeindidaktischen Argumenten wie Anschaulichkeit, originale Begegnung und dem Prinzip des forschend-entdeckenden Lernens. Zum anderen existieren aber auch fachspezifische Begründungen, die auf den Erwerb geschichtsspezifischer Kompetenzen wie beispielsweise historische Imagination abheben. Mit der Unterscheidung *Geschichte repräsentierende historischer Stätten* von *Geschichte aufbewahrenden Institutionen* entwickelt die Geschichtsdidaktik eine eigene, fachspezifische Systematisierung außerschulischer Lernorte. In der didaktischen Literatur finden sich vielfältige methodische Anregungen und Hinweise zu deren Einbindung in unterrichtliche Zusammenhänge. Eine einheitliche Lernortsdidaktik, die ein bestimmtes methodisches Vorgehen einschließt, zeigt sich dahingegen nicht.

Definition

Aus geschichtsdidaktischer Perspektive werden außerschulische Lernorte definiert als »Spuren der Vergangenheit außerhalb des Klassenzimmers, anhand deren Schülerinnen und Schüler historische Fragen stellen und nach Antworten suchen können« (Pleitner 2012, S. 291).

Historische Stätten

Jenseits der Unterscheidung in Lernorte mit bzw. ohne didaktische Konzepte (vgl. Kapitel 1) werden zwei Kategorien von Lernorten unterschieden: *Historische Stätten* wie Burgruinen, Stadtmauern und Kirchen, aber auch die Stadt selbst, »die durch geschichtliche Ereignisse, Prozesse oder Strukturen geprägt sind und es ermöglichen, diese an Ort und Stelle zu rekonstruieren« (Mayer 2009, S. 27), sowie *Orte der Sammlung, Erforschung und Präsentation historischer Zeugnisse* wie Museen, Ausstellungen, Heimatvereine und Archive, also »der Erinnerung dienenden Institutionen« (Sauer 2012, S. 139). Als weitere Bereiche werden *Living History*, also die Vergangenheit simulierende Darbietungen wie Mittelaltermärkte oder die Nachstellung von Schlachten sowie *Virtuelle Schauplätze* beschrieben, die am Computer aufgesucht werden (Pleitner 2012, S. 292).

Orte der Sammlung, Erforschung und Präsentation historischer Zeugnisse

Historische Imaginarität

Begründet wird das Aufsuchen außerschulischer Lernorte innerhalb der Geschichtsdidaktik vor allem mit Anschaulichkeit. Dies schließt auch die Förderung von historischer Imaginarität ein, also das Entwickeln einer Vorstellung von Vergangenheit: »Größenverhältnisse, Abstände, Höhen und Tiefen, Wetter und Geräuschkulissen« ließen sich »nur in der Kulturlandschaft selbst ermessen« (Pleitner 2012, S. 294). Erst so könne man verstehen, warum eine Region beispielsweise historisch nicht als Industriestandort geeignet oder Landwirtschaft schwierig zu betreiben gewesen sei. Darüber hinaus werde über das Aufsuchen außerschulischer Lernorte ein regional- und lokalgeschichtlicher Zugang zur Geschichte ermöglicht, um »einen lebendigen Eindruck von den wichtigen gesellschaftlichen, wirtschaftlichen und politischen Strukturen und Problemen einer vergangenen Epoche« (Plessow 2015, S. 295) zu erhalten.

Regionaler Zugang zu Geschichte

Vielfältiger Kompetenzerwerb

Die Chancen des Einbeziehens außerschulischer Lernorte in den Unterricht werden deutlich, wenn man den dort möglichen Kompetenzerwerb genauer betrachtet. Außerschulische Lernorte würden bei Schülerinnen und Schülern Fragen provozieren; mit und an ihnen könne also die historische Fragekompetenz geschult werden (Pleitner 2012, S. 297). Darüber hinaus seien sie Orte, an denen Sach-, Analyse- und Deutungskompetenz erworben werden können, indem die Funktion, Bedeutung, der Zusammenhang sowie die Veränderung historischer Orte und Fragmente untersucht werden (Pleitner 2012, S. 298 ff.). Auch Methoden- sowie Medienkompetenz im Hinblick auf die Auswahl, Interpretation und Kritik historischer Quellen könne an außerschulischen Lernorten angebahnt werden, genauso wie historische Narrations- und Orientierungskompetenz. Mayer ergänzt diese Aufstellung um das selbständige »Aufspüren materieller, schriftlicher und abstrakter Quellen an außerschulischen Lernorten wie Museen, Archiven, archäologischen Kulturdenkmälern und Überresten« (Mayer 1997, S. 415), das einen handlungsorientierten Geschichtsunterricht ermögliche.

Dekonstruktion

Danker betont, dass das Ziel des Aufsuchens außerschulischer Lernorte im Rahmen des Geschichtsunterrichts immer deren Dekonstruktion sein müsse: Der Erwerb von Medien-, vor allem aber von Ortskompetenz seien Ziele beim schulisch begleiteten außerschulischen Lernen, um sich nicht »einem nicht-autonomen Geschichtskonsum auszuliefern« (Danker 2016, S. 190).

Gegenständliche Quellen und Sachzeugnisse

Das Potential gegenständlicher Quellen und von Sachzeugnissen als »Objekte der materiellen Kultur« (Schneider 2011, S. 541) wird in deren motivierender Wirkung, der Überwindung von Verbalismus sowie in einer geschichtlichen Imaginationsanregung gesehen. Meist verlange der Einsatz solcher Medien nach dem Aufsuchen außerschulischer Lernorte wie Museen, in denen man beispielsweise Werkzeuge, Schmuckstücke, Mobiliar, Uniformen, Waffen oder Münzen zum Unterrichtsgegenstand machen könne. Auch Burgen, Schlösser, Kirchen, Denkmäler oder Stadtmauern gelten als Sachquellen und kommen in Form »immobiler Objekte« (Schneider 2011, S. 544) als Lernorte in Betracht.

Stärken des Lernens vor Ort

Reeken (2005) betont, dass Sachquellen zwar auch in das Klassenzimmer hineingeholt werden können, oft aber am außerschulischen Lernort aufgesucht werden müssen. Stärken des Lernens vor Ort liegen für ihn vor allem in der Authentizität der dort vorhandenen Quellen, in der im wörtlichen Sinne »begreifbaren« Dreidimensionalität sowie in der Förderung von Forschendem Lernen und Methodenkompetenz. Pandel konkretisiert Methodenkompetenz, indem er auf »bewusstes Wahrnehmen von historischen Bauwerken und historischen Landschaften« oder »Betrachten und Be-greifen [sic!] historischer Überreste (im Museum)« (Pandel 1997c, S. 402) verweist. Nachteile sieht Reeken darin, dass thematisch geeignete Sachquellen schwierig aufzufinden seien. Weiter bezeichnet er deren Interpretation als schwierig, da beispielsweise Gegenstände im Museum, aber auch Burgruinen aus ihrem ursprünglichen Sach- und Funktionszusammenhang herausgelöst seien und es hier zunächst einer Rekonstruktion bedürfe. Emotionen, die die Begegnung mit Sachquellen auslöse, können eine weitere Schwierigkeit darstellen: Einerseits spiegeln sie Motivation wider, andererseits können sie aber auch den objektiven, sachbezogenen Blick auf die Quellen verstellen (Reeken 2005, S. 140 ff.).

Schwierigkeiten

Trotz dieser Schwierigkeiten konstatiert Pandel, dass die Geschichtsdidaktik dabei sei, »die einseitige Fixierung auf den Lernort Schule aufzugeben und andere didaktische Situationen historischen Lernens in ihren Reflexionshorizont einzubeziehen« (Pandel 1997a, S. 380). Er betrachtet die Exkursion auch als »Sozialform«, die »wechselnde Interaktion- und Kommunikationsprozesse mit beliebigen Partnern« (Pandel 1997b, S. 396 f.) erlaube.

Einbindung in den Unterricht

Um Unterrichtsgänge im Zusammenhang mit Sachquellen in den Unterricht einzubinden, schlägt Schneider (2011) vor, in situ gemachte Entdeckungen und gewonnenen Erkenntnisse vor Ort in Form von Skizzen, Fotografien und/oder Protokollen zu dokumentieren, um sie für den weiteren Unterricht nutzbar zu machen. In der Auswertungsphase können weitere Nachforschungen angestellt sowie Expertinnen und Experten befragt werden. Für die Phase der Ergebnissicherung schlägt er als Alternative zu herkömmlichen Formen wie Hefteinträgen oder Tests beispielsweise die Erstellung eines Führers über den aufgesuchten Ort vor (Schneider 2011, S. 549 ff.).

Erkundender Geschichtsunterricht

Im von Günther-Arndt (2007a) herausgegebenen »Handbuch Geschichtsmethodik für die Sekundarstufe« wird das Konzept eines erkundenden Geschichtsunterrichts entworfen, in dem an außerschulischen Lernorten mit originalen Quellen gearbeitet wird. Pleitner betont in diesem Zusammenhang das Potential des Museums in Bezug auf die Möglichkeit zur Dekonstruktion, wenn z. B. Ausstellungskonzepte und die hinter ihnen stehende Inszenierungsabsicht reflektiert werden (Pleitner 2007a, S. 122 f.). Kessel führt die Überlegungen in Bezug auf die Arbeit in Archiven fort: Er konstatiert, dass Lernen an diesem außerschulischen Ort in der Regel eine Hinwendung zur lokalen Geschichte sei, »die exemplarisches, anschauliches, alltagsweltliches sowie räumlich und emotional nahes Lernen ermöglicht« (Kessel 2007, S. 128).

Exkursionsdidaktik

Auch Feldexkursionen sind Bestandteil erkundenden Geschichtsunterrichts. Als »Exkursion« kennzeichnet Grafe das Erschließen »historischer Orte und Kulturlandschaften«, für die meist »weiter entfernt liegende, eher städtische Ziele oder noch umfassendere historische Räume über einen Zeitraum von mehreren Tagen angesteuert« (Grafe 2007, S. 134) werden. In dem von ihr entworfenen idealtypischen Modell einer Exkursion nimmt die Vorbereitung (mit dem Erstellen einer Zeitleiste, Methodenschulung, Schülerinnen- und Schülerpräsentationen zur Stadtgeschichte des Reiseziels etc.) einen sehr großen Raum ein. Während der Exkursion selbst werden dann zuvor erarbeitete Informationen zu den Sachquellen (wie Bauwerke, Plätze, Parkanlagen) und zu weiteren Themenschwerpunkten vor Ort präsentiert.

Lokalerkundung

Abgegrenzt von der Exkursion wird die Lokalerkundung, bei der historische Orte im lokalen Umfeld der Schule aufgesucht werden. Die Lokalerkundung dient zum einen dem exemplarischen Lernen, indem »Orte, Ereignisse oder Strukturen vor Ort beispielhaft für allgemeine historische Abläufe erkundet werden« (Pleitner 2007b, S. 138), zum anderen werden Lokalerkundungen thematisch eigenständig, beispielsweise in Form eines Projekttages, durchgeführt.

Politik

Handlungs- und Erfahrungsorientierung

Seit Ende der 1980er Jahre ist in der Politikdidaktik eine verstärkte Handlungs- und Erfahrungsorientierung feststellbar, die auch das Aufsuchen außerschulischer Lernorte einschließt. Der Band »Politisches Lernen vor Ort« von Ackermann (1988) kann hier als erstes Standardwerk gelten und findet in den Publikationen von Grammes (1997) sowie von Breit und Schiele (1998) seine Fortsetzung.

In der gegenwärtigen politikdidaktischen Diskussion werden außerschulische Lernorte unterschiedlich stark gewichtet. In einigen einschlägigen Publikationen zum Politikunterricht finden sich keine Hinweise auf einen besonderen Stellenwert außerschulischer Lernorte (vgl. z. B. Oberle/Weißeno 2017; Hellmuth/Klepp 2010; Deichmann/Juchler 2010). Verschiedene Autorinnen und Autoren betonen zwar die Bedeutung von Methodenvielfalt, lebensweltlichen Zugängen und authentischen Lernsituationen, außerschulische Lernorte werden aber nicht in die Überlegungen eingebunden (vgl. z. B. Autorengruppe Fachdidaktik 2016).

Potential außerschulischer Lernorte

Andere Autorinnen und Autoren tun dies sehr wohl: Das didaktische Potential des Lernens am außerschulischen Lernort sehen sie in der Realitätsbegegnung, der Subjekt-, Erfahrungs- und Prozessorientierung sowie im Forschenden Lernen (Ackermann 1998, S. 3). Die Verbindung von abstraktem und konkretem Lernen, der Vergleich und Austausch verschiedener Wissensformen wie Schulwissen, Expertinnen- bzw. Expertenwissen und Medienwissen, aber auch das soziale Lernen und der

Erwerb von Methodenkompetenzen wie Beobachten, Fragen und Protokollieren werden als besondere Lernchancen betont (Ackermann 1998, S. 4f.). Das Aufsuchen außerschulischer Lernorte kann eine »Vorbereitung zur Partizipation« (Sauerborn/Brühne 2007, S. 32) sein, indem politik- bzw. sozialwissenschaftliche Arbeitsweisen und Verfahren vor Ort erprobt und Felduntersuchungen geplant, durchgeführt sowie ausgewertet werden.

Politische Bildung als Begegnung

Scherb schreibt außerschulischen Lernorten das Potential zu, Authentizität beim Lernen zu steigern und politische Bildung strukturell zu öffnen, so dass »Politische Bildung als *Begegnung*« (Scherb 2014, S. 186, Herv. i.O.) konzipiert werden kann. Gleichzeitig schränkt er ein, dass eine solche Öffnung wohldosiert sein müsse, um dem fachlichen Anspruch, der Thematik, aber auch dem Entwicklungsstand der Schülerinnen und Schüler weiterhin gerecht zu werden (Scherb 2014, S. 187). »Sinnorientierung als übergreifendes politikdidaktisches Prinzip« (Scherb 2014, S. 129) verweist ebenso auf den grundsätzlichen Wert erfahrungsorientierten Lernens an Orten des politischen Geschehens.

Lernort Architektur

Drechsel weist im Zusammenhang mit Architektur als Medium des Politikunterrichts darauf hin, dass Gebäude immer auch politisch überformt sind. Für den Lernprozess sei das körperliche Erleben von Architektur vor Ort Printabbildungen deutlich überlegen (Drechsel 2010a, S. 37ff.).

Lernort Denkmal

In Denkmälern sieht er eine Möglichkeit, Medienkompetenz anzubahnen; er setzt dabei aber anders als in seinem Beitrag zu Architektur verstärkt auf das Medium Abbildung. Unterrichtseinheiten, die Exkursionen einschließen, erachtet er dennoch als zwar »aufwändig, aber ertragreich« (Drechsel 2010b, S. 141).

Lernort Bibliothek

Bibliotheken als außerschulische Lernorte können zum einen dazu dienen, politische Prinzipien wie das Indoktrinationsverbot anschaulich zu vermitteln, zum anderen können sie als Lernzentren fungieren (Grammes 2010, S. 51ff.).

Lernort Institution

Institutionen wie Gerichte, Parlamente und Universitäten werden als Orte bezeichnet, die »eine Verbindung von abstraktem und konkreten Lernen« sowie »einen direkten erlebnisbezogenen Zugang zu wichtigen politisch-gesellschaftlichen Bereichen« (Massing 2010, S. 229) herstellen. Ähnliche Argumentationen markieren Museen sowie Theater als Orte politischen Lernens.

Brücke zwischen Alltagswelt und Politik

Das Lernen vor Ort wird auch als mögliche Brücke zwischen »Alltagswelt und Politik« (Deichmann 2004, S. 65) beschrieben. In diesem methodisch-didaktischem Setting könne ein eher emotionaler Zugang zu politischen Themenfeldern geschaffen werden, der in Verbindung mit rationalem Lernen Voraussetzung für ein ganzheitliches Lernen sei (Deichmann 2004, S. 67ff.). Gerade um eine demokratische politische Identität sowie Handlungsfähigkeit auszubilden, bedürfe es handlungsorientierter Methoden in der politischen Bildung, die auch Erkundungen, Besichtigungen und Straßeninterviews einschließen (Deichmann 2004, S. 120).

Service-Learning

Diesen Begründungszusammenhang greift auch das Service-Learning (deutsch: Lernen durch Engagement) auf, das im Rahmen der Demokratiepädagogik die »gezielte und mit Lernen und Bildung verbundene soziale Arbeit in Feldern des Gemeinwesens vor Ort« (Beutel 2011, S. 71) bezeichnet. Als Prinzip des Politikunterrichts kann ein solches aber nicht bezeichnet werden; vielmehr findet das damit verbundene Aufsuchen außerschulischer Lernorte im Rahmen von meist fächerübergreifenden Projekten, oder, in Ausnahmefällen wie den heute noch existierenden Landerziehungsheimen reformpädagogischen Ursprungs, als institutionalisiertes Bildungskonzept der jeweiligen Schule statt. Auch muss entschieden werden, ob das Konzept tatsächlich in der Politikdidaktik, oder nicht vielmehr in der Demokratiepädagogik zu verorten ist, wie Goll (2011, S. 6) einwirft. Ein Blick in die Programmatik des Service Learning ist dennoch lohnenswert: Für einen Überblick mit Praxisbeispielen steht der Band »Praxisbuch Service-Learning« von Seifert, Zentrum und Nagy (2012). Die Stiftung »Lernen durch Engagement« unterhält eine Homepage mit umfangreichen Informationen, einer umfassenden Projektdatenbank sowie weiteren nützlichen Materialien (http://wp1043568.server-he.de/index.php?id=60).

Fazit

Insgesamt definiert sich moderne politische Bildung meist subjektorientiert und schließt damit Handlungsorientierung und Lebensweltbezug ein. Innerhalb der Fachdidaktik wird allerdings auch kritisch angemerkt, dass gerade letztgenannter Begriff noch nicht ausreichend geklärt sei (Hellmuth/Klepp 2010, S. 142). Eine grundsätzliche Verankerung von Unterrichtsgängen, Erkundungen und Exkursionen in die Politikdidaktik ist derzeit noch nicht festzustellen, und auch eine elaborierte Theorie zum außerschulischen Lernen liegt bislang nicht vor (Moritz 2016, S. 186). Da politische Bildung aber Teil der Bildung für nachhaltige Entwicklung ist und diese wiederum sehr explizit das Aufsuchen außerschulischer Lernorte forciert (vgl. Kapitel 5.2, S. 125 ff.), kann man dennoch davon sprechen, dass außerschulischen Lernorten zumindest in einem an Nachhaltigkeit orientierten Politikunterricht ein gewisser Stellenwert zukommt. Auch die Unterrichtspraxis zeigt, dass Besuche von »Bundestag, Landesparlament oder Gedenkstätte […] etablierte Mittel der Unterrichtsgestaltung« (Moritz 2016, S. 185) darstellen.

Gedenkstättenpädagogik

Gedenkstätten sind nicht nur Orte außerschulischen historischen, sondern auch explizit politischen sowie kulturellen Lernens. Hinweise zum Gedenkstättenbesuchen finden sich sowohl in Einführungen zur Didaktik des Geschichts- als auch des Politikunterrichts. Da die Gedenkstättenpädagogik aber einem eigenen Verständnis folgt, wird sie nicht fachlich zugeordnet, sondern gesondert beschrieben.

Gedenkstätten als didaktisierte Lernorte

Die Gedenkstättenpädagogik geht davon aus, dass die oft abstrakten Fakten über Kriege oder Diktaturen erst am Ort des Geschehens vorstell- und begreifbar werden. Gedenkstätten sind dabei oft bereits didaktisierte Lernorte, die neben dem historischen Ort selbst über Besuchszentren, Ausstellungsräume und manchmal auch Begegnungsstätten verfügen.

Ziele der Gedenkstättenpädagogik

Anliegen solcher Einrichtungen sind zum einen Informationsvermittlung und Aufklärung, zum anderen die »Sensibilisierung gegen die Gefahren extremistischer Weltanschauungen« (Schude/Köhler 2015, S. 3) sowie interkulturelle und/oder generationenverbindende Begegnung. Meist erinnern Gedenkstätten in Deutschland an die Opfer des Nationalsozialismus, aber auch den Opfern stalinistischer Verfolgung und der DDR-Diktatur wird gedacht. Gedenkstätten sind dabei nicht ausschließlich auf Schülerinnen und Schüler, sondern auf Besucherinnen und Besucher aller Altersgruppen ausgerichtet. Dennoch existieren nahezu immer auch Programme, die speziell für Schulklassen konzipiert wurden.

Mahnen, Gedenken und Erinnern

Für den Besuch von Gedenkstätten im Kontext Schule werden die oben beschriebenen geschichtsdidaktischen Begründungszusammenhänge wie originale Begegnung und historische Imagination relevant gesetzt. Weiter werden die Zugangsweisen Informieren, Mahnen, Gedenken und Erinnern als Operatoren ausgemacht, mit denen Schülerinnen und Schüler sich Gedenkstätten erschließen und die gleichzeitig als Ziele des Gedenkstättenbesuchs gelten können (Schreiber 2012, S. 32).

Emotionale und kognitive Perspektivübernahme

Mit der Erweiterung der kognitiv-geschichtlichen Betrachtung um die emotionale Dimension werde »eine angemessene Auseinandersetzung mit den Auswirkungen der NS-Verbrechen auf die Opfer« (Haug/Schellenberg 2010, S. 214) ermöglicht. Schellenberg spricht in diesem Zusammenhang von »Empathie-Bildung« (Schellenberg 2015, S. 131), die zwar durchaus intuitive sowie emotionale Aspekte beinhalte, darüber hinaus vor allem aber auf die Fähigkeit zur emotionalen und kognitiven Perspektivübernahme ziele.

Einbindung in den Unterricht

Gedenkstätten verfügen sowohl konzeptionell-programmatisch als auch pädagogisch über sehr unterschiedliche Ausrichtungen. Zülsdorf-Kersting (2007, S. 143) schlägt vor, dass auch die unterschiedlichen

Konzeptionen Untersuchungsgegenstand eines schulischen Gedenkstättenbesuchs sein können. Im Vorfeld eines Gedenkstättenbesuchs sei zu klären, welches gedenkstättenpädagogische Konzept und Angebot vorliegt und ob es im Einklang steht mit den Zielen, die im Rahmen des Besuchs erreicht werden sollen. Eine Gedenkstätte könne von Schülerinnen und Schülern zwar selbständig erkundet und ganzheitlich erfasst werden, erschließe sich aber nicht von selbst. Daher sei eine gründliche Vorbereitung, bei der »Fragehorizonte und Problemstellungen entwickelt« (Zülsdorf-Kersting 2007, S. 147) werden, ebenso entscheidend wie eine angemessene Nachbereitung.

Kooperation vor Ort

Auch Haug und Schellenberg betonen, wie voraussetzungsvoll Lernen in Gedenkstätten sei. Sie erachten die Kooperation mit Pädagoginnen und Pädagogen vor Ort als Grundlage für nachhaltige Lerneffekte (Haug/Schellenberg 2010, S. 214 ff.).

Heterogene Schülerschaft

Da viele Gedenkstätten eigene pädagogische Programme für Schulklassen entwickelt haben und diese in der Regel von eigens dafür geschultem Personal durchgeführt werden, könnte man den Eindruck gewinnen, dass es keiner gesonderten, von den Fächern entwickelten schulischen Gedenkstättendidaktik bedarf. In der Tat existiert eine solche nur rudimentär. Mit dem Wandel der Schülerinnen- und Schülerschaft beispielsweise durch Migrationsbewegungen und inklusive Schulkonzepte gehen allerdings ganz spezifische Herausforderungen für die Gedenkstättenpädagogik einher, die auch in der Schule aufgearbeitet werden müssen (Sigel 2015, S. 47 ff.). Zudem weisen manche Gedenkstätten kein eigenes gedenkstättenpädagogisches Angebot auf, wie beispielsweise das im Jahr 2008 eingeweihte Denkmal für die im Nationalsozialismus verfolgten Homosexuellen oder das 2012 errichtete Denkmal für die in der NS-Zeit ermordeten Sinti und Roma Europas im Berliner Tiergarten, die nicht nur Denkmäler, sondern auch Gedenkstätten sind. Zu solchen Orten hat die Gedenkstättenpädagogik bislang keine didaktischen Konzeptionen vorgelegt, sodass gerade hier die Politik- sowie die Geschichtsdidaktik gefordert sind, angemessene Formen der Begegnung und des Lernens zu entwickeln.

Gedenkstätten ohne didaktisches Arrangement

Geographie

Geographische Exkursionsdidaktik

Das Unterrichtsfach Geographie zeichnet sich dadurch aus, dass es über eine eigene Exkursionsdidaktik verfügt. Sie ist Teil sowohl der methodenspezifischen als auch der empirisch-normativen Geographiedidaktik und bezeichnet zum einen eine spezifische Vorgehens-, Verfahrens- und Arbeitsweise, zum anderen die »praxisorientierte Relation zwischen einem intendierten Ziel und den zu dessen Erreichen geeigneten Mitteln«

(Rinschede 2007, S. 236). Lehr- und Lerngänge, Wanderungen sowie situationsgebundene Erkundungen werden unter dem Begriff »Exkursion« genauso subsummiert wie Arbeitsexkursionen und Untersuchungen in der Landschaft (Kisser 2015, S. 19).

Exkursionsformate

Grundsätzlich unterscheidet die Geographiedidaktik Exkursionen nach dem Grad der Schüler-Lehrer-Aktivität und der damit verbundenen Handlungsorientierung, nach der Exkursionsdauer sowie nach der zugrundliegenden Erkenntnistheorie (Lößner 2011, S. 9f.). Rinschede unterscheidet zusätzlich nach Ort und fachlicher Zielsetzung (Field Research versus Field Teaching), nach verwendeten Unterrichtsmethoden sowie nach dem Intensitätsgrad des erdkundlichen Aspekts, der mit der Exkursion verfolgt wird (Rinschede 2007, S. 236). Klein differenziert weiter zwischen fremd geführten, selbst geführten Exkursionen und solchen, die beides kombinieren, also bei denen die Lehrerin bzw. der Lehrer einen Teil der Exkursion leitet, zusätzlich aber auch eine Gastführerin bzw. ein Gastführer mit besonderer Expertise engagiert wird. Weiter zieht er die Mittel der Fortbewegung während der Exkursion bzw. zum Erreichen des Exkursionsziels als Klassifizierungskriterium heran (Klein 2010, S. 23ff.; vgl. Abbildung 3, S. 118).

Begründungen für Exkursionen

Wie andere Fächer rekurriert die Geographiedidaktik auf allgemeindidaktischen Begründungen wie Primärerfahrung, Lebensweltbezug und Motivation, um das Aufsuchen außerschulischer Lernorte zu legitimieren. Zusätzlich werden fachspezifische Arbeitsweisen wie der Umgang mit dem Kompass, Kartierung oder die Durchführung von Raumanalysen angeführt, die an konkreten Inhalten in einer spezifischen Umgebung erprobt, in der praktischen Anwendung erfahren und als sinnvoll erlebt sowie gefestigt werden sollen.

Das Lernen an außerschulische Lernorten biete sich insbesondere an für die Untersuchung und Erforschung »humangeografischer und/oder physisch-geografischer Fragestellungen, die wissenschaftstheoretisch auf unterschiedlichen Raumkonzepten beruhen« (Budke 2009, S. 17). Die Analyse von Mensch-Umwelt-Beziehungen, die Beobachtung von äußeren geographischen Erscheinungsformen sowie die räumliche Orientierung mit Karten oder GPS-Systemen im Gelände verlangen quasi nach Exkursionen.

Auch Evidenzstudien werden zur Begründung der Einbeziehung außerschulischer Lernorte angeführt, die z. B. »eine erhöhte Lernleistung und längere Behaltensfähigkeit der Lerninhalte durch eine erhöhte Lernmotivation und die aktive, unmittelbare Auseinandersetzung mit dem realen Lerngegenstand« (Ohl/Neeb 2012, S. 260) aufzeigten. Die auf Exkursionen zum Einsatz kommenden Arbeitsweisen sorgten dafür, dass deklaratives, prozedurales und Transferwissen sowie Handlungskompetenz aufgebaut werden. Schließlich sehen Ohl und Neeb in Exkursionen das Potential, die Verständnisintensität für komplexe ökosystemare Zusammenhänge zu evozieren.

Zeit	• 1–2 Stunden: Unterrichtsgang, Lehr- und Lerngang • Halb- oder ganztags: Wanderung • Mehrtägig: Fahrt
Didaktischer Ort	• Einführung • Erarbeitung • Sicherung
Fachbindung	• Fachgebunden • Fächerübergreifend/-verbindend
Thematische Bindung	• Frei und situationsgebunden • Lernziel- und kompetenzbestimmt
Lerntheorie	• Kognitivistisch • Konstruktivistisch • Mischformen
Methode/Aktivität	• Übersichtsexkursion: Field teaching (Präsentation) • Arbeitsexkursion: Field research (Untersuchung)
Steuerung	• Gesteuert, lehrstoffzentriert • Selbstbestimmt, problemlösungsorientiert
Leitung	• Lehrkraft • Expertin/Experte • Schülerinnen/Schüler
Sozialform	• Klassenverband • Gruppenarbeit • Partnerarbeit
Fortbewegung	• Während Exkursion: Zu Fuß, mit dem Fahrrad • Zum Exkursionsziel: Zu Fuß, mit öffentlichen Verkehrsmitteln

Abb. 3: Zusammenfassende Klassifikation von Exkursionsformaten in der Geographiedidaktik

Klein stellt zwar fest, dass Exkursionen meist als fächerübergreifende Veranstaltungen charakterisiert werden können und die Exkursionsdidaktik daher im naturwissenschaftlichen Unterricht und nicht allein in der Geographie zu verorten sei (Klein 2010, S. 5 ff.). Auffällig ist dennoch, dass gerade die naturwissenschaftlichen Fächer kaum eigene, an ihre Fachkultur und ihr Fachverständnis angepasste Konzepte vorlegen, wie in Kapitel 5.2 noch aufgezeigt werden wird. Die aktuelle Geographiedidaktik zeichnet sich gegenüber diesen Fachdidaktiken dadurch aus, dass sie zum einen eigene didaktisch-methodische Prinzipien für die Exkursionsplanung deklariert, zum anderen eine Vielzahl von speziellen Methoden entwickelt, die im Rahmen von Exkursionen zum Einsatz kommen.

Weiterentwicklung der Konzepte

Das Lernen an außerschulischen Lernorten hat somit nicht nur einen festen Platz in der Geographiedidaktik, es kann sogar als wesentliches Element derselben bezeichnet werden. Einschränkend stellt Budke in Bezug auf aktuelle Entwicklungen allerdings fest, dass die »viele Jahrzehnte lang nahezu unangetastete Legitimation von Exkursionen in Unterricht und Studium durch Leitbegriffe wie ›Authentizität‹, ›originale Begegnung‹ und ›Realraumerfahrung‹ heute […] vor dem Hintergrund der Entwicklungen in der Fachwissenschaft sowie in der Fachdidaktik zunehmend in Frage gestellt« (Budke 2009, S. 11, Herv. i. O.) werde. Dies führt aber nicht dazu, dass Exkursionen ihren Platz im Geographieunterricht verlieren. Vielmehr werden Konzepte vor diesem Hintergrund weiterentwickelt und an den Stand der lernpsychologischen sowie allgemeindidaktischen Forschung angepasst, wie Ohl und Neeb (2012, S. 260 ff.) differenziert aufzeigen.

Geographische Lernortsdidaktiken

In Publikationen zur fachdidaktischen Forschung (vgl. Kapitel 6.1, S. 152 ff.) zeigt sich ebenfalls, dass in der Geographiedidaktik eine äußerst rege Diskussion um Exkursionskonzepte existiert: Verschiedene geographiebezogene Lernortsdidaktiken werden entworfen und auch in Abhängigkeit von fachwissenschaftlichen Raumkonzepten weiterentwickelt. So wurde beispielsweise das traditionelle Modell der *Überblicksexkursion*, bei der die Lehrerkraft den Schülerinnen und Schülern in darbietender Form einen ausgewählten außerschulischen Lernort präsentiert, bereits Anfang der 1980er Jahre abgelöst vom Konzept der problem- und handlungsorientierten *Arbeitsexkursion*. Inzwischen werden verstärkt Formate entwickelt, die eine sozialkonstruktivistische Perspektive aufgreifen. Unter diesem Vorzeichen wird beispielsweise ein Perspektivwechsel im Rahmen von Exkursionen angestrebt, um Raum als soziale Konstruktion begreifbar zu machen und die unterschiedlichen, auch eigenen Vorstellungen zu bewerten (Budke 2009, S. 14). Ohl und Neeb schlagen vor, kognitivistisch ausgerichtete Exkursionsmodelle mit konstruktivistischen zu verbinden, um die Stärken beider Konzepte zu nutzen und jeweilige Schwächen auszugleichen (Ohl/Neeb 2012, S. 272).

Ökonomische und technische Bildung

Ökonomische Bildung

In der Regel ist ökonomische Bildung, je nach Bundesland und Schulform, eingebettet in den Sach- oder Politikunterricht, in Gemeinschafts- oder Sozialkunde, in Arbeitslehre oder Fächerverbünde wie »Politik und Wirtschaft« (Hessen, alle Schularten), »Wirtschaft/Arbeit/Technik« (Bremen, alle Schularten) oder sogar gleichzeitig in zwei Fächerverbünde wie »Wirtschaft-Umwelt-Europa« sowie »Wirtschaft-Recht-Technik« (Thüringen, Regelschule). Gleichwohl existiert eine eigenständige Fachdidaktik ökonomischer Bildung, die den Anspruch hat, Schülerinnen und Schüler auf die Bewältigung »wirtschaftlich geprägte Lebenssituationen« (May 2012, S. 3) vorzubereiten.

Projekte, Betriebserkundungen, Betriebspraktika

May weist handlungsorientierten Verfahren dabei eine besondere Bedeutung zu: Neben Fallstudien, dem Rollen- und dem Planspiel zählen hierzu Projekte, Betriebserkundungen sowie Betriebspraktika. Besonders die von ihm propagierte *aspekthafte Betriebserkundung* stelle ein didaktisches Instrument dar, um »die wirtschaftliche Realität in den Unterricht hereinzuholen« (May 2012, S. 102).

Aspekte der Betriebserkundung

Eine Betriebserkundung könne unter drei verschiedenen Vorzeichen stattfinden: Der *berufskundliche Aspekt* von Betriebserkundungen dient der Vorbereitung auf das Berufsleben. Der *funktionale Aspekt* verfolgt das Ziel, dass Schülerinnen und Schüler »wirtschaftlich-technische und organisatorische Abläufe und Zusammenhänge eines Betriebs kennenlernen« (May 2012, S. 103). Unter dem *sozialen Aspekt* schließlich sollen beispielsweise betriebliche Arbeitsbedingungen oder Interessenvertretungen erkundet werden.

Phasen der Betriebserkundung

May, der gezielte Erkundungsaufgaben mit Beobachtungsaufträgen und Fragekatalogen für eine Betriebserkundung voraussetzt, unterteilt eine solche in drei Phasen: An die *Vorbereitungsphase* schließt sich die *Durchführungsphase* an, die sich in Einführung, Erkundung und Abschlussgespräch gliedert. Während der *Auswertungsphase* findet die Präsentation der Ergebnisse, deren Analyse, Weiterführung bzw. Ergänzung sowie das Verfassen eines Berichts statt (May 2012, S. 104 ff.). May unterscheidet weiter zwischen *Gruppen-, Allein-* sowie *Klassenerkundungen*, differenziert also nach der Sozialform.

Praxiskontakte

Kaiser und Kaminski entwerfen ein eigenes Konzept der Praxiskontakte, bei dem die Vermittlung von Fachkompetenz im Fokus steht. Praxiskontakte werden dabei strukturiert in *erfahrene Realität* (z. B. in Form von Betriebserkundungen), *vermittelte Realität* (z. B. in Form von Expertinnen- bzw. Expertengesprächen) sowie *simulierte Realität* (z. B. in Form von Plan- und Rollenspielen) (Kaiser/Kaminski 2012, S. 247). Erkundungen dienten vor allem dazu, über »sinnlich konkrete Wahrnehmungen, soziale Kontakte und praktische Erfahrungen« ökonomische Lerninhalte »durchschaubar, nachvollziehbar und einsehbar« (Kaiser/Kaminski 2012, S. 248) zu machen.

Betriebserkundungen

Dass Betriebserkundungen ein wichtiges Element moderner ökonomischer Bildung darstellen, wird bei vielen Autorinnen und Autoren deutlich (vgl. z. B. Kaminski 1999; S. 89 ff.; Piorkowsky 2011, S. 37).

Fazit

Es kann festgestellt werden, dass außerschulische Lernorte in der Ökonomiedidaktik vor allem im Rahmen von Betriebserkundungen und Betriebspraktika einen hohen Stellenwert einnehmen. Die früher propagierte Betriebsbesichtigung wurde im Rahmen fachdidaktischer Forschung und Diskussion weiterentwickelt zur Betriebserkundung, für die klare methodisch-didaktische Rahmenlinien proklamiert werden. Somit existiert in der Ökonomischen Bildung ein spezielles Konzept des Lernens an außerschulischen Lernorten, dass man mit »Betriebserkundungsdidaktik« überschreiben könnte. Ähnliches gilt auch für Betriebspraktika.

Technische Bildung

Gleiches kann von der Didaktik Technischer Bildung nicht behauptet werden: Technikbezogene Erkundungen haben historisch wie aktuell zwar durchaus einen Platz im Unterricht, wie sich in der Zusammenschau technikdidaktischer Konzepte bei Schmayl (2013) zeigt. Ein eigenständiges Konzept, in dem Produktionsstätten, Maschinenanlagen, Schülerinnen- bzw. Schülerlaboratorien oder Ähnliches unter fachlichen Gesichtspunkten aufsucht werden, zeigt sich in der analysierten Grundlagenliteratur allerdings nicht. Selbst in der Veröffentlichung »Konzepte und Effekte außerschulischer Lernorte in der technischen Bildung« (Bünning 2016) finden konkrete didaktisch-konzeptionelle Überlegungen kaum statt.

Lehr-Lernlabore

Schülerinnen- und Schülerlabore, die oft an Universitäten angesiedelt sind und auch Lernangebote zu technischen Phänomenen und Prozessen vorhalten, verfügen über unterschiedliche Programmatiken und didaktische Konzeptionen, die aber nicht der Technikdidaktik zuzuordnen sind und daher an dieser Stelle nicht weiter vertieft werden. Auf der Homepage (www.lernortlabor.de) des Bundesverbandes der Schülerlabore »Lernort Labor« (LeLa e.V.) finden sich umfassende Informationen über die Ziele, Ausrichtungen und Angebote verschiedener Standorte, die neben Technik auch die übrigen MINT-Fächer sowie Themen der Bildung für nachhaltige Entwicklung bedienen.

5.2 Natur und Umwelt

Unter dem Oberbegriff »Natur und Umwelt« werden die Unterrichtsfächer Biologie, Chemie und Physik gefasst. Als Querschnittsaufgabe wird außerdem die Umweltbildung und die Bildung für nachhaltige Entwicklung (BNE) in dieses Teilkapitel aufgenommen. Bildung für nachhaltige Entwicklung verbindet natur- mit sozialwissenschaftlichen (politischen, ökonomischen und kulturellen) Inhalten und setzt sie in einen interdependenten Bezug zueinander. Sie hätte also auch dem vorhergehenden, oder aber den nachfolgenden Teilkapiteln zugeordnet werden können. Da sie jedoch eng mit der Umweltbildung (früher: Umwelterziehung oder Ökologisches Lernen) verbunden, wenn nicht sogar aus ihr hervorgegangen ist, Ökologie wiederum einen festen thematischen Bestandteil des Biologieunterrichts darstellt, wird sie an dieser Stelle aufgeführt. Zusätzlich wird der Schulgarten als Grenzfall zwischen außerschulischem und schulischem Lernort aufgenommen, da er zum einen auf eine lange Tradition zurückblicken kann, zum anderen auch heute noch vor allem an vielen Grundschulen vorhanden ist.

Außerschulische Lernorte sind traditionell fest in die didaktischen Konzeptionen des Biologieunterrichts eingebunden. Ähnlich wie in der Geographie existiert eine Exkursionsdidaktik, die biologische Phänomene und ökologische Sachverhalte vor Ort zum Unterrichtsgegenstand macht.

Bildung für nachhaltige Entwicklung kommt ohne das Aufsuchen außerschulischer Lernorte nicht aus, will sie ihrem Anspruch, den Schülerinnen und Schülern nachhaltige Gestaltungskompetenz zu vermitteln, gerecht werden. Sie greift dabei vor allem auf vorliegende exkursionsdidaktische Konzepte aus der Geographie und Biologie zurück, begründet die Einbindung der Lernorte aber vor einem eigenen, bereichsspezifischen Hintergrund.

In den Fächern Physik und Chemie wird ein Lebensweltbezug dahingegen vornehmlich darüber hergestellt, dass aus dem Alltag bekannte Phänomene in das Schulhaus und in die Fachräume hineingeholt werden, um sie dort – isoliert von ihrem natürlichen Umfeld – einer Bearbeitung zugänglich zu machen.

Biologie

Systematisierung außerschulischer Lernorte

Mit der Einbindung von Orten außerhalb der Schule in den Unterricht folgt die Biologiedidaktik einer langen Tradition naturkundlichen Unterrichts, für den bereits Comenius (1657/2008) Naturerfahrung und Anschauung vor Ort forderte. In der aktuellen Biologiedidaktik werden außerschulische Biologielernorte in *Naturstandorte* wie Wälder oder Wiesen, *Betriebe* wie Gärtnereien oder Bauernhöfe sowie *didaktisch gestaltete Lernorte* wie Museen oder Umweltzentren unterschieden (Köhler 2012, S. 180 ff.).

Begründungen

Als wichtigstes Argument für das Aufsuchen außerschulischer Lernorte führt Köhler die originale Begegnung in einem »authentischen Wirklichkeitszusammenhang« (Köhler 2012, S. 180) an. Weiter nennt er die Möglichkeit von Primärerfahrungen, Handlungs- sowie Erlebnisorientierung, Motivation, sowie die Berücksichtigung sozialer und affektiver Lernziele. Killermann, Hiering und Strarosta sehen vor allem die Möglichkeit, »erfahrungsoffenes Schulleben« (Killermann/Hiering/Strarosta 2013, S. 94) zu fördern, das sowohl die Lernbedürfnisse und Interessen der Schülerinnen und Schüler berücksichtige, aber auch den fachlichen Ansprüchen gerecht werde. Ganzheitlichkeit, Lebensnähe sowie konkrete Praxis werden ebenso zur Begründung hinzugezogen wie die »multisensorische Naturerfahrung« (Killermann/Hiering/Strarosta 2013, S. 96), die außerschulische Lernorte böten. Lernprozesse gewännen generell an Bedeutung, »wenn sie erlebnisorientiert und mit Primärerfahrungen verbunden sind« (Killermann/Hiering/Strarosta 2013, S. 94).

Voraussetzungen und Bedingungen

Dabei muss das Aufsuchen eines außerschulischen Lernortes bestimmte Kriterien erfüllen: Die dort vermittelbaren Lerninhalte sollen repräsentativ und exemplarisch sein. Ein selbsttätiger, herausfordernder und problemorientierter Kompetenzerwerb müsse durch Beobachtung, Erkundung und Untersuchung erfolgen. Der organisatorische Aufwand dahingegen dürfe nicht zu hoch sein (Killermann/Hiering/Strarosta 2013, S. 95). Gefordert wird, dass ein Unterrichtsgang in engem Zusammenhang mit dem Unterricht im Klassenzimmer steht und dort auch vorbereitet wird. Für die Autoren dient das Aufsuchen außerschulischer Lernorte insgesamt eher der Anwendung und Vertiefung bereits im Klassenraum erworbener Kompetenzen und weniger der Einführung in ein Themengebiet, der Eruierung von Problemstellungen oder der grundständigen Erarbeitung von fachbezogenen Inhalten am außerschulischen Lernort selbst.

Einbindung in den Unterricht

Klassifikation

Ein- bis zweistündige Unterrichtsgänge werden unterschieden von halb- bis ganztägigen Lehrwanderungen (bzw. Halb- und Ganztagsexkursionen) und mehrtägigen Studienfahrten. Es findet also ähnlich wie in der Geographiedidaktik eine Kategorisierung statt, die in der Biologiedidaktik allerdings weit weniger ausgearbeitet ist.

Der Schulgarten als (außer)schulischer Lernort

Historische Einordnung

Auch wenn sich der Garten um das Schulhaus herum noch auf dem Schulgelände befindet und somit streng genommen nicht als *außer*schulischer Lernort zu bezeichnen ist (vgl. Kapitel 1), so kann Comenius' Forderung in seiner Didactica Magna von 1657, den Garten neben dem Schulhaus aufzusuchen, damit sich die Schülerinnen und Schüler »am Anblick der Bäume, Blumen und Gräser freuen können« (Comenius 1657/2008, S. 99), doch als erster Schritt einer Öffnung von Schule hin zum Aufsuchen außerschulischer Lernorte verstanden werden.

Historische Einordnung

August Hermann Francke gilt dann als Begründer des ersten, im Jahr 1695 eröffneten Schularbeitsgarten in Deutschland. Vor allem die Philanthropen Basedow, Campe und Trappe verfolgten diese Idee in der zweiten Hälfte des 18. Jahrhunderts weiter, um zum einen Anschauungsmaterial für den naturkundlichen Unterricht zu gewinnen, zum anderen, um die Gelegenheit für vielfältige Beobachtungen zu schaffen (Walder 2002, S. 9 ff.; Pehofer 2010, S. 37).

Gefühlsmäßiges Naturerleben und Persönlichkeitsbildung

Die Hoch-Zeit der Schulgartenbewegung fällt in die Zeit der Reformpädagogik, in der die »Bewegung vom Kinde aus« den Nutzen von Schulgärten vor allem darin sah, Kindern ein gefühlsmäßiges Erleben von Natur zu ermöglichen. In der von Kerschensteiner begründeten Arbeitsschulbewegung dienten Schulgärten vor allem dazu, über das selbsttätige, gemeinschaftliche Schaffen zur Persönlichkeitsbildung beizutragen (vgl. Walder 2002, S. 15), darüber hinaus dazu, die Möglichkeit zur Naturbeobachtung zu schaffen (vgl. Pehofer 2010, S. 37).

Unterrichtsfach Schulgarten

Während Schulgartenunterricht in der DDR reguläres Unterrichtsfach war, existierte (und existiert) ein solches in Westdeutschland nur an Waldorfschulen, an denen ab der sechsten Klassenstufe »Gartenbau« unterrichtet wird. Im öffentlichen Schulwesen ist Thüringen heute das einzige Bundesland, in dem es das reguläre Unterrichtsfach »Schulgarten« an Grundschulen gibt. Begründet wird der Schulgartenunterricht in Thüringen mit folgenden Hinweisen:

Begründungen

> *»Der Schulgartenunterricht der Grundschule leistet einen Beitrag zur Allgemeinbildung, indem er die Lernkompetenzen des Schülers erweitert, seine Erlebnisfähigkeit differenziert, soziale Verhaltensweisen entwickelt und erprobt sowie sein Selbstwertgefühl stärkt. Im Schulgartenunterricht werden die frühen Alltagserfahrungen des Schülers aus den naturwissenschaftlich-technischen, sprachlichen, ethisch-ästhetischen und motorisch-gesundheitlichen Bildungsbereichen aufgegriffen, vertieft, erweitert und systematisiert sowie Kompetenzen erworben, die für das Lernen im Schulgartenunterricht und darüber hinaus wichtig sind.«*
> *(Thüringer Schulportal 2017)*

Urban Gardening

Auch außerhalb Thüringens unterhalten vielen Schulen Schulgärten, die sich größtenteils auf dem Schulgelände befinden, zum Teil aber auch in fußläufiger Entfernung von der Schule gepachtet oder als Zentralschulgärten angelegt sind. Manche Schulklassen beteiligen sich auch an Projekten des Urban Gardening, bei dem Gemüse- und Blumengärten von sich für Nachhaltigkeit engagierenden Personen im öffentlichen Raum angelegt werden und von allen genutzt werden können, die Interesse daran haben (Müller 2011).

Schulgartendidaktik ist an vielen Hochschulen fester Bestandteil der Lehrerinnen- und Lehrerbildung im Rahmen des Sachunterrichts- und Biologiestudiums. Die Bundesarbeitsgemeinschaft Schulgarten e.V. unterhält eine Homepage (www.bag-schulgarten.de), auf der neben vielen Informationen und Kontaktadressen auch umfangreiche Literaturhinweise zu finden sind.

Umweltbildung und Bildung für nachhaltige Entwicklung

Umweltbildung geht aus den Konzepten der Umwelterziehung der 1970er Jahre hervor und ist traditionell in erster Linie Gegenstand des Biologieunterrichts, obwohl Themen der Umwelt und des Umweltschutzes auch in anderen Fächern wie Politik, Geographie, Ethik, Religion und Sport behandelt werden.

Umweltbildung

Ökologisches Lernen, so der allgemeine Konsens der Umweltbildung, verlangt danach, die Umwelt und damit auch den Raum außerhalb des Klassenzimmers als Lernort und Lernobjekt einzubeziehen. Das Aufsuchen außerschulischer Lernorte soll zum einen Primärerfahrungen ermöglichen, die als Initiatoren für Umweltbildung angesehen werden. Zum anderen wird die affektive, motivationale Komponente außerschulischer Lernorte betont, die den umweltbezogenen Wissenserwerb erleichtere und letztlich verantwortungsvolles Umwelthandeln ermögliche (Dziewas/Stachelscheid 2005, S. 173).

Bildung für nachhaltige Entwicklung

Auch wenn Umweltbildung heute noch immer als eigenständiger Bildungsansatz gelten kann, so geht sie inzwischen doch mehr oder weniger im Konzept der Bildung für nachhaltige Entwicklung (BNE) auf. Bildung für nachhaltige Entwicklung hat zum Ziel, Schülerinnen und Schüler »zur aktiven Gestaltung einer ökologisch verträglichen, wirtschaftlich leistungsfähigen und sozial gerechteren Umwelt unter Berücksichtigung globaler Aspekte, demokratischer Grundprinzipien und kultureller Vielfalt zu befähigen« (Kuke 2013, S. 2). Neben fachlich-sachlichen sowie interdisziplinären Kompetenzen müssen Schülerinnen und Schüler hierzu personale Kompetenzen wie vorausschauendes Denken und autonomes Handeln, aber auch die Bereitschaft und Fähigkeit zur Partizipation an gesellschaftlichen Entscheidungsprozessen erlangen (Deutsche UNESCO-Kommission 2016).

Lernorte und Lernsettings

Außerschulische Lernorte sind in den Konzeptionen der BNE dabei fest verankert. So werden beispielsweise für das Unterrichtsthema »Artenvielfalt« »Botanische und Zoologische Gärten, Forschungseinrichtungen, (Schul-)Bauernhöfe, konsumkritische Stadtführungen unter der spezifischen Perspektive biologischer Vielfalt sowie Erkundungen auf lokalen/regionalen Wochenmärkten« (Henze/Kruse-Graumann 2013, S. 36) als Lernorte und Unterrichtssettings vorgeschlagen, um konkrete Handlungsoptionen zu entwickeln und zu diskutieren.

Lernformen

Hauenschild betont in Bezug auf BNE als Teil des mehrperspektivischen Sachunterrichts die Komplexität der damit verbundenen Inhalte und Ziele. Gerade im Hinblick auf den Erwerb von Gestaltungskompetenz hält sie es für unwahrscheinlich, dass »ein rein kognitiv ausgerichteter Unterricht« (Hauenschild 2014, S. 137) zielführend sei. Sie plädiert für individualisierende, konstruktivistisch orientierte Lernarrangements und Methoden, unter die sie u. a. Erkundungen sowie generell das Einbeziehen außerschulischer Lernorte fasst (Hauenschild 2014, S. 138). Auch die Bund-Länder-Kommission für Bildungsplanung und Forschungsförderung (heute: Gemeinsame Wissenschaftskonferenz) fordert für BNE innovative Lernformen wie Projektarbeit und Umwelterkundungen, um die angestrebten komplexen Ziele zu erreichen (BLK 1998, S. 33 ff.).

Lokale und emotionale Zugänge

Über das Aufsuchen außerschulischer Lernorte können vor allem lokale Bezüge zu den in der Regel sehr komplexen Themenfeldern der BNE hergestellt werden (Henze/Kruse-Graumann 2015, S. 38). Die unmittelbare Naturerfahrung schaffe darüber hinaus einen emotionalen Zugang zur Natur, sie gebe Anlass, Fragen zu stellen und diesen nachzugehen, und sie fördere das Verständnis um die Bedeutung von Natur im lokalen wie globalen Kontext (Kohler 2014, S. 45). Dies gilt im Übrigen nicht nur für den Bereich des Naturerlebens, sondern auch für andere in der BNE verankerte Themengebiete wie beispielsweise die nachhaltige Stadtentwicklung oder Friedensfragen.

In Projektbeschreibungen und Handreichungen zur BNE setzen sich diese Argumentationslinien fort. Es werden vor allem zwei Aspekte betont: Der emotionale Zugang zu einem Thema, der über Realbegegnungen geschaffen werden soll, sowie Bezüge zur lokalen Lebenswelt der Schülerinnen und Schüler, die auf diese Weise hergestellt werden können. Gerade letztere sind entscheidend, da mit der Bildung für nachhaltige Entwicklung erreicht werden soll, »dass Menschen ein Bewusstsein dafür entwickeln, dass die natürlichen Lebensgrundlagen nicht nur zu schützen sind, sondern vor allem in unserem alltäglichen Leben und in der Art unseres Wirtschaftens verantwortlich genutzt werden müssen« (Stoltenberg 2008, S. 73).

Öffnung zum regionalen Umfeld und zur Lebenswirklichkeit

Die gemeinsame Empfehlung »Bildung für nachhaltige Entwicklung in der Schule« der Ständigen Konferenz der Kultusminister der Länder in der Bundesrepublik Deutschlang (KMK) und der Deutschen UNESCO-Kommission (DUK) spricht in diesem Zusammenhang von Schule als erweitertem Lernort, der mit einer »Öffnung der Schule zum regionalen Umfeld und zur Lebenswirklichkeit der Schüler und Schülerinnen« (KMK/DUK 2007, S. 3) einhergehe. Wenn Schülerinnen und Schüler vor Ort Erfahrungen machen und erleben, wie verantwortungsbewusst und nachhaltig mit Ressourcen umgegangen werden kann und dies darüber hinaus als sinnhaft erleben, ist davon auszugehen, dass sie diese Erkenntnisse auch in die eigene Alltagspraxis, die sich an denselben Orten wie den aufgesuchten abspielt, integrieren und kein »träges« Wissen, sondern Gestaltungskompetenz entwickeln.

Weiterführende Informationen

Informationen, Anregungen zur Umsetzung der BNE sowie Praxisberichte finden sich auf der Homepage der UNESCO (http://en.unesco.org/themes/education-sustainable-development), auf den Seiten der Deutschen UNESCO-Kommission (www.bne-portal.de), im Portal des Programms Transfer-21 (www.transfer-21.de), auf dem Schweizer Portal www.education21.ch/de/home oder auf der Homepage des österreichischen Netzwerks für Schule und Umwelt (www.oekolog.at).

Physik und Chemie

Anders als die Biologiedidaktik verfügen weder das Unterrichtsfach Physik noch Chemie über eine vergleichbare Tradition, Räume außerhalb des Schulgebäudes in den Unterricht einzubeziehen. Unterricht findet weitestgehend in eigens ausgestatteten Fachräumen statt, in denen chemische wie physikalische Phänomene – isoliert von der komplexen natürlichen Umgebung – gezielt untersucht, bearbeitet und gegebenenfalls in Modelle transferiert werden. Dies spiegelt sich auch in aktuellen Veröffentlichungen zur Physik- und Chemiedidaktik wider, in denen sich nur sehr eingeschränkt Hinweise zu außerschulischen Lernorten finden lassen (vgl. z. B. Mikelskis 2010; Wiesner/Schecker/Hopf 2011).

Schülerinnen- und Schülerlabore

Als außerschulische Lernorte werden, wenn überhaupt, dann vor allem Schülerinnen- und Schülerlabore angeführt (vgl. z. B. Kircher/Girwidz/Häußler 2015). Diese speziellen, didaktisierten Räume versprächen »vielfältige Lernanreize und komplementäre Möglichkeiten zur Anreicherung und Ergänzung des Unterrichts vor allem in Bezug auf authentische, lebensweltbezogene naturwissenschaftlich-technische Themenfelder und Arbeitsweisen« (Euler/Schüttler/Hausamann 2015, S. 760). Das Lernen an diesen Lernorten wird somit nicht als Teil des Unterrichts, sondern als komplementäres Angebot oder zu dessen Vertiefung verstanden.

Praxisbeispiele

In Unterrichtszeitschriften für Lehrkräfte sind außerschulische Lernorte dagegen durchaus präsent, wie z. B. im Themenheft »Außerschulische Lernorte« der Zeitschrift »Naturwissenschaften im Unterricht. Physik« (2014). Neben dem fachlichen wird in diesem Heft vor allem das informelle Lernen an außerschulischen Lernorten in den Mittelpunkt gestellt. Als potentielle Exkursionsziele werden – jenseits von Lernlaboratorien oder Museen – Industriedenkmäler, Bauernhöfe, Sport- und Freizeitorte sowie Burgen einbezogen (Stäudel 2014, S. 23 ff.). Auch der Besuch von Sternwarten und außerschulischen Lernorten ohne Bildungsauftrag, wie Spielplätze, Schwimmbäder, Krankenhäuser und Fitnessstudios, wird vorgeschlagen (Wodzinski 2014, S. 32 ff.).

Sieht man vom Besuch von Lernlaboren oder Science Centern einmal ab, so kann insgesamt dennoch festgestellt werden, dass das Lernen an außerschulischen Lernorten in der Physikdidaktik nur eine marginale Rolle spielt.

In Publikationen der Chemiedidaktik werden außerschulische Lernorte ebenfalls kaum thematisiert (vgl. z. B. Barke 2006). Es wird zwar gefordert, »Alltag und Lebenswelt der Schüler« in den Chemieunterricht zu integrieren, um »die erforderliche begriffliche Struktur auch intrinsisch motiviert zu vermitteln« (Barke et al. 2015, S. 50). Damit wird aber vor allem verbunden, aus dem Alltag bekannte chemische Produkte in der Schule zu untersuchen bzw. chemische Prozesse im Laborraum zu erforschen, also nicht dort, wo diese real existieren oder in der natürlichen Umgebung stattfinden. Vor allem das Experimentieren im Klassenraum wird als wirkungsvolle methodisch-didaktische Konzeption betrachtet (vgl. z. B. Nerdel 2017; Reiners 2017).

Betriebserkundungen

Im Zusammenhang mit einem der Ziele des Chemieunterrichts, nämlich sachliche Kritik zu üben und zu Verhaltensänderungen zu animieren, werden allerdings »vorbereitete Exkursionen zu Betrieben wie Kläranlage, Recycling-Station oder Mülldeponie« genannt, die geeignet seien, »vorgefasste Meinungen zu revidieren und neue Vorstellungen zu entwickeln« (Barke et al. 2015, S. 265). Dieselben Exkursionsorte werden auch unter »Methoden zu Vermittlungsprozessen« (Barke et al. 2015, S. 281) gefasst, darüber hinaus wird die Entnahme von Boden- oder Wasserproben im Rahmen eines handlungsorientierten Unterrichts genannt. Unterrichtsgänge zu Kohlekraftwerken oder Müllverbrennungsanlagen schlagen Pfeifer, Lutz und Bader vor, denn nur durch Realbegegnungen könnten Schülerinnen und Schüler realistische Vorstellungen entwickeln (Pfeifer/Lutz/Bader 2002, S. 63).

Auch in Tagungsbänden wie beispielsweise im Jahrestagungsband der Gesellschaft für Didaktik der Chemie und Physik (Bernholt 2012) finden sich vereinzelt Beiträge, die sich mit dem Lernen in Lehr-Lern-Laboren auseinandersetzen, Universitäten als Lernort betrachten (Ertl et al. 2012, S. 125 ff.) oder fachdidaktische Exkursionskonzepte thematisieren (Niesel/Komorek 2012, S. 410 ff.).

Fazit

Fasst man die Ergebnisse der Analyse für die Fächer Physik und Chemie zusammen, so kann festgestellt werden, dass außerschulische Lernorte in beiden Didaktiken eine sehr untergeordnete Rolle spielen. Die wenigen vorgefundenen Hinweise sprechen dafür, dass es beim Besuch außerschulischer Lernorte im Physik- und Chemieunterricht vor allem darum geht, den Alltagsbezug der Wissenschaften für die Schülerinnen und Schüler sichtbar zu machen. Eine fachspezifische Konzeption dazu, wie dieser Anspruch didaktisch und methodisch umgesetzt werden kann, zeigt sich kaum.

5.3 Sachunterricht

Moderner Sachunterricht zeichnet sich durch sein interdisziplinäres Verständnis aus, das neben der natur- und sozialwissenschaftlichen Perspektive zusätzlich eine geographische, historische sowie technische Perspektive gesondert ausweist. Wo immer möglich, werden Unterrichtsthemen perspektivenübergreifend bearbeitet.

Interdisziplinarität und Kindgemäßheit

Der Sachunterricht verfügt über eine eigene, sich von den Bezugsdisziplinen unterscheidende Didaktik, die vor allem den Anspruch der Interdisziplinarität und den der Kindgemäßheit verfolgt. Das Spannungsverhältnis zwischen Lebenswelt- und Wissenschaftsbezug wird dabei als ständige Herausforderung betrachtet, der unter anderem auch mit der Verankerung außerschulischer Lernorte in die Konzeption des Faches begegnet wird (vgl. Kapitel 3.1; Kapitel 3.2).

Traditionelle Verankerung außerschulischer Lernorte

Schon traditionell spielen außerschulische Lernorte eine bedeutende Rolle im Sachunterricht: Sowohl das *Erkunden des heimatlichen Nahraumes* als auch der *Anschauungsunterricht* waren wesentliche Bestandteile der Heimatkunde, aus dem der moderne Sachunterricht hervorgegangen ist. Bereits in der Darstellung einer der ersten Sachunterrichtskonzeptionen beschreibt Lichtenstein-Rother in den 1950er Jahren Unterrichtsgänge als ein Kernelement eines Sachunterrichts, dessen Aufgabe es sei, »Erfahrungen und Erlebnisse zu vermitteln und die Kinder zu einer ersten Klärung und Ordnung dieser Erfahrungen zu führen, sie dabei in den Ausdrucksmöglichkeiten zu fördern und sachgemäße Darstellungsweisen anzubahnen« (Lichtenstein-Rother 1969, S. 153). In veränderter Form und mit veränderter Bedeutungsbelegung sind diese Orientierungen auch heute noch relevant.

Methoden

Befragungen, Beobachtungen und Recherchen vor Ort gehören zum festen methodischen Repertoire des Sachunterrichts, um sich beispielsweise »über unterschiedliche Lebensstile, kulturelle Praktiken oder Werte« (GDSU 2013, S. 33) zu informieren. Die natürliche und bebaute Umgebung soll erschlossen werden, indem Schülerinnen und Schüler sich in dieser »aktiv-entdeckend bewegen [...], Beobachtungen vornehmen, Daten erheben, kartieren, Personen befragen und ihre Ergebnisse darstellen« (GDSU 2013, S. 49).

Geographische Perspektive

Die geographische Perspektive verlangt nach Arbeitsformen, die direkt im Gelände, also am außerschulischen Lernort stattfinden. Sie reichen von überschaubaren eigenen Erkundungsvorhaben beispielsweise zur örtlichen Wasserversorgung (GDSU 2013, S. 49) über die Orientierung im Realraum mit Hilfe von Ortsplänen (GDSU 2013, S. 50; Schönknecht

2011, S. 227) bis hin zur Beobachtung und Dokumentation von Veränderungen in der näheren Umgebung (GDSU 2013, S. 55).

Köhnlein betont die Bedeutung von exemplarischen, »unmittelbar erfahrbaren Beispielen« (Köhnlein 2012, S. 376), von denen ausgehend allgemeine geographische Erkenntnisse erarbeitet werden können. Er stellt beispielsweise die Erkundung von Wegen im Wohnumfeld der Auseinandersetzung mit Karten voran. Aus sozialgeographischer Perspektive schlägt Adamina vor, Lernende »*zum eigenständigen Erkunden* ihrer natürlichen, kulturellen und gesellschaftlichen Umwelt« anzuregen (Adamina 2014, S. 90, Herv. i.O.). Dies könne beispielsweise über das Arrangieren von Begegnungen »mit Menschen an ihren Lebens- und Arbeitsstätten« (Adamina 2014, S. 91) geschehen.

Historische Perspektive

Unter der historischen Perspektive wird die Rolle von aktuellen bzw. lokalen Themen der Geschichtskultur als Einstiegsimpuls und Lernanlass betont: Ein Gang durch die Stadt werfe bei den Schülerinnen und Schülern Fragen auf, denen im Unterricht weiter nachgegangen werden könne (Reeken 2014, S. 112). Auch die Entwicklung von Geschichtsverständnis erfordere das Erkunden von (originalen oder rekonstruierten) historischen Objekten sowie die Auseinandersetzung mit Gegenständen und früheren Techniken an außerschulischen Lernorten. Dies gebe »authentische, oftmals exemplarische Einblicke in vergangene Lebensverhältnisse« und könne »zu Kristallisationspunkten für Geschichtsverständnis werden, insbesondere dann, wenn im Unterricht die weiteren Entwicklungen bis in die Gegenwart (orientierend) verfolgt werden« (Köhnlein 2012, S. 363).

Technische Perspektive

Die technische Perspektive legt den Besuch außerschulischer Lernorte wie Wind- und Wassermühlen oder Bäckereien nahe, um »technische Funktionen und Herstellungsprozesse vor Ort« (GDSU 2013, S. 66) zu erkunden und zu analysieren. Im Zusammenhang mit dem Themenbereich »Arbeitsstätten und Berufe« wird explizit die »Erkundung verschiedener Arbeitsstätten in der Umgebung« (GDSU 2013, S. 70) gefordert, und zwar in Verbindung mit bestimmten, auf den Erwerb von Methodenkompetenz zielenden Arbeits- und Handlungsweisen wie beispielsweise die Vorbereitung der Erkundung und die Entwicklung von Fragen durch die Schülerinnen und Schüler selbst.

Erkundung von Arbeitsstätten

Ökonomisches Lernen

Für das ökonomische sachunterrichtliche Lernen konstatiert Feige, dass gerade im Konzept der Wirtschaftlichen Heimatkunde in den 1950er und 60er Jahren außerschulischen Lernorten eine größere Bedeutung zukam. Auch in der aktuelleren Konzeption »Ökonomische Bildung als wirtschaftliches Lernen« haben handlungsorientierte sowie außerschulische Aktivitäten einen festen Platz (Feige 2008, S. 115 f.).

Mobilitätsbildung

Die Mobilitätsbildung (früher: Verkehrserziehung) ist weiterer Teil des Sachunterrichts. Hier kann man vier Themenfelder unterscheiden: (a) Schulweg, Wohnumgebung und Stadtteilerkundung, (b) Fahrrad, (c) Umwelt und Verkehr sowie (d) Bus und Bahn. Für alle Bereiche macht Spitta Möglichkeiten des Lernens an außerschulischen Orten aus: Bei einer Stadtteil-Fotosafari und Spielplatzerkundung, bei der Untersuchung von Gehwegen und Kreuzungsbereichen und damit einhergehender Gefahrendokumentation, bei Verkehrszählungen vor der Schule, bei Hörspaziergängen zu Lärmquellen, beim Erkunden des Nahverkehrs im Schulumfeld (Spitta 2014, S. 155 ff.). Spitta begründet das Aufsuchen außerschulischer Lernorte vor allem mit dem Argument einer veränderten Kindheit, die den Schülerinnen und Schülern ein Raumerleben im außerschulischen Alltag vielfach nicht erlaube (Spitta 2014, S. 153).

Verknüpfung der Perspektiven

Moderne Sachunterrichtsdidaktik betont die Verknüpfung der verschiedenen Perspektiven: Naturgeographische Phänomene wie Lebensräume von Tieren und Pflanzen werden nicht nur unter der geographischen Perspektive betrachtet, sondern auch unter der biologisch-naturwissenschaftlichen oder unter der sozialwissenschaftlich-politischen, wenn beispielsweise Tiere und Pflanzen bestimmt und gleichzeitig der Flächenverbrauch für Siedlungsbau und die Auswirkungen auf Mensch, Tier- und Pflanzenwelt vor Ort thematisiert werden (Adamina 2014, S. 84 f.).

Lokalität, Echtheit und Lebensnähe

Bildung für Grundschülerinnen und Grundschüler müsse »vom Lokalen zum Globalen ausgerichtet sein und aufeinander aufbauen« (Sauerborn/Brühne 2007, S. 25). Im Gegensatz zum Unterricht im Klassenzimmer, in dem Inhalte vorstrukturiert und didaktisch reduziert werden, weist sich Lernen am komplexen, ungefilterten außerschulischen Lernort durch »Echtheit und Lebensnähe« (Kohler 2007, S. 482) aus, was das Lernen für die Schülerinnen und Schüler subjektiv bedeutsam mache und zur Entwicklung lebensweltbezogener Strategien zur Problembewältigung führe (Kohler 2007, S. 484).

Entwicklung von Vorstellungen

Die originäre Sachbegegnung ist bedeutsam für die Entstehung prägender Vorstellungen von der Sache, die den weiteren Lernprozess der Schülerinnen und Schüler beeinflussen (Nießeler 2015a, S. 441). Vielfach ermöglicht erst die Realbegegnung mit einer Sache, einem Phänomen oder Prozess die Entwicklungen von konkreten Vorstellungen, auf deren Grundlage Wissen aufgebaut werden kann. Es gilt also, solche (ersten) Begegnungen im Rahmen des Sachunterrichts zu ermöglichen. Daneben können angeleitete Realbegegnungen aber auch dazu dienen, bereits vorhandene Vorstellungen zu überprüfen, gegebenenfalls zu modifiziert und für weitere Lernprozesse anschlussfähig zu machen.

Exemplarisches Lernen am Regionalen

Für das exemplarische Lernen am Regionalen, die Dingbegegnung in deren natürlichem Kontext, das Ermöglichen von phänomen- und themenorientierten sowie perspektivübergreifenden Erfahrungen, die Interessenförderung und Bearbeitung von Kinderfragen drängten sich Lernorte mit wie ohne didaktischem Konzept außerhalb des Schulgeländes geradezu auf (Blaseio 2016, S. 267 ff.).

Fachspezifische Methoden

Auch das Einüben sachunterrichtsspezifischer Arbeitsweisen wie das Sammeln, Ordnen und Bestimmen, das Beobachten oder die Anfertigung von Sachzeichnungen sprechen für das Aufsuchen außerschulischer Lernorte (Blaseio 2016, S. 273 ff.). Generell wird in Bezug auf den Erwerb sachunterrichtsspezifischer und überfachlicher methodischer Kompetenzen dem Lernen vor Ort eine hohe Bedeutung zugemessen (Schönknecht 2008a). Hier sind unter anderem die Expertinnen- bzw. Expertenbefragungen auch außerhalb des Klassenzimmers sowie die Übernahme von Bach-, Baum-, Wiesen- sowie Wegrandpatenschaften zu nennen (Kaiser 2014, S. 276 ff.).

Fazit

Sichtbar wird in der Didaktik des Sachunterrichts das Bestreben, Schülerinnen und Schülern über das Aufsuchen außerschulischer Lernorte ein alltagsbezogenes Weltverstehen zu ermöglichen, ohne dass Inhalte zuvor in didaktisch aufbereitete »Teilwirklichkeiten« (Burk/Claussen 1998, S. 18) segmentiert werden. Der außerschulische Lernort dient nicht allein der Veranschaulichung einer bestimmten Sache oder eines Prozesses, sondern der Vermittlung bestimmter Denk-, Arbeits- und Handlungsweisen, die notwendige Kompetenzen für die aktuelle und zukünftige Alltagsbewältigung der Kinder darstellen. Für den Sachunterricht als einem zentralen Lernbereich der Grundschule ist das Lernen vor Ort auch für die Förderung von Selbstbestimmungs- Mitbestimmungs- und Solidaritätsfähigkeit konstitutiv.

Vor allem für die geographische, historische und technische Perspektive sowie im Rahmen der Mobilitätsbildung haben außerschulische Lernorte einen festen Platz in den sachunterrichtlichen Konzepten. Parallelen zu den Bezugswissenschaften und deren Didaktiken sind erkennbar. Allerdings sind die Begründungszusammenhänge und Zielsetzungen, die sich vor allem aus allgemeindidaktischen, lernpsychologischen und sozialisationstheoretischen Überlegungen sowie aus dem Hinweis auf perspektivbezogene Arbeitsweisen speisen, durchaus unterschiedlich. Eine bedeutende Rolle in der Argumentation spielt der Lebensweltbezug, da sich der Sachunterricht die Aufgabe stellt, Kindern ein Repertoire an Kompetenzen zur Verfügung zu stellen, mit dem sie sich ebenjene Lebenswelt – vor Ort und in der Welt – erschließen können. Um diesen Anspruch einzulösen, werden Lernaktivitäten innerhalb und außerhalb des Klassenzimmers schon beinahe selbstverständlich didaktisch eng miteinander verzahnt. Als weitere Besonderheit der sachunterrichtlichen Lernortsdidaktik kann gelten, dass vor allem das Aufsuchen von solchen Lernorten betont wird, die keinen spezifischen Bildungsauftrag verfolgen und nicht didaktisiert sind: Nicht der botanische Garten mit seinen pädagogischen Arrangements für Schulklassen, sondern eine nahe gelegene Wiese oder eine Hecke stellen konzeptionell den bevorzugten Lernort dar.

5.4 Kultur und Religion

Die Unterrichtsfächer Kunst, Musik, Sport sowie Religion sind Gegenstand des Kapitels »Kultur und Religion«. Es wird ergänzt um die Museumspädagogik, die auch anderen Teilkapiteln zugeordnet werden könnte: Museumsbesuche haben ebenso im Rahmen des Geschichts-, Biologie-, Technik-, Sach- oder des Deutschunterrichts einen Platz im Schulalltag.

Die Kunstdidaktik kann differenzierte, dabei immer auch fachspezifisch begründete didaktische Konzepte zum Lernen am außerschulischen Lernort vorweisen. Dabei werden sowohl die Rezeption von Kunst als auch deren Produktion in den Überlegungen berücksichtigt. Eine außerschulisch entwickelte Konzeption mit eigenständigen didaktischen Überlegungen liegt mit der Museumspädagogik vor (S. 135 ff.). Im Fach Musik spielen außerschulische Lernorte dahingegen keine nennenswerte Rolle (S. 138 f.). In der Sportdidaktik werden Orte außerhalb des Schulgeländes zwar an verschiedenen Stellen zumindest erwähnt, jenseits von Verweisen zu Trendsportarten oder Naturbegegnungen ist ihnen aber ebenfalls ein nur marginaler Stellenwert zu eigen (S. 139 ff.). Die Religionsdidaktik verfügt im Gegensatz dazu mit der von ihr entwickelten Kirchen(raum)pädagogik über ein eigenständiges fachspezifisches Konzept, das als integrierter Bestandteil der allgemeinen Religionsdidaktik speziell für das Aufsuchen sakraler Räume entwickelt wurde und in differenzierter Weise methodische Wege der Umsetzung aufzeigt (S. 141 ff.).

Kunst

Historische Traditionen

Außerschulische Lernorte wurden im Rahmen des Kunstunterrichts erstmals im Rahmen der reformpädagogischen Kunsterziehungsbewegung Anfang des 20. Jahrhunderts aufgesucht: In der Natur wurden Wahrnehmungsübungen durchgeführt, um auf dieser Grundlage gegenständlich zu zeichnen. In der Hamburger Kunsthalle bot Alfred Lichtwark erstmals Kunstbetrachtungen für Kinder im Museum an (Peez

2002, S. 66). Außerschulische Lernorte wurden zur Kunstproduktion wie zu deren Rezeption in den Unterricht einbezogen.

Kunstvermittlung im Museum

Heute ist vor allem die Kunstvermittlung vor dem Originalwerk im Museum im Kunstunterricht fest verankert. Dabei wird unter anderem das Verständnis des Kunstwerks als ästhetisches Objekt in einem Ausstellungskontext betont. In einer Analyse von museums- und kunstpädagogischen Ansätzen der (Kunst-)Vermittlung im Museum von Hofmann (2016) zeigen sich sehr unterschiedliche Konzeptionen, die sich in ihrem Verständnis, aber auch in ihrer didaktischen Ausrichtung zum Teil widersprechen.

Pädagogische Kunstkommunikation

Hofmann plädiert für eine Neubestimmung der Kunstvermittlung im Museum als »Pädagogische ›Kunstkommunikation‹«, bei der unter anderem der Unterschied zwischen Vermittlung und (konstruktivistisch verstandener) Aneignung betont wird. Die Kommunikation »anlässlich von Kunst, mit Kunst und durch Kunst« verändere sich dabei durch »materiell präsente Kunstwerke« (Hofmann 2016, S. 120).

Methoden

Schoppe wirbt dahingegen für einen handlungsorientierten Zugang zu Kunstwerken im Museum: Seine Methodenvorschläge reichen vom Gang durch ein Museum in der Rolle der Kunstkritikerin bzw. des Kunstkritikers über die szenische Nachstellung von Gemälden bis hin zur Erfindung von zu Bildern passenden Geräuschen (Schoppe 2013, S. 85 ff.).

Raum und Architektur

Im Rahmen der originalen Begegnung mit Bauwerken sollen Räume erlebt werden, »indem man sie begeht und vor Ort über das redet, was einem an Architektur auffällt« (Richter 2016, S. 14). Die Vermittlung architekturspezifischer, körperlicher Erfahrungen könne über bildliche Darstellungen kaum erreicht werden (Bering et al. 2013, S. 210). Obwohl viele zentrale Aspekte von Architektur auch im Schulgebäude selbst oder in dessen unmittelbarer Umgebung erlebt werden können, wird für »außerschulischen Unterricht und Exkursionen, begleitet von Zeichenblock und Fotoapparat oder Videokamera« (Bering et al. 2013, S. 214), plädiert. Kirchner und Kirschenmann schlagen eine erste Auseinandersetzung mit Architektur im Schulhaus vor, erweitern den Radius der Erkundungen dann aber sukzessive. Der auch politische Anspruch von Kunstunterricht zeigt sich, indem sie vorschlagen, ein Gebäude mit Großraumbüros unter dem Aspekt »Hierarchien versus Egalisierung« (Kirchner/Kirschenmann 2015, S. 149) zu erkunden.

Site-Specific Performances

»Site-Specific Performances« sind performative Aktionen, bei denen der eigene Körper als Gestaltungselement in einen vorgefundenen Ort einfügt wird. Sie haben ebenfalls eine politische Konnotation: Im Rahmen solcher Aktionen »können Schülerinnen und Schüler mit dem primären Werkzeug und Medium ihres Körpers einen öffentlichen Raum erkunden, besetzten, markieren und neu definieren« (Kirchner/Kirschenmann 2015, S. 142). Dabei geht es um sinnliche Wahrnehmung und ästhetisches Erleben von Raum und Ort sowie darum, öffentliche Plätze »zurückzuerobern«, sie menschlich zu machen und zu demokratisieren.

Erforschung des Lebensumfelds

Die Erforschung des visuell gestalteten Lebensumfelds beherberge das Potential, »Problemlösefähigkeiten, das Entwickeln kreativer Ideen und analytisches Denken« (Kirchner/Kirschenmann 2015, S. 215) bei den Schülerinnen und Schülern zu fördern. Neben motivationalen Aspekten weist Fütterer auf Selbständigkeit, Sozialkompetenz, Netzwerkbildung sowie auf »Kompetenzen wie Erlebnisfähigkeit, Imaginationsfähigkeit und Experimentierfreude« (Fütterer 2016, S. 29) hin, die am außerschulischen Lernorten angestoßen werden können. Dies könne, so Fütterer, vor allem dann geschehen, wenn nicht nur gängige außerschulische Lernorte wie Museen aufgesucht werden. Er verweist auf den urbanen Raum und Spaziergänge in diesem, bei denen »*Raum und Ort als Lehrende*« (Fütterer 2016, S. 29, Herv. i.O.) wirken und ästhetische Bildungs- und Ideenprozesse angestoßen werden. Damit schließt er an das Konzept der Promenadologie an (vgl. Kapitel 3.3., S. 81 ff.).

Naturwahrnehmung

Eher an reformpädagogische Ideen orientieren sich die Vorschläge von Kirchner, die für das Sammeln von Naturstoffen wie Blüten oder Stöcken und deren Verwendung als Gestaltungselemente im Kunstunterricht plädiert: »Ästhetische Erfahrungen mit und in der Natur können dazu beitragen, die Naturwahrnehmung zu schärfen« und dazu anregen, »das Verhältnis des Menschen zur Natur auf verschiedenen Ebenen zu reflektieren« (Kirchner 2013, S. 27). Diese Position lässt sich auch in der aktuellen kunstdidaktischen Strömung der Ästhetischen Forschung bzw. der Künstlerischen Feldforschung wiederfinden, die danach strebt, Kindern im und durch Kunstunterricht »einen erfahrungsgeleiteten Zugang zur Natur« (Penzel 2013, S. 47) und zu ihrer Lebenswelt zu ermöglichen. Ästhetisches Erleben ist dabei Bindeglied zwischen Natur- und Kunsterfahrung, zwischen Anthropologie und Ökologie.

Ästhetische Forschung, Künstlerische Feldforschung

In der Kunstdidaktik zeigen sich damit vielfältige, innovative Konzepte, die die Partizipationsfähigkeit von Schülerinnen und Schülern am (kunst-)öffentlichen Leben betonen, darüber hinaus experimentelle, komplexe Methoden vorschlagen, indem z.B. wissenschaftliche, ästhetische und erfahrungs- bzw. lebensweltorientierte Zugänge zusammengedacht werden.

Museumspädagogik

Kunstpädagogisch orientierte Museumspädagogik lasse sich, so Peez, anhand mehrerer Merkmale charakterisieren, zu denen u.a. die Kommunikation über die Wahrnehmung zu Exponaten, die praktische, ästhetisch-bildnerische Auseinandersetzung mit den Objekten sowie das Hinzuziehen von Texten zur Wissenserweiterung und Reflexion gehören (Peez 2002, S. 99).

Museumspädagogik als interdisziplinäres Feld

Museumspädagogik darf allerdings nicht als Teil der Kunstpädagogik verstanden werden, vielmehr bezieht sie sich auf alle Arten von Museen und deren thematisch unterschiedliche (z. B. historische, naturkundliche, ethnologische, technische) Ausrichtungen. Dementsprechend vielseitig sind die Bezüge, die zu den einzelnen Fachdidaktiken hergestellt werden können, dementsprechend unpräzise ist die allgemeine Museumspädagogik aber auch im Hinblick auf die inneren Logiken und Kulturen der einzelnen Fachdisziplinen und Unterrichtsfächer.

Museum als didaktischer Ort mit Bildungsauftrag

Das Museum gilt als »Ort kultureller Bildung, des lebenslangen Lernens, des Erlebens, der Freizeit und der interkulturellen Begegnung« (Kolb 2014, S. 111), kurz, als »Lern- und Erfahrungsraum« (Schwan 2012). Meist kann es als didaktischer Ort bezeichnet werden, der seinem öffentlich-gesellschaftlichen Bildungsauftrag nachkommt, indem er mit seinen Exponaten und deren Arrangement bei den Besucherinnen und Besuchern Interesse weckt und teilweise auch zum eigenen Tun anregt (Oelkers 2012, S. 65).

Kompetenzvermittlung und Prinzipien

Das Potential des Museums als außerschulischem Lernort liegt vor allem in der Einübung und Weiterentwicklung überfachlicher Kompetenzen wie Kommunikations-, Kooperations- und Problemlösefähigkeit. Die Begegnung mit dem Original, das Museums als Ort selbst sowie die Inszenierung der Ausstellungsobjekte werfen in ihrer Kombination Fragen bei den Schülerinnen und Schülern auf, die kommunikativ geklärt werden müssen. Didaktische Prinzipien wie Ziel-, Sach-, Schüler- bzw. Schülerinnen- sowie Handlungsorientierung, die für schulisches Lernen gelten, sind für museumspädagogische Angebote genauso relevant. Als museumspädagogische Vermittlungsmethode wird der Dreischritt Exposition – Erkenntnis – Konsolidierung vorgeschlagen (Kolb 2014, S. 118), der den elementaren Unterrichtsphasen Einstieg, Erarbeitung und Sicherung entspricht.

Quelleninterpretation und Quellenkritik

Von schulischem Lernen im Klassenzimmer unterscheidet sich das Lernen im Museum dadurch, dass im Museum die Vermittlung von Inhalten anhand authentischer Gegenstände erfolgt, die auf besondere Weise im Raum arrangiert und inszeniert werden. Diese Lernumgebung sei »reichhaltiger und potentiell anregender als Klassenzimmer dies sein können« (Schwan 2012, S. 47), gleichzeitig aber auch komplexer und verlange nach mehr Eigenständigkeit bei den Lernprozessen, die zudem durch das Bewegen im Raum und durch die authentischen Objekte »verkörperlicht und versinnlicht« (Schwan 2012, S. 47) seien. Museumspädagogische Angebote sowie neue, auch interaktive Medien lenken dabei die Aufmerksamkeit der Schülerinnen und Schüler und versuchen, Problemstellungen aufzuzeigen, die im Rahmen von Unterricht am außerschulischen Lernort kognitiv, aber auch praktisch handelnd bearbeitet werden sollen. Dadurch wird auch die Fähigkeit zur Quelleninterpretation und -kritik unterstützt, mit denen Ausstellungsobjekten, verstanden als authentische, »unmittelbar überlieferte Materialisierung vergangenen menschlichen Handelns« (Heese 2007, S. 33), begegnet werden muss.

Methodische Konzeptionen

In der Museumspädagogik lassen sich verschiedene methodische Konzeptionen unterscheiden: Im Rahmen der *personalen Vermittlung* werden Führungen, Workshops und andere Programme von einer Museumspädagogin bzw. einem Museumspädagogen im direkten Kontakt mit den Besucherinnen und Besuchern durchgeführt. *Mediale Vermittlung* hingegen führt die Besucherinnen und Besucher mittels visueller Medien (Beschriftungen, Kataloge etc.), auditiver Medien (Audioguide), interaktiver Medien (Tablets, Smartphones) oder bereitgestellter (Lern-) Aufgaben durch die Ausstellungsräume. Von einer *ausstellungskonzeptionellen Vermittlung* wird gesprochen, wenn beispielsweise die Anordnung und Gestaltung der Räume die Ausstellungswahrnehmung leitet (Wregg 2016, S. 50).

Museumsdidaktische Prinzipien

Ziesche entwirft die Grundzüge einer Museumsdidaktik über die Prinzipien Anschaulichkeit, Exemplarität, sinnlich-entdeckendes Lernen, Problemorientierung, Selbsttätigkeit, Rhythmisierung in Phasen des Beobachtens, Zuhörens und Selbsttätigkeit sowie über eine (schriftliche) Sicherung des Gelernten (Ziesche 2014, S. 133 ff.).

Methoden

Museumspädagogische Programme, die Schülerinnen und Schülern eine eingeschränkte Wahlfreiheit bei der Art der Auseinandersetzung mit den Ausstellungsgegenständen bei dennoch klar definierten Aufgabenstellungen zugestehen, hält Schwan für lernförderlicher als beispielsweise Führungen oder allzu offene Arrangements (Schwan 2012, S. 48). Hier können Methoden wie beispielsweise das Beschreiben und Zeichnen zum Einsatz kommen, die »zum selbsttätigen Nachvollzug des Dargebotenen« (Matthes 1998, S. 13 f.) sowie zu dessen Reduktion zwingen. Czech beschreibt weitere Vorgehensweisen wie Museumsrallye, Fragen stellen und vergleichen, Steckbriefe erstellen oder Standbilder unter den Prämissen »Sich orientieren«, »Bewusst wahrnehmen«, »Spielerisch annähern«, »Assoziative Bezüge herstellen«, »Sich gestalterisch auseinandersetzen«, »In ein anderes Medium übersetzen« und »Performative Methoden« (Czech 2014, S. 198 ff.). Deutlich wird die Betonung eines handlungsorientierten, konstruktivistischen Lernverständnisses, das sich von klassischen Museumsführungen mit dem Schwerpunkt Wissensvermittlung deutlich unterscheidet. Gerade Kinder- und Jugendmuseen bieten spezielle Angebote, die die sinnliche Erfahrung der Expo-

Kinder- und Jugendmuseen

nate und einen spielerischen Zugang zu diesen ermöglichen sowie zum selbstständigen Agieren im Rahmen eines offenen Bildungsangebots auffordern (Radl/Gesser 2009, S. 111 ff.).

Lernlandschaften für heterogene Besuchsgruppen

Museumspädagogische Konzepte sind heutzutage häufig gestaltet als »Lernlandschaften, die herausfordern sollen, ohne Zwang auszuüben« (Oelkers 2012, S. 66). Schwan betont die »hohe didaktische Variabilität der didaktischen Zugänge zu den Ausstellungsinhalten«, die es Museen »in viel stärkerem Maße als Schulen oder Massenmedien« ermögliche, »der Heterogenität der Zugangsvoraussetzungen bei den Besuchern Rechnung zu tragen und mögliche Defizite zu kompensieren« (Schwan 2009, S. 37).

Bildungsziele von Museen und Schule

Bezüglich des Verhältnisses der Bildungsziele von Schule und Museen gibt es unterschiedliche Auffassungen: Waidacher (1999) etwa hält schulische und museale Bildung für nicht kompatibel, während Wagner (2007, S. 14) die unterschiedlichen Zielrichtungen von Schule und Museum zwar ebenfalls herausstellt, dennoch davon ausgeht, dass sich beide ergänzen können. Kolb markiert Gemeinsamkeiten, aber auch Unterschiede und fordert, »gemeinsame Ziele, Strategien und Methoden [zu] entwickeln, um Schülerinnen und Schüler in ihrer Persönlichkeitsentwicklung und ihrem Lernen zu unterstützen« (Kolb 2014, S. 111). Matthes betont die Notwendigkeit besonderer Vermittlungsformen, damit Schülerinnen und Schüler, die schulisches Lernen gewohnt sind und denen der Ort Museum nicht vertraut sei, einen Zugang zu den Exponaten finden und die Erfahrungen im Unterricht genutzt werden können (Matthes 1998, S. 11 ff.).

Kooperation Schule – Museum

Zur Gestaltung hierzu hilfreicher institutionalisierter Kooperationsprojekte zwischen Schulen und Museen liegen praxisorientierte Hinweise des Deutschen Museumsbundes vor (www.museumsbund.de/publikationen/schulemuseum-eine-handreichung-fuer-die-zusammenarbeit-2011/).

Musik

Lernort Konzertsaal

Kommunikation über Musik sowie das (bewusste) Musikhören sind fester Bestandteil des Musikunterrichts (Stibi 2015). Gerade letzteres ist im Grunde nicht an das Klassenzimmer gebunden, sondern kann auch in Konzertsälen stattfinden. Dem Konzertsaal als außerschulischem Lernort wird in Publikationen zur Musikdidaktik allerdings nur wenig Raum eingeräumt. So wird beispielsweise nur erwähnt, dass ein Konzertbesuch einer gründlichen Vor- und Nachbereitung bedarf (Loritz/Schott 2015), oder es wird darauf verwiesen, dass es sinnvoll sei, »Konzert-/Theaterpädagogen zu kontaktieren, um zu sehen, welches Angebot im näheren Schulumfeld geboten wird« (Ebner 2015, S. 178). Zwar wird auf musik- und konzertpädagogische Angebote hingewiesen, die sowohl »die eigene Unterrichtstätigkeit« als auch den »Horizont der Kinder und das Schulleben« (Böttcher 2015, S. 188) bereichern können. Dennoch werden diese meist nicht als Bestandteil kompetenzorientierten Musikunterrichts deklariert, sondern als dessen »Ergänzung« (Böttcher 2015, S. 188). Methodisch-didaktische Überlegungen werden eher der außerschulischen Musikpädagogik und sogenannten Educating-Projekten der Orchester und Musiktheater überlassen, an deren Programme, Handreichungen und Materialien sich Lehrkräfte orientieren können (Brunner 2015, S. 325 ff.).

Educating-Projekte

In vielen musikdidaktischen Publikationen werden außerschulische Lernorte überhaupt nicht thematisiert (vgl. z. B. Lehmann-Wermser 2016; Fuchs 2010; Küntzel 2009; Schratt 2007 oder Kraemer 2007). Nur vereinzelt finden sich meist wenig detaillierte Hinweise, wenn beispielsweise vorgeschlagen wird, aktuelle Unterrichtsinhalte zu realisieren, indem man kulturelle Segmente »z. B. durch Auslagerung bestimmter Aktivitäten in außerschulische Räume« (Litschauer 2011, S. 83) im Musikunterricht berücksichtigt. Opern-, Musical- und Ballettbesuche finden Erwähnung bei Jank (2009). Die Verknüpfung verschiedener Kunstgattungen wird proklamiert, um Schülerinnen und Schülern »ganzheitliche, über das Fach hinausweisende Erfahrungen im Umgang mit Musik zu ermöglichen« (Gies 2009, S. 146). Dabei werden die Anknüpfung an die Lebenswelt der Schülerinnen und Schüler, die Herstellung von Handlungsbezügen sowie die Erschließung von Kultur betont (Gies 2009, S. 150).

Lernort Oper, Musical und Ballett

Fazit

Insgesamt kann festgestellt werden, dass in der Musikdidaktik für den Besuch von Konzerten und musikalische Darbietungen, aber auch für das Aufsuchen anderer außerschulischer Lernorte z. B. im Rahmen einer Spurensuche zu Geräuschen, keine fachspezifische Lernortsdidaktik vorliegt. Ein Konzept, wie außerschulische Lernorte konkret in den Unterricht einbezogen werden können, wird nicht entworfen. Das Lernen am außerschulischen Lernort wird, wenn überhaupt, fast durchgängig als Ergänzung und nicht als Gegenstand des Musikunterrichts beschrieben.

Sport

Lernorte als Planungselement von Unterricht

Außerschulische Lernorte spielen in den Bildungsplänen für das Fach Sport durchaus eine wichtige Rolle (vgl. Kapitel 4). In vielen sportdidaktischen Publikationen werden außerschulische Lernorte dahingegen häufig überhaupt nicht erwähnt (vgl. z. B. Schröter 2016; Messmer 2013; Funke-Wieneke 2007) oder aber unter meist organisatorischen Gesichtspunkten (Wetterabhängigkeit, fehlende Bodenmarkierungen im Feld) sowie unter dem Aspekt der Exponiertheit beim Sporttreiben im öffentlichen Raum (Amaro-Amrein 2013, S. 181 f.) verhandelt. Auch die institutionellen Voraussetzungen für den Sportunterricht in Parkanlagen, Waldgebieten, auf Radwegen oder in Freizeitanlagen werden zuweilen in die Überlegungen einbezogen und daraufhin analysiert, inwieweit solche Lernorte und Sportstätten für den Unterricht unter organisatorischen wie gesellschaftlichen Gesichtspunkten zugänglich und nutzbar sind (Lange/Sinning 2008, S. 434; Döhring/Gissel 2016, S. 35).

Schulleben und Schulkultur

Größing dahingegen bezieht sich auf Herbart sowie die Reformpädagogik und plädiert dafür, Wandertage, Skiwochen, Wettkämpfe oder Spielfeste als festen Bestandteil der Schulkultur auszuweisen (Größing 2001, S. 160 ff.). Begegnungen mit Sportarten außerhalb des Schulgeländes seien besonders dazu geeignet, Schülerinnen und Schülern anzuregen, diese Sportarten auch außerhalb der Schule weiterzuführen.

Trendsportarten

Unter sportdidaktischen Gesichtspunkten könne durch die Implementierung von Trendsportarten in den Unterricht »informelle Formen des Bewegungslernens akzentuiert und zweitens eine potentielle Öffnung der pädagogischen Inszenierungen in Richtung außerschulischer Bewegungsräume« (Schwier 2016, S. 82) erfolgen. Trendsportarten, für die »normierte Sportflächen der Schule« (Schwier 2016, S. 89) verlassen werden, begünstigten »besondere Körper-, Bewegungs-, Material und Sozialerfahrungen« (Schwier 2016, S. 82) und ermöglichten das »Erlernen von Bewegungspraktiken bzw. Sportarten an Originalschauplätzen« (Schwier 2016, S. 73). Dieses Konzept zielt zum einen darauf, Schülerinnen und Schülern Erfahrungsfelder zu eröffnen, an und in denen sportliches Handeln stattfindet, zum anderen aber auch, Raumaneignung als »wichtiges Element der individuellen (Körper-) Sozialisation« (Schwier 2016, S. 83) zu fördern.

Raumaneignung als Körpersozialisation

Naturbegegnung

Sportdidaktische Konzepte schließen zum Teil auch Naturbegegnung ein, die wahrnehmungsintensiv und erfahrungsoffen in verschiedenen Naturräumen stattfinden könne (Kronbichler/Seewald 1993). Dieser Aspekt scheint allerdings in der aktuellen Sportdidaktik wenig verankert zu sein, denn in neueren Darstellungen sind solche Argumentationsstränge kaum aufzufinden. Die Sportökologie geht unter einem etwas anderen Fokus dem Verhältnis von Sport und Natur nach: Sie schließt an die Bildung für nachhaltige Entwicklung an und fordert eine diesbezüglich ausgerichtete Sportpädagogik (vgl. z. B. Kuhn 1997; Schmoll 2010; vom Endt 2016). Doch auch dieses Konzept führt innerhalb der Sportdidaktik eher ein Nischendasein.

Sportökologie

Religion

Sakrale Räume als Lernort

Die Religionsdidaktik bezeichnet Kirchen, Synagogen, Tempel, Moscheen und andere Orte der gemeinschaftlichen Religionsausübung als heilige bzw. sakrale Räume. Als außerschulische Lernorte nehmen sie einen festen Platz im Religionsunterricht ein. Grundsätzlich geht die Religionsdidaktik dabei von drei methodischen Zugängen aus, im Rahmen derer diese in den Unterricht einbezogen werden können: unter ästhetischen, handlungsorientierten sowie kirchen(raum)pädagogischen Aspekten (Siedler 2005, S. 613).

Ästhetisches Erleben

Der *ästhetische Zugang* zielt zum einen auf sinnhaftes Wahrnehmen, aber auch auf die Schulung des Blicks auf bislang Fremdes, das neue Fragen aufwirft und in kreativen Prozessen verarbeitet werden kann (Hilger 2010, S. 342). Der *handlungsorientierte Zugang* schließt hier nahtlos an: Im Rahmen eines Besuches sakraler Räume sollen Projekte oder Aktionen vor Ort initiiert und von den Schülerinnen und Schülern durchgeführt werden, die, so Bahr (2010, S. 546), an Pestalozzis Forderung nach einem Lernen mit Kopf, Herz und Hand anschließen. Auch der *kirchen(raum)pädagogische Zugang* verweist auf diese Maxime: Die im sakralen Raum gemachten Erfahrungen sollen religiöse Zugänge eröffnen und dienen zum einen der »Alphabetisierung« (Rupp 2006, S. 18), also des Erkennens und Lesen-Könnens der kulturellen Gestalt einer Religion, zum anderen der Herstellung von persönlichen Bezügen zur Glaubensgemeinschaft sowie dem Erinnern eigener Erfahrungen mit den jeweiligen Glaubenstraditionen.

Handlungsorientierung

Eröffnung religiöser Zugänge

Interreligiöses/ Interkulturelles Lernen

Auch interkulturelle bzw. interreligiöse Aspekte spielen eine bedeutende Rolle für das Aufsuchen sakraler Räume: Durch den Besuch beispielsweise einer Moschee oder einer Synagoge würden Interesse für andere Religionsgemeinschaften geweckt, Bedeutungen erschlossen, fänden Begegnungen mit Menschen anderer Religionen statt und werde die Grundlage für den Respekt gegenüber anderen Glaubensgemeinschaften geschaffen (Leimgruber/Ziebertz 2010, S. 469 ff.).

Informelle, emotionale, kognitive und integrative Erkundung

Als methodisches Vorgehen schlagen Brüll, Keller und Nonn ein vierschrittiges Verfahren vor: Zunächst erkunden Schülerinnen und Schüler den sakralen Raum *informell und spontan*, d.h. ungerichtet und ohne vorbereiteten Arbeitsauftrag. Es folgt eine *emotionale Erkundung*, in der Schülerinnen und Schüler auf ihre Gefühle achten, die sie im Raum entwickeln. Während der sich anschließenden *intellektuellen Erkundung* findet eine inhaltliche, kognitive Auseinandersetzung mit vorab bestimmten fachlichen Inhalten statt. Die sich anschließende *integrative Erkundung* soll dann alle drei zuvor vollzogenen Schritte miteinander verbinden und zu einer Einheit fassen (Brüll/Keller/Nonn 2005, S. 104).

Kognitive und affektive Zugänge

Mit dem Aufsuchen außerschulischer Lernorte im Rahmen des Religionsunterrichts sind damit vor allem zwei Ziele verbunden: Es geht sowohl um kognitive Lerninhalte, die sinnvoll vor Ort erarbeitet werden können, als auch um einen affektiven Zugang zu bestimmten Themengebieten bzw. zum Glauben als solchem. Die Religionsdidaktik legt damit ein eigenes Konzept vor, das sich von anderen fachspezifischen Lernortsdidaktiken in ihrer Zielrichtung, aber auch in ihrer methodischen Umsetzung unterscheidet.

5.5 Deutsch, Mathematik und Fremdsprachen

In aktuellen didaktischen Publikationen zu Deutsch, Mathematik und den Fremdsprachen werden außerschulische Lernorte nur selten thematisiert. Zwar existieren vereinzelt durchaus interessante Praxisideen für den Mathematik-, Deutsch- oder Fremdsprachenunterricht, dennoch erfolgt die Begründung für das Aufsuchen und Einbeziehen außerschulischer Lernorte meist nicht auf der Grundlage von Überlegungen zu einem fachspezifischen Kompetenzerwerb oder angebunden an prinzipielle fachdidaktische Überlegungen. Auch eine Systematisierung von Lernorten sowie methodische Modelle sind in den analysierten fachdidaktischen Werken kaum vorzufinden; fachspezifische Lernortsdidaktiken sind nicht vorhanden.

Deutsch

Lernort Bibliothek

In vielen deutschdidaktischen Publikationen fehlen Hinweise auf das Lernen am außerschulischen Lernort (vgl. z.B. Baurmann et al. 2015; Barkow 2011; Schuster 1999). Bei Gerstenmaier und Grimm (2006) ist die Bibliothek der einzige Lernort außerhalb des Schulgeländes, der aufgeführt wird. Gemeinsame Besuche dort sollen dazu dienen, den »Kontakt zu Büchern aufrechtzuerhalten, zu stärken und nicht abbrechen zu lassen« (Gerstenmaier/Grimm 2006, S. 223).

Erfahrungsräume

Ausführlicher setzt sich Beste mit der Thematik auseinander. Im Aufsuchen außerschulischer Lernorte sieht sie die Möglichkeit, »kulturell-ästhetische sowie soziale und politische Erfahrungen« (Beste 2015, S. 237) zu erweitern. Die Selbständigkeit der Lernenden wird dabei als zentral dargestellt. Beste führt verschiedene Lernorte auf und gibt methodische Hinweise und Umsetzungsvorschläge für den Deutschunterricht:

Werkstatt-Einblicke

Unter »Werkstatt-Einblicke« fasst die Autorin den Besuch einer Zeitungsredaktion, bei dem »die Hintergründe medialer Kommunikation im Print-Bereich« (Beste 2015, S. 238) eruiert werden können. Auch das Betriebspraktikum am Ende der Sekundarstufe I, in dessen Vorfeld beispielsweise Bewerbungsschreiben verfasst werden, stelle einen Werkstatt-Einblick dar. Kommunikative Kompetenzen, genaue Beobachtung sowie Reflexion würden geschult, wenn im Rahmen des Deutschunterrichts klare Arbeitsaufträge für den Praktikumsbericht formuliert werden. Das Betriebspraktikum wird dadurch mit Zielen des Deutschunterrichts verbunden.

Recherchieren

»Außerschulisches Recherchieren« umfasst das Bibliographieren in einer Bibliothek sowie Gespräche mit Expertinnen und Experten vor Ort, aber auch innerhalb des Klassenzimmers. Autorinnen- bzw. Autorenlesung können ebenfalls wahlweise außerhalb der Schule besucht oder in der Schule organisiert werden.

Lesungen

Spuren suchen

»Orte literarischer Handlungen oder von Biografien« (Beste 2015, S. 241) rücken im Bereich »Spuren suchen« in den Fokus. Es geht um die Kontextualisierung von Literatur und literarischem Schaffen, aber auch um Imagination und Vorstellungsbildung, indem literarische Orte erlebt werden. Unabhängig hiervon können Ortsbesuche als Schreibanlass genutzt werden, um »visuelle, akustische, sensorische und persönliche Eindrücke« (Beste 2015, S. 242) sowie mit dem Ort verbundene Erinnerungen zu verschriftlichen.

Lernort Theater

Zu Theaterbesuchen schlägt Ehlers vor, dass die Besprechung im Unterricht »im ästhetischen Erleben und in möglichen Irritationen und Erwartungsbrüchen von Schülern ihren Ausgang nehmen« soll (Ehlers 2016, S. 105).

Mathematik

In aktuellen mathematikdidaktischen Publikationen spielen außerschulische Lernorte eine noch geringere Rolle als in der Deutschdidaktik. Auch in der Praxis werden außerschulische Lernorte im Rahmen des Mathematikunterrichts bislang »kaum bis gar nicht genutzt« (Sitter 2015a, S. 864). Anschaulichkeit stellt zwar ein wichtiges mathematikdidaktisches Prinzip dar (Krauthausen/Scherer 2007, S. 240 ff.), allerdings wird dieses vor allem auf den Einsatz von Medien und Arbeitsmitteln im Rahmen des Unterrichts im Klassenzimmer bezogen und nicht auf ein Lernen an außerschulischen Orten.

Realitätsbezug

Selbst das Prinzip des Realitätsbezugs, das davon ausgeht, »dass viele Vorstellungen zu schulmathematischen Inhalten eng mit den Dingen und Prozessen der uns umgebenden Welt verbunden sind und viele Inhalte nur vor diesem Hintergrund für viele Schülerinnen und Schüler Bedeutung haben« (Büchter/Henn 2015, S. 20), geht in der Regel nicht mit der Forderung einher, Schülerinnen und Schülern Realbegegnungen vor Ort zu ermöglichen. In einigen aktuellen Standardwerken werden außerschulische Lernorte gar nicht thematisiert (vgl. z. B. Barzel/Büchter/Leuders 2014, Krauthausen/Scherer 2007). Selbst wenn eine Öffnung des Unterrichts betont wird (vgl. z. B. Rathgeb-Schnierer/Schütte 2011), wird die räumliche Öffnung von Schule und Unterricht nicht in die Überlegungen einbezogen.

Praxisvorschläge

In praxisorientierten Zeitschriften lassen sich allerdings Vorschläge zum Lernen außerhalb des Schulgeländes finden. Das Themenheft »Außerschulische Lernorte« (»mathematiklehren« 2010, H. 160) enthält acht Unterrichtsvorschläge für die Sekundarstufen 1 und 2, die von der »Geometrie der Kirchenfenster« über eine »Mathematische Stadtrallye« bis zur Erkundung von Verkehrsnetzen am Bahnhof reichen. Eine den Beiträgen zugrundeliegende spezifisch mathematische Lernortsdidaktik ist – wie in den Buchveröffentlichungen – allerdings nicht erkennbar.

Fremdsprachen

Authentische Kommunikationssituationen

Moderner Fremdsprachenunterricht zeichnet sich unter anderem dadurch aus, dass Schülerinnen und Schüler die Gelegenheit erhalten, »die Sprache in vielfältigen, anregenden und ihrer Lebenswelt betreffenden authentischen Kommunikationssituationen anzuwenden« (Ehlers 2011, S. 269). In Didaktiken des Fremdsprachenunterrichts wird diese Maxime vor allem dahingehend interpretiert, dass entsprechende Situationen *im* Klassenzimmer gestaltet werden; außerschulische Lernorte spielen dahingegen kaum eine Rolle (vgl. bspw. Decke-Cornill/Küster 2015; Brusch 2009; Bach 2009; Weskamp 2001).

Lernorte als zielsprachliche Handlungsfelder

Auch innerhalb der Fachcommunity wird kritisch gesehen, dass »die Sachfächer an allen Schulen über vielfältige Formen an Lernorten außerhalb der Schule verfügen«, diese dahingegen »im Fremdsprachenunterricht noch nicht im erwünschten Maße verankert« (Gehring/Stinshoff 2010, S. 5) sind. Gehring und Stinshoff erstellen aus diesem Grund einen Band, der es sich zur Aufgabe macht, anhand von Praxisbeispielen Möglichkeiten für die Nutzung außerschulischer Lernorte im Fremdsprachenunterricht aufzuzeigen. Begründet wird dieses Anliegen mit der Möglichkeit, am authentischen Ort Wissen zu erwerben, vorhandenes Wissen zu vertiefen und anzuwenden (Gehring 2010, S. 10). Neben den allgemeindidaktischen Bezügen, die Gehring im forschenden, praktischen und situierten Lernen sieht, trete an außerschulischen Lernorten das sprachpraktische Lernen in den Vordergrund: Fachrelevantes »lexikalisches Material, monologische und dialogische Redemittel werden in einem authentischen Wirkungsfeld im Hinblick auf ihre kommunikative Kraft erfahrbar« (Gehring 2010, S. 13).

Praxisbeispiele

Beiträgen mit Praxisbeispielen thematisieren im Band von Gehring und Stinshoff unter anderem Austauschprogramme, das fremdsprachige Angebot einer Kinder-Uni und des Fremdsprachensimulationszentrums der Universität Oldenburg sowie den Besuch von Kino- bzw. Theatervorstellungen und Ausstellungen.

Weskamp stellt ein »Airport-Projekt« vor, bei dem Schülerinnen und Schüler einer sechsten Klasse am Flughafen Interviews auf Englisch führen, bezeichnet solche Projekte aber als »eine Ausnahme im Englischunterricht« (Weskamp 2001, S. 68) und verortet entsprechende Konzepte eher in der (Reform-)Pädagogik als in der Englischdidaktik.

Aktuelle Entwicklungen

Mittlerweile findet in der Fremdsprachendidaktik allerdings durchaus eine Diskussion über die Rolle der Lernorte beim Sprachenlernen statt, die sich beispielsweise im Band von Barwitz-Melzer, Königs und Riemer (2015) dokumentiert. Fellmann (2015) legt ein empiriebasiertes phasenorientiertes und lernortverbindendes Modell für die Gestaltung von Austauschprogrammen vor, das begegnungsdidaktische Prinzipien proklamiert. Dennoch kann von einer festen Verankerung außerschulischer Lernorte in fachdidaktische Konzeptionen bislang nicht gesprochen werden.

Deutsch als Fremdsprache

Für die Bereiche *Deutsch als Fremdsprache* sowie *Deutsch als Zweitsprache* werden ebenso authentische Kommunikation, Anschaulichkeit und praktischer Lebensweltbezug gefordert. Außerschulische Lernorte, an denen diese Prinzipien entfaltet werden könnten, werden aber auch hier kaum in die fachdidaktischen Konzepte einbezogen (vgl. z. B. Hoffmann et al. 2017; Huneke/Steinig 2013; Rösler 2012; Kniffka/Siebert-Ott 2012). In den Bildungsplänen spielen außerschulische Lernorte im Bereich Deutsch als Zweitsprache dahingegen eine sehr große Rolle (vgl. Kapitel 4.2, S. 101).

6. Außerschulische Lernorte in der fachdidaktischen Forschung

Studien zu außerschulischen Lernorten sind meist eng an Fächergrenzen gebunden, wie zum Beispiel an geographische Exkursionen oder Museumsbesuche im Rahmen des Kunstunterrichts. Auch sind sie häufig sehr spezifisch auf einzelne Projekte oder Lernorte bezogen, verfügen daher nur über eine begrenzte Reichweite und sind kaum verallgemeinerbar. Die Untersuchungen weisen sehr unterschiedliche Forschungsdesigns und Fragestellungen auf, nutzen verschiedene Erhebungs- und Auswertungsverfahren und haben differente Zielrichtungen. Eine Vergleichbarkeit der Ergebnisse erscheint so nahezu unmöglich.

Für den deutschsprachigen Raum liegen auch daher bislang so gut wie keine Metaanalysen vor, die aus den publizierten Studien verallgemeinerbare Erkenntnisse zur Wirksamkeit und den Effekten des Lernens an außerschulischen Orten ableiten. Um die Bandbreite der Untersuchungsgegenstände, relevante Ergebnisse, Übereinstimmungen und Widersprüche aufzeigen, werden im Folgenden Studienergebnisse und z. T. auch daraus resultierende Empfehlungen zusammenfassend dargestellt, die – auch im Anschluss an das Kapitel 3 – im Hinblick auf die Planung und Gestaltung des Lernens an außerschulischen Lernorten besonders relevant erscheinen.

Lehr-Lernforschung

Die Aufgabe schulbezogener Lehr-Lernforschung ist es, Bedingungen, Prozesse und Wirkungen des Lehrens und Lernens zu bestimmen. Zwei spezielle Bereiche der Lehr-Lernforschung sind im Zusammenhang mit außerschulischen Lernorten von besonderer Bedeutung: Die *Instruktionsforschung* widmet sich präskriptiv den Fragen, wie beispielsweise ein Curriculum oder ein Lehr-Lernprozess gestaltet werden muss, um bestimmte übergeordnete Ziele zu erreichen (Leutner 2013, S. 928). Dieser Frage gehen allerdings die wenigsten der Studien zum Lernen an außerschulischen Lernorten nach, auch wenn Erkenntnisse hierzu äußerst hilfreich wären. Die *empirische Unterrichtsforschung* dahingegen fragt zum einen deskriptiv nach den Inhalten, die gelehrt, sowie nach Kompetenzen, die im Unterricht erworben werden. Zum anderen eruiert sie die Interaktion zwischen Lernenden und Lehrenden. Renkl (2009, S. 589) beschreibt vier zentrale Fragestellungen der empirischen Lehr-Lernforschung:

- Die Frage nach den Kompetenzen, nach dem deklarativen sowie prozeduralen Wissen, das die Schülerinnen und Schüler im Rahmen schulischer Bildung erwerben sollen.

- Die Frage nach den Prozessen, die beim Lernen stattfinden und dieses erst zu Lernen machen.
- Die Frage nach der Motivation und wie es gelingt, echtes Interesse für einen Lerngegenstand bei den Schülerinnen und Schülern zu wecken und aufrechtzuerhalten.
- Die Frage nach den didaktischen Möglichkeiten, nach Methoden und Verfahren, die den Schülerinnen und Schülern eine bestmögliche Begegnung mit dem Lerngegenstand ermöglichen.

Hieraus ergeben sich Fragen auch für das Lernen am außerschulischen Lernort, denen in Forschungsprojekten nachgegangen werden sollte, die sich aber auch jeder Lehrkraft vor der Planung des Besuchs eines außerschulischen Lernorts stellen:

Fragestellungen in Bezug auf außerschulische Lernorte

- Was genau sollen die Kinder und Jugendliche im Rahmen des Aufsuchens eines außerschulischen Lernorts lernen? Welche Kompetenzen können dabei erworben werden? Warum sollen diese Kompetenzen erworben werden?
- Wie unterscheidet sich das Lernen der Schülerinnen und Schüler, wenn sie Realien, Sachquellen, Prozessen und Phänomenen, Expertinnen und Experten in komplexen Räumen und Situationen vor Ort und nicht im Klassenzimmer begegnen? Welche kognitiven, welche emotionalen und sozialen Prozesse finden statt, wenn sie beispielsweise ein Konzert in einem Konzertsaal erleben anstatt einen Audiomitschnitt im Musikraum der Schule anhören?
- Sorgt das Verlassen des Klassenraums allein schon für die Motivation, sich mit einem Lerngegenstand auseinanderzusetzen, oder sind zusätzliche Maßnahmen notwendig?
- Welche Arten und Formen der Begegnung sind für unterschiedliche außerschulische Lernorte sinnvoll? Soll beispielsweise ein Ökosystem einmalig oder mehrmals aufgesucht werden, ist ein Unterrichtsgang oder eine Lehrwanderung sinnvoll? Welche Methoden der Sachbegegnung und Sacherschließung sind für den je spezifischen Lernort geeignet? Inwieweit ist es sinnvoll, Schülerinnen und Schüler einen Bachlauf selbständig erkunden zu lassen? Werden ergänzende Medien und Materialien benötigt, um eine selbstständige Auseinandersetzung mit einer fachlichen Problematik zu ermöglichen? Welchen Unterschied macht es, ob eine Expertin oder ein Experte, die Lehrkraft oder Schülerinnen und Schüler selbst einen fachlichen Input geben? Wie kann eine Sicherung des neu erworbenen Wissens und der Kompetenzen sinnvollerweise erfolgen? Wie kann die Integration in den Unterricht, wie eine Integration in vorhandene Wissensbestände erfolgen?

Die Sichtung vorliegender Studien zu außerschulischen Lernorten zeigt, dass diese Fragen nur zum Teil aufgegriffen und verfolgt werden. Viele Arbeiten sind rein auf die Erhebung statistischer Daten hin angelegt: Sie geben beispielsweise darüber Auskunft, wie viele Lehrkräfte mit ihren Klassen außerschulische Lernorte wie oft aufsuchen, aus welchen Gründen sie dies (nicht) tun oder welche Altersgruppen welche Angebote nutzen. Solche Erhebungen werden in die Analyse kaum einbezogen; sie mögen zwar interessant sein, bieten aber kaum Erkenntnisse, die für die methodisch-didaktische Gestaltung von Lehr-Lernprozessen an außerschulischen Lernorten relevant sind.

Stattdessen konzentriert sich das Kapitel auf die Darstellung und Analyse der für die oben genannten Aspekte zumindest punktuell vorliegenden Forschungsergebnisse. Die Kapitelgliederung folgt dabei einer fachlichen Systematik wie Kapitel 5, da viele der Studien den oben beschriebenen Fragestellungen der Lehr-Lernforschung (Kompetenzen, Prozesse, Motivation und didaktische Gestaltung) nicht eindeutig oder mehrfach zugeordnet werden können. Zu einigen Fächern liegen keine bzw. wenig belastbare Studien vor; Studien zum Sachunterricht werden den jeweiligen fachbezogenen Perspektiven zugeordnet. Zusätzliche inhaltliche Bereiche, die aufgenommen werden, sind Interkulturelles Lernen, Außerschulische Experimentierangebote sowie Erlebnispädagogik/Outdoor Education.

6.1 Mensch und Gesellschaft

Für die ökonomische wie die technische Bildung existieren keine aussagekräftigen Studien zum Lernen vor Ort. Für den Geschichts-, vor allem aber für den Geographieunterricht und zur Gedenkstättenpädagogik liegen dahingegen einige Forschungsergebnisse vor.

Geschichte

Berücksichtigt man, dass geschichtsdidaktische Konzepte außerschulischen Lernorten durchaus einen gewissen Stellenwert einräumen (vgl. Kapitel 5.1, S. 108 ff.), so erscheint es erstaunlich, dass zum historischen Lernen an außerschulischen Lernorten nur sehr wenige empirische Studien vorliegen. Am ehesten lassen sich Studien zu museumspädagogischen Programmen finden. Dies lässt sich vermutlich auch damit erklären, dass diese Konzepte von den Museen vor dem Hintergrund der Kosten, die mit diesen Angeboten verbunden sind, regelmäßig evaluiert werden. Zum Lernen an historischen Stätten wie Burgruinen liegen allenfalls kleinere Studien vor, die meist im Rahmen von universitären Seminar- und Studienabschlussarbeiten verfasst wurden.

Historisches Lernen im Museum

Recht umfassende Fragestellungen verfolgt die Studie von Fiegert (2012) zum historischen Lernen im Museumspark Kalkriese zur Varusschlacht. Die Autorin kommt auf der Grundlage der Auswertung von Beobachtungsbögen zu der Einschätzung, dass eine emotionale Ansprache der Schülerinnen und Schüler über die Ausstellungsexponate gelingt und die Schülerinnen und Schüler aktiv in die Programme eingebunden werden. Freizeitpädagogische wie animative Elemente wirken sich motivierend auf die Schülerinnen und Schüler aus. Auch wenn eine Ergebnissicherung kaum stattfinde, entsprächen die Programme den curricularen Vorgaben und erschienen geeignet, entsprechende Kompetenzen zu vermitteln bzw. anzubahnen.

Erhebliche Unterschiede stellt Fiegert zwischen der Wirkung des Angebots auf die Schülerinnen und Schüler verschiedener Schulformen fest: Während knapp die Hälfte der Förderschülerinnen und Förderschüler den Vortrag durch die Museumspädagoginnen und -pädagogen langweilig und nur 12 Prozent (eher) spannend fanden, bezeichneten knapp 60 Prozent der Gymnasiastinnen und Gymnasiasten den Vortrag als spannend und nur 16 Prozent fanden ihn langweilig. Am interessantesten fanden Schülerinnen und Schüler aller Schularten die Möglichkeit, die Schlacht nachzuspielen. Auch von den Exponaten und dem Museum selbst ging eine Faszination aus.

Um die Nachhaltigkeit der Lerneffekte zu erfassen, wurden im Abstand von fünf bis zehn Wochen erneut Daten erhoben. Es zeigte sich beispielsweise, dass sich nur 50 Prozent der Schülerinnen und Schüler an die Namen der Anführer der Stämme erinnerten und nur 20 Prozent fehlerfrei die Ausrüstungsgegenstände zuordnen konnten. Für die Förderschülerinnen und Förderschüler ergaben sich noch deutlich schwächere Werte. Das komplexe Geschehen der Schlacht konnten jedoch 75 Prozent der Schülerinnen und Schüler stimmig rekapitulieren.

Von den befragten Lehrerinnen und Lehrern gaben 60 Prozent an, dass sie der Wunsch, einen lebendigen Geschichtsunterricht kennen lernen zu wollen, zu der Exkursion veranlasst habe. Das Motiv »Geschichte zum Anfassen« spielte für 84 Prozent eine Rolle. Am häufigsten wurde der Museumsbesuch in der Mitte einer Unterrichtseinheit platziert, daneben relativ häufig als Einstieg in die Unterrichtseinheit genutzt.

Politik

Für den Bereich der politischen Bildung konnten im Rahmen der Recherche für diesen Band keine aussagekräftigen größeren Studien gefunden werden. Auch Moritz konstatiert, dass empirische Studien zum politischen Lernen an außerschulischen Lernorten äußerst selten sind und insgesamt keinen fundierten »Einblick in die Begegnung von Schülern und Lernort« (Moritz 2016, S. 186) geben.

Parlamentsbesuche

Einige kleinere Studien existieren dennoch: So wertet beispielsweise Drygalla (2007) den Besuch eines Landtags mit einer 10. Schulklasse aus und kommt zu dem recht ernüchternden Ergebnis, dass Schülerinnen und Schüler durch einen solchen vor allem ihre Vorurteile gegenüber Politik bestätigt sähen.

Gedenkstätten

Für viele Gedenkstätten liegen statistische Daten zu den Besuchszahlen sowie soziografischen Angaben zu den Besuchsgruppen vor. So besuchten etwa im Jahr 2014 ca. 70.000 Menschen die Gedenkstätte des NS-Konzentrations- und Vernichtungslagers Auschwitz-Birkenau. Knapp 70 Prozent davon taten dies im Rahmen von organisierten Jugend-, Studien- oder Schulklassenreisen.

Die Metaanalyse von Pampel bezieht sich auf 21 Studien zu Schulklassenbesuchen in Gedenkstätten zur NS-Zeit und zur DDR. Es zeige sich, dass das Aufsuchen des außerschulischen Lernorts in der Regel nicht oder nur unzureichend im Unterricht vorbereitet werde. Die häufigste zum Einsatz kommende Vorbereitungsmethode sei das Zeigen von Spielfilmen wie »Schindlers Liste« oder »Good Bye Lenin« (Pampel 2011, S. 31).

Wirkungen

Gedenkstättenbesuche führten nicht nachweislich zu einer Zunahme kritisch-ablehnender Haltungen beispielsweise gegenüber dem Nationalsozialismus, wohl aber zu einem Zuwachs spezifischer historischer Kenntnisse und dem motivationalen Interesse, sich auch weiterhin mit der Thematik zu beschäftigen (Pampel 2011, S. 40 ff.).

Methodische Gestaltung

Meseth (2008) untersucht die methodische Gestaltung von Gedenkstättenführungen und kommt zum Ergebnis, dass eine politisch-moralische Erziehung nicht stattfinde und die Teilnehmerinnen und Teilnehmer kaum zur aktiven Beteiligung angeregt werden. Dietzels Befragung von Schülerinnen und Schülern zum Besuch der Gedenkstätte Moritzplatz Magdeburg zur SED-Diktatur zeigt, dass diese sich verstärkt Führungen von und Gespräche mit Opfern in den Gedenkstätten wünschen. Auch wenn Schülerinnen und Schüler die Führungen durch das Personal durchaus positiv bewerteten, fordert Dietzel, dass den Besucherinnen und Besuchern mehr Raum zum eigenständigen Erschließen und Erforschen der Stätte gewährt werden müsse (Dietzel 2011, S. 92).

Selbsterkundungsphase

Im Konzept der KZ-Gedenkstätte Dachau, das von Eberle untersucht wurde, ist eine solche (angeleitete) Selbsterkundungsphase integriert. Eberle wertet Fragebögen von 290 Schülerinnen und Schülern aus. Es zeigte sich, dass das von den Schülerinnen und Schülern selbst erkundete Themengebiet in der Regel als das wichtigste betrachtet wurde (Eberle 2011, S. 101 f.). Die emotionalen Reaktionen der Schülerinnen und Schüler auf die in der Gedenkstätte gezeigten Fotos reichen von »Angst/Schock« (45 Prozent) über »Mitleid« und »Trauer« (je 23 Prozent) bis hin zu »Ekel/Übelkeit« (7 Prozent). Von den Ausstellungsstücken wurden am häufigsten Foltergegenstände erinnert, bei den Gebäudeteilen das Krematorium. Eberle stellt fest, dass »Empathische Emotionen« eine Brücke für »reflexive kognitive Aneignung« (Eberle 2011, S. 110.) darstellten, währenddessen selbstbezogene Emotionen eher zu Distanz gegenüber dem Geschehenen führten.

Bedeutung von Emotionen

Marx und Sauer befragten insgesamt knapp 480 Gymnasiastinnen und Gymnasiasten der zehnten Jahrgangsstufe sowie je 23 Lehrkräfte und Gedenkstättenmitarbeiterinnen bzw. -mitarbeiter mit einer Prä-Post-Follow-up-Kontrollgruppen-Studie zu Besuchen der KZ-Gedenkstätten Buchenwald und Moringen, um Lerneffekte bezogen auf Kenntnisse, Interesse sowie Einstellungen zu eruieren: Die Schülerinnen und Schüler halten den Gedenkstättenbesuch für eine sinnvolle Ergänzung des Unterrichts. Es wird deutlich, dass – je nach Konzeption und Angeboten der beiden Gedenkstätten – unterschiedliche Empfindungen bei den Besucherinnen und Besuchern ausgelöst werden: Sind es in Moringen vor allem die Berichte von Zeitzeugen und Einzelschicksale, die die Schülerinnen und Schüler beeindrucken, so geht die größte Wirkung in Buchenwald von den Originalbauten aus. Originale Objekte scheinen für die Entwicklung von Interesse ebenso wichtig zu sein wie eine emotionale Eindrücklichkeit bei den Führungen (Marx/Sauer 2011, S. 142). Ein eher erstaunliches Ergebnis der Studie ist, dass das Interesse am Geschichtsunterricht nach der Behandlung des Themas im Klassenzimmer anstieg, sich nach den KZ-Besuchen aber keine diesbezüglichen positiven Effekte abzeichneten. Der kurzfristig messbare themenbezogene Kenntniszuwachs nach dem Besuch nivellierte sich nach einiger Zeit. Es zeigten sich nur geringfügige Einstellungsänderungen, die zudem abhängig von einer fundierten Nachbereitung des Besuchs im Unterricht seien (Marx/Sauer 2011, S. 143).

Zeitzeugen und Originalbauten

Fazit

Die anvisierten Ziele der Gedenkstättenpädagogik (vgl. Kapitel 5.1, S. 115 ff.) werden den Studien zufolge nur zum Teil erreicht. Eine nachhaltige Wirkung in Bezug auf Einstellungs- und Interessenentwicklung und im Hinblick auf den Erwerb kognitiver Kompetenzen scheint zum einen abhängig zu sein von der Konzeption der Gedenkstätte und deren Programm, zum anderen von der methodisch-didaktischen Gestaltung des Besuchs sowie dessen Reflexion, Aufarbeitung und Einbindung in das weitere Unterrichtsgeschehen. Auch die affektive Dimension scheint eine besondere Rolle zu spielen: Emotionen können Lernprozesse befördern, diese aber auch behindern.

Geographie

Studien zu geographiebezogenen Effekten des Besuchs außerschulischer Lernorte, die in relativ großer Anzahl vorliegen, erfassen – wie in anderen Fächern – meist nur ein spezielles Setting an einem bestimmten Lernort, nehmen dabei fast immer nur eine einmalige, spezielle Maßnahme in den Blick und beziehen sich meist auf eine kleine Stichprobe bestimmter Schülerinnen und Schüler einer Schulform und Klassenstufe. Dennoch liefern sie interessante Ergebnisse im Hinblick auf die Gestaltung von Lernprozessen an außerschulischen Lernorten.

Häufigkeit und methodisches Vorgehen

Auf der Grundlage von Metaanalysen zeigt Lößner, dass laut Befragungen von Lehrkräften Exkursionen vor allem im Grundschulbereich, weit seltener im gymnasialen Schulalltag durchgeführt werden. Darbietende Verfahren werden auf Exkursionen favorisiert, und als Hauptgrund für die Durchführung einer Exkursion wird von Lehrkräften die unmittelbare Konfrontation mit der Wirklichkeit angegeben (Lößner 2011, S. 26 ff.).

Beliebtheit

In ihren Studien mit einer Gesamtstichprobe von ca. 6.000 Schülerinnen und Schülern stellen Hemmer und Hemmer (2010) fest, dass Exkursionen – nach dem Experimentieren sowie der Arbeit mit Filmen – bei Lernenden im Jahr 1995 die drittbeliebteste Arbeitsform darstellten, unabhängig vom Alter der Befragten oder der besuchten Schulart. In der Folgeuntersuchung von 2005 verschoben sich diese Werte allerdings etwas: Die Arbeit mit Bildern sowie mit dem Computer verdrängten Exkursionen auf den fünften Platz (Hemmer/Hemmer 2010, S. 91).

Geocaching

Kisser untersucht den sach- und inhaltsbezogenen Kompetenzerwerb beim Geocaching im Vergleich zum Lernen an Stationen im Klassenraum. Für die fünfte Jahrgangsstufe stellt er bei einem Posttest drei Wochen nach dem Lernprozess fest, dass die Teilnehmerinnen und Teilnehmer an der Exkursion deutlich bessere Ergebnisse erzielten als die Kontrollgruppe, und dies vor allem bei der Beantwortung als schwierig eingeschätzter Fragen (Kisser 2014, S. 205 f.). In der elften Jahrgangsstufe hingegen fallen die Unterschiede zwischen den didaktischen Konzepten geringer aus: Bei einem leichten Vorteil für die Teilnehmenden der

Exkursion wurden einige Fragen besser, andere schlechter als von der Kontrollgruppe beantwortet (Kisser 2014, S. 213). Mädchen erzielten insgesamt bessere Lernerfolge beim Stationenlernen im Klassenraum, Jungen hingegen beim Geocaching (Kisser 2014, S. 221).

Kognitivistische vs. konstruktivistische Konzepte

Neeb vergleicht den Lernzuwachs in drei unterschiedlichen Settings: bei kognitivistisch sowie konstruktivistisch gestalteten Exkursionen und beim Unterricht im Klassenraum. Die kognitivistisch ausgerichtete Exkursion war in Form einer Schatzsuche konzipiert, bei der verschiedene Aufgaben unter Bezugnahme auf Informationstafeln eines Lehrpfades durch ein Moorgebiet bearbeitet wurden. Für die konstruktivistisch ausgerichtete Exkursion wurde ein Rollenspiel in Form einer Kriminalgeschichte inszeniert, im Rahmen derer die Schülerinnen und Schüler auf den Lernort bezogene Aufgaben vor Ort lösen mussten. Der Unterricht im Klassenraum wurde methodisch als Lernen an Stationen gestaltet.

Deklaratives und prozedurales Wissen

Im Vergleich zwischen dem kognitiven Setting und dem Stationenlernen zeigten sich für das Stationenlernen »gravierende Vorteile in Bezug auf die Vermittlung deklarativen Wissens« (Neeb 2010, S. 286). Bei prozeduralem Wissen (Anwendungs-, Transfer-, Reflexions- oder Problemlösewissen) war die kognitivistisch orientierte Exkursion dahingegen dem Lernen im Klassenraum überlegen. Beim Vergleich der beiden Exkursionsformate wiesen die Lernenden bei der konstruktivistisch orientierten Exkursion unmittelbar nach der Maßnahme ein deutlich größeres Maß an Wissenszuwachs auf. Dieser Unterschied verschwand aber mittel- bis langfristig wieder: Dem erhöhtem Lernzuwuchs stand ein auch erhöhter Wissensverlust gegenüber (Neeb 2010, S. 294).

Motivation und Interesse

Im Hinblick auf Motivation und Interesse waren beide Exkursionsformate zu Beginn des Lernprozesses dem Unterricht im Klassenzimmer überlegen. Im Verlauf des Lernprozesses verschwand dieser Unterschied allerdings. Nur bei der konstruktivistisch orientierten Exkursion blieb die Motivation und Bereitschaft zur Mitarbeit auf einem sehr hohen Niveau, bei der kognitivistisch orientierten Exkursion sank das Interesse dahingegen mit Dauer der Exkursion rapide.

Wahrnehmung und Verwendung von Fachbegriffen

In Bezug auf die multisensuelle, differenzierte Wahrnehmung naturräumlicher Objekte und Phänomene zeigten sich beide Exkursionsformate dem Lernen im Klassenraum gegenüber überlegen. Die Wahrnehmung von Schülerinnen und Schüler der konstruktivistisch orientierten Exkursion waren wesentlich differenzierter und detaillierter als die der kognitivistisch orientierten Exkursion. Diese Gruppe konnte auch anschließend Fachbegriffe besser nutzen, um Objekte und Phänomene zu beschreiben.

Bedeutung des Vorwissens

Deutlich wird in der Studie die Bedeutung des Vorwissens für den Wissenserwerb: Je geringer das Vorwissen, desto höher ist zunächst der

Wissensgewinn, desto höher dann aber auch der Wissensschwund zu einem Messzeitpunkt nach sechs Wochen.

Einbindung in den Unterricht

Aufgrund der Studienergebnisse empfiehlt die Autorin eine vorbereitende thematische Einbindung von Exkursionen in den Unterricht im Klassenzimmer, um sogenanntes »Ankerwissen« für bei der Exkursion neu zu erwerbende kognitive Kompetenzen grundzulegen. Die Exkursion selbst solle dann an zentraler Stelle der Unterrichtseinheit platziert werden, um relevante Problemstellungen in der realen Umgebung des Lerngegenstandes zu bearbeiten (Neeb 2010, S. 369). Exkursionen als motivationalen Einstieg in eine Unterrichtseinheit einzuplanen, erscheint dahingegen weniger sinnvoll, wenn man sich davon auch Effekte der Leistungssteigerung verspricht. Als Abschluss einer Unterrichtseinheit sind sie Neeb zufolge genauso wenig geeignet, da hier Chancen auf den Kompetenzerwerb vergeben werden. Neeb betont weiter die Notwendigkeit »einer binnendifferenzierten und flexiblen instruktionalen Unterstützung im Verlauf der Exkursion« (Neeb 2010, S. 371) durch die Lehrkraft sowie die einer »schriftlichen Fixierung relevanter Aspekte im Verlauf der Exkursion« (Neeb 2010, S. 376), um das neu erworbene Wissen zu festigen und nachhaltig zu verankern.

6.2 Natur und Umwelt

Neben Studien zu den Unterrichtsfächern Biologie und Chemie werden in diesem Teilkapitel Forschungsergebnisse dargestellt, die zur Bildung für nachhaltige Entwicklung sowie zu außerschulischen Experimentierangeboten wie Lernlabore oder Science Center vorliegen. Letztere beziehen oft auch den technischen und den physikalischen Lernbereich ein, für die keine aussagekräftigen eigenen Studien gefunden werden konnten.

Biologie und Chemie

Für den Bereich Biologie existieren nur sehr wenige Studien. Dies überrascht, wenn man bedenkt, dass außerschulische Lernorte im Biologieunterricht schon traditionell einen festen Platz haben und auch fachdidaktische Konzeptionen zum Lernen an außerschulischen Lernorten vorliegen. Für die Chemie verwundert ein weitgehendes Forschungsdesiderat, das zweifelsfrei konstatiert werden kann, dahingegen weniger (vgl. Kapitel 5.2, S. 127 f.). Im Folgenden werden einige Studien vorgestellt, aus denen über das Spezifische hinaus allgemeinere Erkenntnisse abgeleitet werden können.

Fröhlich vergleicht den kognitiven Lernzuwachs zum Themenfeld Landwirtschaft und Ernährung beim Unterricht im Klassenraum mit dem kontextgebundenen Lernen am außerschulischen Lernort Bauernhof. Zwischen den beiden methodischen Vorgehensweisen können in dieser Studie keine signifikanten Unterschiede in Bezug auf den Erwerb fachlicher Kompetenzen festgestellt werden (Fröhlich 2012, S. 24). Bezogen auf die Entwicklung von Naturverbundenheit durch das Lernen vor Ort zeigten sich bei Grundschülerinnen und Grundschülern längerfristige Effekte eher als bei Hauptschülerinnen und Hauptschülern der sechsten Jahrgangsstufe (Fröhlich 2012, S. 23).

Lernort Bauernhof

Paschold (2015) evaluiert in seiner Interventionsstudie Lehrer-Landwirt-Tandems, die im Rahmen eines Projekts an gemeinsamen Fortbildungen teilnahmen und in der Folge beim Besuch des landwirtschaftlichen Betriebs durch die Schulklasse kooperierten. Dabei zeigt sich, dass solche Konzepte geeignet sind, sowohl die Nutzungshäufigkeit als auch die methodische Qualität des Angebots zu verbessern.

Lernort Zoo

Jensen (2014) führte in Großbritannien eine Pre-Posttest-Befragung von 7- bis 15-jährigen Kindern und Jugendlichen zum Erwerb von biologischem Artenschutzwissen im Rahmen eines Zoobesuchs durch. Bei 59 Prozent der Schülerinnen und Schüler, die den Zoo in London mit einer pädagogischen Führung besuchten, stellten sich keine messbaren Lerneffekte ein. Bei der Kontrollgruppe war dieser Wert mit 66 Prozent nur geringfügig höher: Das pädagogische Angebot weise also nur einen äußerst geringen Effekt auf.

Seybold (2012) erforschte ebenfalls das Lernen im Zoo, kommt vor dem Hintergrund eines anderen Settings aber zu völlig anderen Ergebnissen. Für ihre Studie, in die über 1.000 Schülerinnen und Schüler der 5. und 6. Klasse einbezogen wurden, entwickelte sie ein Pre-Post-Follow-up-Kontrollgruppendesign. Sie konnte nachweisen, dass Schülerinnen und Schüler, die Primaten im Zoo beobachteten, darüber hinaus im Rahmen einer Zooschule von einem Tierpfleger bzw. einer Tierpflegerin zusätzliche Informationen erhielten und das Thema außerdem im Unterricht anhand eines Stationenlernens vertieften, mehr Faktenwissen aufbauen und dies länger behalten konnten als die Kontrollgruppe, die das Programm vor Ort nicht durchlief. Die erste Gruppe zeigte auch eine höhere Lernmotivation als diejenigen Schülerinnen und Schüler, die nicht am Zooprogramm teilnahmen.

Chemie

Dziewas vergleicht den Wissenszuwachs zum Thema »Umweltverschmutzung durch Verbrennung von Nichtmetallen« bei Realschülerinnen und Realschüler der achten Jahrgangsstufe in drei verschiedenen Settings: beim Lernen im Klassenzimmer, am schulnahen Lernort Park und an einer außerschulischen Institution wie z. B. einem Wasserwerk.

Sowohl hinsichtlich des kognitiven wie des Handlungswissens zeigt sich der schulnahe Lernort, an dem Experimentierkoffer zum Einsatz kamen, dem Lernen an außerschulischen Institutionen, an denen Führungen stattfanden und Experimente durchgeführt wurden, überlegen. Am schlechtesten schnitt der Unterricht im Klassenzimmer ab, der methodisch mit Arbeitsblättern und Filmen, durchaus aber auch mit Experimenten gestaltet wurde. Die stärksten Effekte konnten von den Gruppen erzielt werden, die beide außerschulische Lernorte aufgesucht hatten. Bei leistungsschwächeren Schülerinnen und Schülern zeigten sich diese Effekte deutlicher (Dziewas 2007, S. 103 f.).

Außerschulische Experimentierangebote: Schülerinnen- und Schülerlabore, Science Center

Zum Besuch von MINT-bezogenen Schülerinnen- und Schülerlaboren und Science Centern, in denen Schülerinnen und Schüler im Rahmen von schulischen Exkursionen einen halben bis einen Tag verbringen, sind einige Forschungsergebnisse vorhanden. Allerdings sind die Konzeptionen der in Deutschland insgesamt über 320 Labore und 22 Science Center (Stand: 2017) sehr unterschiedlich, genauso wie die Forschungsfragen und Forschungsdesigns der dazu vorliegenden Studien.

In der Regel beschränken sich die Untersuchungen auf die Evaluation eines bestimmten Labors bzw. eines bestimmten Programms (Lindner/Kubat 2014, S. 82). Aus ihrer Metaanalyse, die sechs Studien einbezieht, können Guderian und Priemer allerdings doch einige generelle Erkenntnisse ableiten: So zeige sich, dass das Interesse und der Wunsch, mehr über die im Labor erarbeiteten fachlichen Inhalte zu erfahren, unmittelbar nach dem Laborbesuch stark ansteige. Dieser Effekt verliere sich allerdings nach einem gewissen Zeitraum wieder. Längerfristig habe der (einmalige) Besuch eines Schülerlabors keine Auswirkung auf das Sachinteresse der Lernenden (Guderian/Priemer 2008, S. 28). Die den Besuch nachbereitende Einbindung der Inhalte in den Unterricht könne dem schnellen Interessenverlust allerdings entgegenwirken. Dies geschehe in der Unterrichtspraxis aber nur selten. Meist stehe der Besuch des Labors für sich und werde nicht weiter in den Unterricht integriert (Guderian/Priemer 2008, S. 29). Diese Einschätzung stützt auch die Studie von Asmussen, in der 60 Prozent der Lehrkräfte angaben, den Besuch eines Science Centers nicht in den sonstigen Unterricht eingebettet zu haben (Asmussen 2010, S. 8).

Sachinteresse

Integration in den Unterricht

Geyer hingegen kommt zum Befund, dass der Besuch laut Selbstauskunft der Lehrkräfte meist in eine Unterrichtseinheit integriert sei. Auch gaben die Lehrerinnen und Lehrer an, den Besuch in einem Science

Center intensiv vor- und auch nachzubereiten (Geyer 2008, S. 160ff.). Den Schülerinnen und Schülern wird eine solche didaktische Rahmung allerdings weniger deutlich: Sie erinnerten sich eher an eine organisatorische als an eine inhaltliche Vorbereitung (Geyer 2008, S. 196). Die motivationalen Effekte des Besuchs wurden von den befragten Lehrkräften als positiv eingeschätzt, kognitive Effekte dahingegen als enttäuschend bezeichnet (Geyer 2008, S. 165). Die Schülerinnen und Schüler selbst berichteten ebenfalls von einem Interessenzuwachs (Geyer 2008, S. 198). Es zeige sich, dass eine inhaltliche Vorbereitung sowie das Wissen über die Ziele des Besuchs höhere Interessenswerte zur Folge haben. Daneben sei das gemeinsame Erkunden mit der Lehrkraft förderlich und die Art der Interaktion zwischen der Lehrperson und den Lernenden während des Besuchs entscheidend für den Kompetenzzuwachs. Auch die soziale Eingebundenheit beeinflusse das motivationsrelevante Erleben positiv und führe zu höherem Interesse. Noch bedeutender sei aber, dass die Lehrkraft den Schülerinnen und Schülern vor Ort die inhaltliche Relevanz der naturwissenschaftlich-technischen Inhaltsbereiche verdeutliche (Geyer 2008, S. 201ff.).

Wissens- und Interessenszuwachs

Förderliche Faktoren

Pawek untersuchte mit einem Pre-Post-Follow-up-Design jeweils eintägige Veranstaltungen in mehreren Laboren des Deutschen Zentrums für Luft- und Raumfahrt. Bei einer Stichprobe von knapp 750 Schülerinnen und Schülern kommt er zum Ergebnis, dass die Teilnahme sowohl großes und langanhaltendes Interesse bewirke als auch die Fähigkeitsselbstkonzepte positiv beeinflusse. Besonders wichtig seien hierbei Verständlichkeit, Betreuung, Atmosphäre sowie Authentizität (Pawek 2012, S. 69). Im Rahmen eines Teilgruppenvergleichs, der für die Mittelstufe durchgeführt wurde, konnten weder geschlechts- noch schulartenspezifische Unterschiede bei den gemessenen Effekten festgestellt werden (Pawek 2012, S. 86f.).

Unterschiede zwischen Lernenden

Alter und Geschlecht

Streller (2009) weist nach, dass Kinder, die über zwei Jahre hinweg kontinuierlich Schülerinnen- bzw. Schülerlabors nutzen, überdauerndes Interesse entwickeln sowie eine Stärkung ihres naturwissenschaftlichen Fähigkeitskonzepts erfahren. Jüngere Schülerinnen und Schüler werden durch das außerschulische Lernen im Labor eher motiviert als ältere. Geschlechtsspezifische Unterschiede konnte Streller nicht feststellen, genauso wenig wie Pawek (2012) oder Geyer (2008, S. 204) in den bereits beschriebenen Studien. Diesen Befund stützen auch weitere Studien (vgl. bspw. Glowinski 2007, S. 214; Guderian 2007, S. 130).

Ergebnisse aus Metaanalysen

Die international ausgerichtete Studie von Falk et al. (2014) eruiert die Effekte von Science Centern auf der Grundlage einer Stichprobe von ca. 13.500 Personen, die eine von insgesamt 17 Einrichtungen in verschiedenen Ländern besucht haben. Sie kommen zum Ergebnis, dass die Effekte in Bezug auf Technik- und Wissenschaftsaffinität, Interessenentwicklung sowie naturwissenschaftliches Selbstkonzept von den Variablen Häufigkeit des Besuchs, dortige Verweildauer sowie Zeitspanne zwischen Besuch und Befragung abhängig sind. Das Interesse an entsprechenden Unterrichtsfächern könne ebenfalls gesteigert werden (Falk et al. 2014, S. 22). Allerdings stellen die Autoren auch fest, dass der Besuch eines Centers im Rahmen einer Schulexkursion weniger zum Kompetenzerwerb und zur Interessenbildung beitrage als Besuche, die im privaten Rahmen stattfinden (Falk et al. 2014, S. 41).

Lewalter und Geyer (2005) stellen in ihrer Metaanalyse vorliegender Studien zu Exkursionen zu naturwissenschaftlich-technischen Museen und Science Centern heraus, dass die Befundlage insgesamt noch recht spärlich sei. Dennoch könne von positiven Effekten in Bezug auf den Erwerb neuen Faktenwissens gesprochen werden. Gleiches gelte auch für die affektiv-motivationale Ebene. Den Rahmenbedingungen des Besuchs sowie den methodischen Gestaltungsaspekten komme dabei eine entscheidende Rolle zu (Lewalter/Geyer 2005, S. 781). Garnett (2002) konstatiert in seiner Metaanalyse von mehr als 180 europäischen, nordamerikanischen, asiatischen sowie australischen Studien, dass Science Center zwar durchaus einige Effekte bei den Besuchern zeigen, nach wie vor aber mehr Studien für eindeutige Aussagen benötigt werden.

Die Untersuchung des ECSITE (European Network of Science Centers and Museums) von 2008 kommt insgesamt zu einer sehr optimistischen Einschätzung im Hinblick auf die kognitiven, motivationalen sowie einstellungsbezogenen Effekte dieser außerschulischen Lernorte. Geyer stützt in ihrer Aufarbeitung des Forschungsstands diese Einschätzung, verweist aber ebenfalls darauf, dass die Forschungslage insgesamt unbefriedigend sei und die theoretischen Modelle, die den Studien zugrunde liegen, oft nicht dem aktuellen Entwicklungsstand der pädagogisch-psychologischen Forschung entsprächen (Geyer 2008, S. 78). Eine entsprechende Einschätzung findet sich auch bei Heering, Kiupel und Schulze Heuling (2016, S. 237).

Fazit

Obwohl im Vergleich zu anderen Lernorten ausgesprochen viele Einzel- und sogar Metastudien vorliegen, existieren auch für den Besuch von Science Centern sowie Schülerinnen- und Schülerlaboren keine eindeutigen und abschließend verallgemeinerbaren Erkenntnisse zu deren Effekte und Wirksamkeit. Die Analyse und Auswertung der Studien deuten allerdings darauf hin, dass sich vor allem regelmäßige, mehrmalige und in den Unterricht thematisch eingebundene Besuche positiv auf Motivation, Interessenentwicklung, naturwissenschaftliches Selbstkonzept sowie kognitiven Wissenserwerb auswirken können. Vor allem jüngere Schülerinnen und Schüler scheinen von den Laborbesuchen zu profitieren. Geschlechtsspezifische Unterschiede zeigen sich dahingegen eher nicht.

Bildung für nachhaltige Entwicklung

Für den Bereich der Bildung für nachhaltige Entwicklung liegen ebenfalls vergleichsweise viele Studien vor. Sie untersuchen den Einfluss von Einstellungen von Lehrkräften auf das Aufsuchen außerschulischer Lernorte (bspw. Seybold/Rieß 2005), den Stellenwert, den außerunterrichtliche Lernorte im Schulalltag einnehmen (Rieß et al. 2008; Rode 2006), die Bedeutungszuschreibung des Lernorts durch Schülerinnen und Schüler (Schockemöhle 2011), aber auch die Akzeptanz verschiedener Lernangebote an außerschulischen Lernorten sowie dort auftretende Lernhindernisse (Groß 2011).

Einstellungen von Lehrkräften

In einer Studie an 250 Grundschulen in Baden-Württemberg konnten Seybold und Rieß nachweisen, dass eine enge Korrelation zwischen der Wertschätzung für Umweltbildung und dem Lernen vor Ort besteht: Außerschulische Lernorte fanden signifikant häufiger einen Platz im Unterrichtsalltag von Lehrkräften, die der Umwelterziehung eine hohe Bedeutung zumaßen (Seybold/Rieß 2005, S. 227).

Stellenwert innerhalb der zum Einsatz kommenden Unterrichtsmethoden

Für den Evaluationsbericht »Bildung für nachhaltige Entwicklung an weiterführenden Schulen in Baden-Württemberg« befragten Rieß et al. (2008) insgesamt 1.835 Lehrkräfte mit einem Fragebogen nach den zum Einsatz kommenden Unterrichtsmethoden. Circa 45 Prozent der Lehrkräfte gaben an, außerschulische Lernorte (wie Zoos, Museen oder Klär- und Kraftwerke) zu besuchen. Knapp ein Drittel der Lehrerinnen und Lehrer stimmten der Aussage zu, dass sie ihren Schülerinnen und Schülern ein Naturerleben mit allen Sinnen ermöglichen wollen und dafür den Wald, eine Wiese oder einen Bach aufsuchen. Beobachtungen, Untersuchungen und Messungen in der Natur wurden von rund 30 Prozent der Befragten durchgeführt, den Besuch von Weltläden sowie die Teilnahme an Umweltschutzmaßnahmen (Krötenzaun, Bachpflege) gaben jeweils zehn Prozent der Befragten an (Rieß et al. 2008, S. 54 ff.). Betrachtet man die Konzepte der BNE, die explizit eine Öffnung von Schule zum regionalen Umfeld fordern, um den Erwerb von Handlungskompetenz zu ermöglichen (vgl. Kapitel 5.3, S. 125 ff.), so sind diese Werte als eher gering einzuschätzen.

Originale Begegnung aus Sicht der Lehrkräfte

Die Evaluation des Bildungskonzepts »Regionales Lernen 21+« zeigt, dass der Einflussfaktor »Originale Begegnung« von den an der entsprechenden Fortbildungsmaßnahme Teilnehmenden äußerst stark betont wird. Sie sehen die Maßnahmenwirksamkeit des außerschulischen Lernorts zu 100 Prozent gegeben. Dem grundsätzlichen Interesse der Lernenden am Thema sprechen sie mit lediglich 17 Prozent einen deutlich niedrigeren Einfluss für das Erlangen der anvisierten Kompetenzen zu. Schockemöhle spricht vor diesem Hintergrund von einer Überbewertung des Lernorts durch die an der Schulung teilnehmenden Pädagoginnen und Pädagogen und verweist darauf, dass außerschulische Lernorte nur in der Kombination mit einer auf handlungsorientiertes Lernen ausgerichteten didaktischen Struktur ihr Potential entfalten können (Schockemöhle 2011, S. 100).

Aufgabenkultur

Keller, Colberg und Imhof erläutern auf der Grundlage ihrer Studie zur Klimabildung in der freien Natur und im Klassenraum, dass das Erzielen von Lernerfolgen davon abhänge, wie Lernen außerhalb der Schule didaktisch gestaltet werde. Hierzu sei – wie beim Unterricht im Klassenraum – eine anspruchsvolle, kompetenzorientierte Aufgabenkultur erforderlich. Die Umwelteinstellungen der Schülerinnen und Schülern konnten durch den Unterricht – egal ob drinnen oder draußen – kaum beeinflusst werden. In Bezug auf den kognitiven Lernzuwachs zeigten sich beide Konzepte gleich wirksam. Lediglich in Bezug auf die Bereitschaft, zukünftige Umweltmaßnahmen durchzuführen, war das Lernen am außerschulischem Ort dem Lernen im Klassenzimmer in seiner Wirkung überlegen (Keller/Colberg/Imhof 2015, S. 6 ff.).

Fazit: Uneindeutige Befundlage

Ob und für welche Bereiche Lernen an außerschulischen Lernorten im Rahmen einer Bildung für nachhaltige Entwicklung dem Lernen im Klassenraum überlegen ist, kann vor dem Hintergrund der vorliegenden Forschungsergebnisse nicht abschließend beurteilt werden. Rieß (2010, S. 147) konstatiert, dass gegenwärtig noch zu wenige empirische Befunde zu den Wirkmechanismen spezifischer Umweltbildungsmaßnahmen vorliegen, um belastbare Aussagen über erfolgreiche Vorgehensweisen, Methoden oder didaktische Arrangements zu treffen. Doch ähnlich wie bei Studien zu anderen Lernbereichen deutet sich auch hier an, dass nicht der Lernort selbst über Lernerfolge entscheidet, sondern vielmehr die didaktisch-methodische Gestaltung der Lernprozesse, die an diesem stattfinden.

6.3 Erlebnispädagogik/Outdoor Education

Meist werden erlebnispädagogische Maßnahmen im Rahmen der außerschulischen Jugendarbeit oder Jugendhilfe angeboten; dennoch spielen sie als Elemente bei Schullandheimaufenthalten, als zum Teil freiwillige, zum Teil verpflichtende Schulprogramme oder aber als Einheiten im Rahmen von Fachunterricht auch in der Schule eine Rolle. Historisch ist die Erlebnispädagogik unmittelbar mit Schule verbunden, gilt doch der

Reformpädagoge Kurt Hahn, der der Landerziehungsheimbewegung zuzuzählen ist, als deren »Urvater«. Erlebnispädagogische Programme zielen meist auf die Anbahnung überfachlicher Kompetenzen. Dementsprechend wird in vorliegenden empirischen Studien meist die Wirkung von Programmen auf soziale Einstellungen, die Steigerung des Selbstvertrauens oder von Problemlösefähigkeit untersucht.

Ziele der Erlebnispädagogik

Qualität vorliegender Studien

Für den deutschsprachigen Raum stellt von Ackeren (2005) fest, dass nur wenige Studien zu den Effekten erlebnispädagogischer Maßnahmen existieren. Sie kritisiert, dass vorliegende Studien teilweise methodische Schwächen wie ein fehlendes Kontrollgruppendesign oder sehr begrenzte Stichproben aufweisen und sich darüber hinaus meist auf spezielle Gruppen wie straffällig gewordene Jugendliche oder Schülerinnen und Schüler mit erhöhten Schulleistungsdefiziten beziehen (von Ackeren 2005, S. 18). Es deute sich aber an, dass eine zielgruppenorientierte Gestaltung bei sinnvoller Konzeption durchaus dazu beitrage, überfachliche personale, soziale und methodische Kompetenzen »zu verbessern sowie auf Motivation und Leistungspotential positiv zu wirken« (von Ackeren 2005, S. 18).

Selbstwirksamkeit und Belastungserleben

Diese Einschätzung bestätigt sich in der Studie von Kümmel, Hampel und Meier (2008). Sie eruieren die Effekte einer fünftägigen erlebnispädagogischen Maßnahme mit Vertrauens-, Kooperations- und Interaktionsübungen sowie natursportlichen Aktivitäten. Insgesamt 202 Schülerinnen und Schüler im Alter von zwölf bis 14 Jahren durchliefen das Programm. Im Gegensatz zur Kontrollgruppe (n = 111), die an der Maßnahme nicht teilnahm, zeigten sich bei den teilnehmenden Schülerinnen und Schüler unmittelbar nach der Maßnahme positive Werte für den Bereich der Selbstwirksamkeit, das eigene Belastungserleben sowie die allgemeine sowie soziale Erholung, die dem Schulstress entgegensteht. Mehr noch als die Jungen profitierten die Mädchen von den während der Maßnahme erlebten Erfolgen.

Identifikation mit Schule und Klasse

Zick (2002) untersucht die Wirkung einer Kanufahrt-Maßnahme auf 16- bis 17-Jährige Jugendliche mittels einer Prä-Poststudie. Insgesamt erfasste er 39 Schülerinnen und Schüler aus zwei Klassen, von denen sechs nicht an der Maßnahme teilnahmen. Zick kommt zum Ergebnis, dass sich die Maßnahme vor allem auf die Einstellung zur Schule sowie auf die Identifikation mit ihr und mit der Klassengemeinschaft positiv auswirke. Auch eine Steigerung des Vertrauens in die Lehrpersonen konnte nachgewiesen werden. Partiell profitierten auch die Schülerinnen und Schüler, die an der Maßnahme nicht teilgenommen hatten, von der Kanufahrt ihrer Mitschülerinnen und Mitschüler.

Selbstvertrauen und Gruppenzusammenhalt

Moch (2002) eruiert die Wirkung einer einwöchigen Fahrt auf einem Segelboot auf 11- bis 13-jährige Schülerinnen und Schüler einer Hauptschule sowie eines Gymnasiums und stellt in Teilen eine positive, zeitlich stabile Veränderung von Selbstvertrauen und Gruppenzusammenhalt fest. Die Gymnasiastinnen und Gymnasiasten konnten letzteren schneller steigern als die Hauptschülerinnen und Hauptschüler, geschlechtsspezifische Unterschiede waren nicht feststellbar. Ein Anstieg des Selbstvertrauens dahingegen sei an Geschlecht gebunden: Er konnte nur für die männlichen Gymnasiasten festgestellt werden. Aus der Studie geht weiter hervor, dass sich Statusränge innerhalb der Gruppe im Laufe der Maßnahme verschoben, wovon vor allem sogenannte Außenseiterinnen und Außenseiter profitieren konnten. Neue Freundschaften scheinen insgesamt aber eng an das Erlebnis gekoppelt zu sein, denn nach vier Wochen hatte nur noch ein Drittel dieser Bestand. In Bezug auf Naturerleben stellt Moch fest, dass der Segelaufenthalt keine Auswirkungen beispielsweise auf den Wunsch habe, sich vermehrt in der freien Natur aufzuhalten.

Statusrang und Freundschaft

Naturerleben

Internationale Studien

Aus Skandinavien, den USA sowie aus Australien liegen sehr viel mehr Studien zu erlebnispädagogischen Maßnahmen vor, darunter auch Metaanalysen. Dies liegt sicherlich auch daran, dass erlebnispädagogische Programme in diesen Ländern eine größere, zum Teil auch curricular verankerte Bedeutung im Schulleben haben. So unterstützt beispielsweise die Regierung von Western Australia ein sogenanntes »Off-campus Enrichment Program« (Government of Western Australia 2017), bei dem Schülerinnen und Schüler mindestens fünf Tage lang an einem Outdoor-Programm oder an einer Kultur- bzw. Sportreise teilnehmen. In Skandinavien sind die dänische »Udeskole« (»Draußenschule«), das norwegische »Friluftsliv« (»Leben im Freien«) und die schwedische »Utomhuspedagogik« (»Außer-Haus-Pädagogik«) in den Unterrichtsalltag vieler Schulen integriert und inzwischen meist auch institutionell verankert (Bentsen 2016).

Programm und Setting entscheidend

Neill (2008) untersucht australische Outdoor Education-Programme, die in der Regel mehrtätige Exkursionen in die Natur darstellen und vor allem das Ziel verfolgen, personale und soziale Kompetenzen der Teilnehmerinnen und Teilnehmer weiterzuentwickeln. Er stellt fest, dass die erzielten Effekte vor allem vom Programmtyp und der dahinterstehenden Philosophie abhängig seien. Die Dauer der Programme stelle dahingegen keine gewichtige Einflussgröße dar, wohl aber das Geschlecht der Teilnehmenden: Bei männlichen Teilnehmern seien längerfristig mehr positive Effekte in Bezug auf die Bereitschaft zur Verantwortungsübernahme sowie in Bezug auf soziale Kompetenzen festzustellen. Als weiteres Ergebnis stellt er heraus, dass die positiven Veränderungen im Hinblick auf Motivation, intellektuelle Flexibilität sowie Selbstbewusstsein dann stärker nachgewiesen werden konnten, wenn die Gruppen die Programme als gemischtgeschlechtliche Gruppe und nicht als geschlechterhomogene Jungen- oder Mädchengruppen durchlaufen hatten (Neill 2008, S. 288 f.).

Das American Institute for Research (2005) fand in einer Pre-Post-Kontrollgruppenuntersuchung mit 255 Grundschülerinnen und Grundschülern aus einem benachteiligten kalifornischen Stadtviertel heraus, dass 57 Prozent der Teilnehmenden das fünftägige Outdoor-Programm als den erstmaligen Aufenthalt in einer natürlichen Umgebung bezeichneten. Die teilnehmenden Kinder erzielten eine langfristig höhere Konfliktlösungs- sowie Kooperationskompetenz als die nicht am Programm teilnehmende Kontrollgruppe. Auch eine Steigerung des Selbstwertgefühls, eine Verbesserung des (Sozial-)Verhaltens innerhalb der Klasse, der Problemlösefähigkeit, des Wissenschaftsverständnisses sowie der Lernmotivation konnten nachgewiesen werden. Morisson (2016, S. 65) stellt fest, dass in den USA einige Studien darauf hinweisen, dass vor allem die mit Outdoor Learning einhergehenden informellen Lernaktivitäten zu größeren Fähigkeiten beim schlussfolgernden naturwissenschaftlichen sowie beim logischen Denken führen.

Selbstwertgefühl, Sozialverhalten, Lernmotivation

Für Skandinavien erläutert Bentsen (2016, S. 59 f.), dass »in der letzten Zeit erschienene Studien [...] über Outdoor Learning in Schulzusammenhängen [...] im Allgemeinen positive Auswirkungen aufgezeigt« hätten. Hierunter fallen beispielsweise eine höhere körperliche Aktivität, größeres allgemeines Wohlbefinden, verbesserte soziale Beziehungen, aber auch eine stressmindernde Wirkung auf Lehrkräfte.

Uneindeutige Ergebnisse in Metastudien

Australische Metaanalysen zu Outdoor Education Programmen kommen etwa zu zwei Dritteln zum Ergebnis, das mit solchen Programmen in den personalen und sozialen Kompetenzbereichen zumindest einige positive Effekte verbunden sind (Neill 2008, S. 68). Dennoch bleibt die Forschungslage auch hier letztlich uneindeutig: Während einige Untersuchungen beispielsweise zur Einschätzung kommen, dass längerfristige Effekte vor allem in Bezug auf das Selbstwertgefühl und das eigene Selbstkonzept ausgemacht werden können und dies verstärkt bei jüngeren Teilnehmenden der Fall sei (Neill 2008, S. 71), stellen Hattie et al. (1997, S. 60) in ihrer Metaanalyse fest, dass das Alter der Teilnehmenden keinen Einfluss auf die Effekte habe, die Effekte generell auch eher kurzfristiger Art seien.

6.4 Kultur und Religion

Unter dem Bereich Kultur und Religion werden Forschungsergebnisse dargestellt, die die Unterrichtsfächer Kunst, Musik und Religion betreffen. Darüber hinaus wird auf Studien zu Museumsbesuchen eingegangen. Für das Unterrichtsfach Sport, das in Kapitel 5.5 ebenfalls diesem Bereich zugeordnet wurde, liegen keine relevanten empiriebasierten Erkenntnisse vor. Auch insgesamt kann von einem Forschungsdesiderat gesprochen werden: Obwohl in den Fachdidaktiken Kunst und Religion ausgearbeitete Konzepte zum Lernen außerhalb der Schule existieren und auch die sportökologische Didaktik über einen Ansatz verfügt, der außerschulische Lernorte gezielt in den Unterricht einbezieht (vgl. Kapitel 5.4, S. 139 f.), scheinen diese weder auf der Grundlage forschungsbasierter Erkenntnisse entwickelt, noch mittels empirischer Studien in ihrer Verbreitung, Umsetzung und Wirkung überprüft zu sein. Selbst der Museumsbesuch, der vor allem in den Fächern Geschichte und Kunst zentral verankert ist, ist als schulische Veranstaltung nur selten Gegenstand von empirischen Studien.

Kunst und Musik

Lernort Kunstmuseum

Für das Fach Kunst konnte eine Studie gefunden werden, die an der Schnittstelle von Kunst- und Museumspädagogik anzusiedeln ist: Hofmann (2015) erforscht die Kommunikation über Kunst im Museum zwischen Museumsmitarbeiterinnen bzw. -mitarbeiter und zwei Schulklassen sowie einer Kindergartengruppe. Er kommt in seiner Analyse zum Schluss, dass sich die Kunstvermittelnden eher an ihrem Rollenverständnis und Fachwissen orientieren als an didaktischen Konzepten, wenn sie mit Kindern über Kunstwerke sprechen.

Lernort Konzertsaal

Für das Lernen am außerschulischen Lernort im Fach Musik konnte lediglich zur Konzertbesuchsdidaktik eine über das Spezifische hinausweisende Untersuchung gefunden werden: In ihrer Studie zu Kinderkonzertbesuchen im Rahmen des Musikunterrichts berichtet Hirte (2008), dass zwei Drittel der mit der Studie erfassten Grundschullehrkräfte (n = 48) noch nie einen Konzertbesuch mit ihren Grundschulklassen durchgeführt haben. Als Hinderungsgrund wurden vor allem Transport- und Organisationsfragen genannt. Fortbildungsbedarf wurde vorrangig von fachfremd unterrichtenden Lehrkräften betont.

Von denjenigen Lehrkräften, die mit ihren Klassen ein Kinderkonzert besucht hatten, gab ein Großteil an, in der Folge mehr klassische Musik zum Unterrichtsgegenstand gemacht zu haben. Viele Lehrkräfte meinten ein gesteigertes instrumentenkundliches Interesse bei den Schülerinnen und Schülern festzustellen, genauso wie ein höheres Interesse an den Musikstücken oder das Verlangen, weitere Konzerte zu besuchen. Den Wunsch, als Folge des Besuchs ein eigenes Instrument zu erlernen, beobachten nur drei der befragten Lehrkräfte bei den Schülerinnen und Schülern. Ein erhöhtes Interesse am Musikunterricht stellten genauso wenige Lehrkräfte fest, von besseren Leistungen bei Klassenarbeiten berichteten nur zwei Lehrkräfte.

Aus der zusätzlich zu der Befragung durchgeführten Analyse der Briefe, die die Schülerinnen und Schüler nach dem Konzertbesuch an das Orchester schrieben, geht hervor, dass vor allem die Musikauswahl sowie die Musiker selbst auf das Interesse der Kinder stießen, ferner die Instrumente, deren Bauweise und die Spieltechnik. Das Verlangen nach weiteren Konzertbesuchen äußerten – entgegen einer höheren Einschätzung der Lehrkräfte – nur knapp ein Viertel der Kinder explizit.

Museumsbesuche

Institutionalisierte Evaluationen der Museen

Viele der ca. 6.400 in Deutschland existierenden Museen (Stand: 2017) evaluieren ihre Ausstellungen und museumspädagogischen Programme mittels Besucherinnen- und Besucherbefragungen. Mit dem Institut für Museumsforschung (www.smb.museum/museen-und-einrichtungen/institut-fuer-museumsforschung/home.html) existiert darüber hinaus eine zentrale Einrichtung, die regelmäßig statistische Gesamterhebungen zu Besuchszahlen veröffentlicht. Auch auf der Homepage der Arbeitsgruppe für empirische Bildungsforschung e.V. (www.arbeitsgruppe-heidelberg.de/) sind zahlreiche Besucherbefragungen und Evaluationen zu Museen und Ausstellungen zu finden.

Sucht man dahingegen nach schulpädagogisch orientierten Studien, die das Museum explizit als außerschulischen Lernort in den Mittelpunkt rücken und entsprechende, über das Lokalspezifische hinausweisende Forschungsergebnisse liefern, muss auch hier von einem weitgehenden Forschungsdesiderat gesprochen werden.

Wissenszuwachs und Leistungsverbesserung

Zwei größere Studien liegen aus Großbritannien vor: Hooper-Greenhill et al. (2006) befragten insgesamt rund 26.000 Schulkinder sowie 1.600 Lehrkräfte im Zusammenhang mit dem Besuch von insgesamt 69 verschiedenen Museen in England. Sowohl die Schülerinnen und Schüler selbst als auch die Lehrkräfte bewerteten den Museumsbesuch zum größten Teil positiv. Die Lehrkräfte zeigten sich davon überzeugt, dass die Schülerinnen und Schüler am außerschulischen Lernort neues Wissen, aber auch Inspiration erlangt hätten. Eine weitere englische Studie von Watson, Dodd und Jones (2007) weist nach, dass ungefähr 60 Prozent der knapp über 750 befragten Schülerinnen und Schüler nach einem Museumsbesuch bei einer darauffolgenden Klassenarbeit eine bessere Note erreichten als in den drei Klassenarbeiten zuvor.

Religion

Lernort Kirchenraum

Kindermann und Riegel (2015) untersuchen die Lerneffekte des Kirchenraumbesuchs sowie diesbezügliche subjektive Theorien von Religionslehrerinnen und -lehrern. Die Auswertung von insgesamt 53 Fragebögen mit offenen Fragen ergibt, dass die Lehrkräfte vor allem den motivationalen Charakter, den alternativen Zugang zum Lerngegenstand, die kognitive Aktivierung sowie die Anschaulichkeit durch das Aufsuchen des Ortes als Mehrwert des Lernens am außerschulischen Lernort betrachten. Problematisch schätzen sie dahingegen die Herausforderung durch das veränderte Lernsetting in Bezug auf die Disziplin der Schülerinnen und Schüler sowie die Eignung des Kirchenraums als Lernort beispielsweise aufgrund dessen Größe oder Akustik ein.

Unter religiöser Perspektive ergebe sich aus der Sicht der Lehrkräfte ein Potential in Bezug auf das Erleben von Stille, das Erfahren von Religiosität sowie das Erproben religiöser Vollzüge. Als schwierig betrachtet wurden hingegen die mangelnde Vertrautheit vieler Schülerinnen und Schüler mit dem Kirchenraum sowie der mangelnde Respekt bei Kindern, die anderen Religionen angehörten als der des besuchten sakralen Raums. Zusammengefasst liege das Potential außerschulischen Lernens vor allem im affektiv-sinnlichen sowie performativen Zugang zum (Kirchen-)Raum.

Kindermann widmet sich in einer weiteren qualitativen Studie der Kirchenraumpädagogik und eruiert subjektive Theorien von »Religionslehrkräften in der Grundschule über Unterrichtsgänge in den Kirchenraum« (Kindermann 2017, S. 12). Die Ergebnisse zeigen, dass der Einfluss des persönlichen Bezugs zum Lernort einen erheblichen Einfluss auf die unterrichtspraktische Arbeit hat. Die befragten Lehrkräfte unterschieden sich in ihrer Zielsetzung und darin, unter welchem Fokus sie den Kirchenraum mit den Schülerinnen und Schülern aufsuchen. Das Spektrum reicht von einem sachlich-kognitiven über einen sinnlich-emotionalen bis zu einem religiösen Zugriff auf den Raum (Kindermann 2017, S. 317 ff.). Weiter wird herausgestellt, dass Lehrerinnen und Lehrer trotz des Lernortes außerhalb der Schule stark in der Strukturlogik eines Unterrichts im Klassenraum verhaftet bleiben.

6.5 Deutsch, Mathematik, Fremdsprachen/ Interkulturelles Lernen

In Deutsch, Mathematik und im Fremdsprachenunterricht spielen außerschulische Lernorte weder in Bildungsplänen (vgl. Kapitel 4, S. 95 ff.)

noch in fachdidaktischen Konzepten (vgl. Kapitel 5.5, S. 142 ff.) eine bedeutende Rolle. Entsprechend wenig empirische Studien liegen vor.

Deutsch

Für den Deutschunterricht existieren vor allem Studien zu Theaterbesuchen und zur Kooperation von Schulen und Bibliotheken.

Lernort Theater

In einer groß angelegten quantitativen Studie zur Eruierung der an hessischen Schulen vorhandenen Theateraktivitäten, an der 1.060 Schulen teilnahmen, gaben 79 Prozent der Befragten an, dass sie mit ihren Klassen ein- bis zweimal pro Jahr ins Theater gingen. Der Besuch von Kinder- und Jugendtheatern stand dabei weit mehr im Fokus als der Besuch von Schauspiel oder Oper. Die Studie selbst bezeichnet den Theaterbesuch als »Ergänzung des Deutschunterrichts« (Schneider 2007, S. 5), betrachtet diesen also nicht als originären Teil desselben.

Eine Schweizer Studie mit quasi-experimentellem Design befragte insgesamt 790 Berufsschülerinnen und -schüler sowie deren Lehrkräfte nach ihrer Einstellung zu Theater vor und nach einem schulischen Theaterbesuch (Franzen/Botzen/Heiniger 2013). Rund 50 Prozent der Schülerinnen und Schüler fanden die Aufführung gut oder sehr gut, und nur sehr wenige bezeichneten diese als langweilig. Dennoch zeigten sich keine Einstellungsänderungen zu Theater im Allgemeinen: So wurde die Wahrscheinlichkeit, in den nächsten Monaten einen weiteren Theaterbesuch zu unternehmen, vom überwiegenden Teil der Schülerinnen und Schüler mit »unwahrscheinlich« oder »sehr gering« angegeben. Diesbezügliche Unterschiede zur Kontrollgruppe, die kein Theaterstück besuchte, konnten in der Studie nicht festgestellt werden.

Dass nicht persönliches Interesse, sondern Schule die »treibende Kraft für Theaterbesuche von Jugendlichen« (Hagedorn/Hennes/Strömer 2013, S. 12) darstellt, wird in der quantitativen Bremischen Studie von Hagedorn, Hennes und Strömer deutlich, für die allerdings nur eine recht geringe Anzahl von 89 Oberschülerinnen und -schüler befragt wurde. Den Schülerinnen und Schülern seien, so die Studie, bei einem Theaterbesuch überraschende Ideen sowie eine leicht verständliche Sprache weitaus wichtiger als beispielsweise alltagsnahe Themen oder die musikalische Untermalung des Stückes durch Live-Musik.

Lernort Bibliothek

Krauß-Leichert (2014) untersuchte mit Tests die Leseleistung, Lesegewohnheit sowie die Lesemotivation von Grundschulklassen, die über drei Schuljahre hinweg regelmäßig Programme zur Leseförderung in der Stadtbibliothek besuchten. Sie kommt zum Ergebnis, dass die am Projekt teilnehmenden Kinder deutlich bessere Leseleistungen als der Durchschnitt gleichaltriger Schülerinnen und Schüler aufweisen. 85 Prozent der Kinder besuchten nach Ablauf des Programms auch allein die Bibliothek, und die Anzahl der Schülerinnen und Schüler, die angab, nicht gern zu lesen, verringerte sich von 21 auf nur noch drei Prozent.

Mathematik

Wie bereits in Kapitel 5 dargestellt, spielen außerschulische Lernorte in der Mathematikdidaktik so gut wie keine Rolle. Dies spiegelt sich auch in der diesbezüglichen Forschungslage wider: Sie ist – abgesehen von vereinzelten Studien zu Schülerinnen- und Schülerlaboren, die auch mathematisches Lernen implizieren (vgl. Kapitel 6.2), kaum existent.

Geometrielernen

Eine Ausnahme bildet eine Studie von Sitter (2015b). Sie untersucht, inwiefern die Vernetzung schulischen und außerschulischen Lernens in Verbindung mit dem Protokollieren bzw. der Anfertigung von Lerntagebüchern zu einem nachhaltigen Erkenntnisgewinn in Bezug auf geometrische Grundkörper beiträgt. Hierzu entwickelt Sitter ein Prä-Post-Kontrollgruppendesign mit zwei Experimentalgruppen und einer Kontrollgruppe. Eine der Gruppen erkundete verschiedene Gebäude in der Schulumgebung unter geometrischen Gesichtspunkten, während eine andere Gruppe das Thema anhand von Lehrwerken sowie Körperbeispielen im Rahmen eines Stationenlernens erarbeitete. Die Kontrollgruppe beschäftigte sich dahingegen ausschließlich anhand von Lehrwerken mit den Inhalten. Insgesamt konnte die Gruppe, die Lernen am außerschulischen Ort praktizierte, den höchsten Lernzuwachs erzielen. Weiter deuten die Studienergebnisse darauf hin, »dass sich durch eine intensive Vor- und Nachbereitung der Besuche an außerschulischen Lernorten […] kognitive Effekte langfristig verstärken lassen« (Sitter 2015b, S. 286). Ein weiteres wichtiges Ergebnis ist, dass gerade weniger leistungsstarke Kinder vom Lernen an außerschulischen Orten profitierten.

Fremdsprachen/Interkulturelles Lernen

Austauschprogramme

In Konzepten zum Fremdsprachenunterricht nehmen außerschulische Lernorte einen äußerst marginalen Stellenwert ein. Der fremdsprachenbezogene Schülerinnen- bzw. Schüleraustausch mit Partnerschulen in Frankreich, Großbritannien, Italien, Spanien oder anderen Ländern hat dahingegen vor allem in der Sekundarstufe, zuweilen auch schon in der Grundschule, einen festen Platz im Schulalltag. Solche Austauschprogramme dienen – genauso wie internationale Jugendbegegnungen – zum einen dem Erwerb interkultureller Kompetenzen. Zum anderen unterstützen sie das Fremdsprachenlernen, das am zielsprachlichen Ort und in der Begegnung mit den dort Lebenden und in authentischen Alltagssituationen praktiziert werden kann.

Schulinterne Evaluation zu solchen Programmen ähneln, sofern sie überhaupt vorhanden sind, meist Erfahrungsberichten und haben eher anekdotische Aussagekraft. Empirische Studien sind seltener, aber durchaus vorhanden.

Langzeitwirkungen

Thomas, Abt und Chang (2007) vergleichen die Langzeitwirkung von internationalen Jugendbegegnungen in Form von Austauschprogrammen für Schülerinnen und Schüler mit Unterkunft in Gastfamilien, internationalen Jugendgruppenbegegnungen und multinationalen Workcamps. Hierzu wurden teilstrukturierte Interviews sowie eine Fragebogenerhebung mit Personen durchgeführt, die vor mindestens sechs Jahren an einem entsprechenden Programm teilgenommen hatten. Mehr als die Hälfte der Befragten gab an, dass der Aufenthalt für sie vor allem in Hinblick auf die Entwicklung personaler Kompetenzen wie Offenheit, Flexibilität und Gelassenheit, interkultureller sowie sozialer Kompetenzen prägend gewesen sei. Fast drei Viertel der Befragten weisen der Austauscherfahrung eine hohe Gesamtbedeutung für ihre Persönlichkeitsentwicklung zu. Auch der Aufbau von Fremdsprachenkompetenz wird in einen Zusammenhang mit den Programmen gebracht. Die Autorinnen und Autoren der Studie kommen zum Ergebnis, dass vor allem die Motive für die Teilnahme an Programmen, Diskrepanzerfahrungen sowie Reflexionsprozesse eine wichtige Rolle für deren Wirksamkeit spielen. Darüber hinaus scheinen Jugendliche, die sich selbst als unsicher charakterisieren, eher von den Programmen zu profitieren als solche, die über ein hohes Maß an Selbstsicherheit verfügen.

Personale, soziale, interkulturelle, fremdsprachliche Kompetenz

Förderliche Bedingungen

Schäfer (2012) untersucht in ihrer qualitativ-explorativen Fallstudie, inwieweit Austauschprogramme interkulturelle kommunikative Kompetenz fördern. Sie stellt fest, dass der Austausch gründlich vorbereitet und die Erwartungen der Teilnehmenden geklärt und berücksichtigt werden müssen, um die anvisierten Effekte zu erzielen. Sie empfiehlt, schon vorab im Unterricht themenbezogene kulturelle Unterschiede zu erarbeiten sowie bereits im Vorfeld Kontakte mit den Gastgebenden herzustellen. Daneben wirbt sie für die Reflexion der Erfahrungen anhand von Lern- bzw. Reisetagebüchern, damit sich Schülerinnen und Schüler den Erwerb interkultureller Handlungsfähigkeit bewusst machen können. Eine Nachbereitung im Unterricht sei notwendig, um die erworbenen interkulturellen und kommunikativen Fähigkeiten langfristig zu stabilisieren.

Bewusstes Wahrnehmen, Reflexion

Zu ähnlichen Empfehlungen gelangt auch Fellmann (2015), die einen Schüleraustausch anhand von Fragebogenerhebungen, Einzelinterviews sowie Gruppendiskussionen beforscht. Das bewusste Wahrnehmen von Kommunikations(miss)erfolgen, von kulturellen Unterschieden und eigenem soziokulturellen Wissen sowie die Reflexion der Ereignisse und Erfahrungen während des Austauschs seien wichtige Elemente für interkulturelle wie fremdsprachliche Lerneffekte. Hilfreich sei weiterhin die Herstellung einer Balance zwischen strukturierten und nicht-strukturierten Situationen durch die Kombination von schulischen und außerschulischen Aktivitäten im Verlauf des Programms.

In einer US-amerikanischen Studie vergleichen Freed, Segalowitz und Dewey (2004) die Effekte von Fremdsprachenunterricht im Fach Französisch in Abhängigkeit von unterschiedlichen Settings: »Zu Hause« in der Schule (Dauer: 12 Wochen), in Form eines Intensivkurses außerhalb der Schule, aber im Inland (Dauer: 7 Wochen), und während eines Auslandsaufenthalts (Dauer: 12 Wochen). Die Studie zeigt, dass die Teilnehmerinnen und Teilnehmer des Intensivkurses – bei gleicher Gesamtunterrichtstundenzahl wie die Vergleichsgruppen – den höchsten Leistungszuwachs bezüglich der mündlichen Performanz, des verwendeten Wortschatzes sowie der Sprechflüssigkeit erzielten. Bei den Auslandsprogrammen fällt der Fortschritt geringer aus, ist aber dennoch deutlich zu verzeichnen. Bei den Schülerinnen und Schülern, die im Unterrichtssetting der Schule lernten, waren keine signifikanten Lernzuwächse zu verzeichnen. Lediglich den Gebrauch der Grammatik konnten sie leicht verbessern (Freed/Segalowitz/Dewey 2004, S. 289 ff.). Es zeigte sich auch erwartungswidrig, dass die Teilnehmenden am Intensivsprachkurs und nicht die Gruppe im französischsprachigen Ausland die Fremdsprache auch außerhalb des Unterrichts am meisten nutzten; sei es zum Reden, zum Lesen oder beim Musikhören.

6.6 Zusammenfassung und Fazit

Außerschulische Lernorte werden in die fachdidaktische Forschung je nach Fachgebiet unterschiedlich stark einbezogen. Zu Lernfeldern wie beispielsweise der Geographie, die außerschulische Lernorte auch in ihrer fachdidaktischen Konzeption berücksichtigt, existieren erwartungsgemäß mehr Studien als zu Bereichen, in denen dem Lernen außerhalb des Klassenzimmers kein besonderer Stellenwert eingeräumt wird. Doch auch unter diesem Vorzeichen sind Brüche vorhanden: So existieren für das Lernen am außerschulischen Lernort im Fach Biologie nur wenige Studien und mit sehr spezifischen Fragestellungen, obwohl auch dieses Fach über eine Exkursionsdidaktik verfügt. Neuere fachdidaktische Konzepte wie die künstlerische Feldforschung sind bislang weitgehend unerforscht. Auch liegen weit weniger Studien für den Grundschul- als für den Sekundarstufenbereich vor.

Uneinheitliche Forschungsdesigns und Forschungsergebnisse

Die vorhandenen Studien zeichnen sich durch unterschiedliche Frage- und Zielstellungen, unterschiedliche Forschungsdesigns und methodische Zugänge sowie letztendlich auch durch unterschiedliche Ergebnisse und Schlussfolgerungen aus. Eine Vergleichbarkeit der Ergebnisse oder deren Verallgemeinerung ist daher kaum möglich. Dies gilt sowohl für Studien, die sich innerhalb der gleichen Fachgrenzen bewegen, als auch für Studien, die zwar einer ähnlichen Fragestellung nachgehen, dies aber vor einem unterschiedlichen fachlichen Hintergrund.

Die Forschungslage kann also insgesamt als ausbaufähig bezeichnet werden. Aus der für dieses Kapitel durchgeführten Zusammenschau und Analyse können dennoch einige Hinweise und Tendenzen abgeleitet werden, die im Folgenden entlang der Leitfragen der empirischen Lern-Lehrforschung, die am Anfang des Kapitels beschrieben wurden, dargestellt werden. Da zur Frage nach den Prozessen, die beim Lernen am außerschulischen Lernort stattfinden und dieses erst zu einem Lernen machen, bislang keine belastbaren und/oder verallgemeinerbaren Studien vorliegen, kann dieser Bereich nicht abgedeckt werden.

- *Die Frage nach den Kompetenzen, nach dem deklarativen sowie prozeduralen Wissen, das die Schülerinnen und Schüler im Rahmen des Unterrichts am außerschulischen Lernort erwerben können:*

Deklaratives Wissen, prozedurales Wissen

Auffällig ist, dass im Rahmen der vorliegenden Studien fast ausschließlich deklaratives Wissen in Form von Pre-, Post- und manchmal auch Follow-up-Tests erhoben wird. Der Aufbau von prozeduralem Wissen, also von Handlungswissen, das beispielsweise in Form der Anwendung fachspezifischer Arbeitsweisen angebahnt werden kann, wird dahingegen nicht in die Fragestellungen einbezogen. Dies ist umso mehr verwunderlich, da das Aufsuchen außerschulischer Lernorte doch immer wieder als handlungsorientierter Zugang zum Lerngegenstand deklariert wird (vgl. Kapitel 2; Kapitel 5). Eine Ausnahme stellen hier Studien zur Wirksamkeit erlebnispädagogischer Maßnahmen dar, da diese in der Regel nicht auf kognitive, sondern auf soziale und personale Kompetenzen zielen und sich dadurch im Grunde dieser Einteilung entziehen.

Bei den gesichteten Studien, die den Kompetenzerwerb beim Lernen am außerschulischen Schulort erheben, zeigt sich die Uneinheitlichkeit der empirischen Erkenntnisse besonders deutlich. Oft kann nicht eindeutig festgestellt werden, ob tatsächlich der Lernort oder nicht vielmehr die Unterrichtsgestaltung und die am jeweiligen Ort zum Einsatz kommenden Methoden Ursache für die aufgetretenen Effekte sind.

Selbst Metaanalysen wie diejenigen zur Effizienz von Programmen in Lehr-Lernlaboren und Science Center führen zu widersprüchlichen Ergebnissen: Effekte werden zwar überall festgestellt, wie stark diese aber ausgeprägt sind, ob sie langanhaltend oder nur kurzfristiger Art sind, bei welcher Gruppe von Teilnehmenden die Maßnahmen besonders stark greifen und bei welcher nicht, darüber kann auf Grundlage der Studien keine eindeutige Aussage getroffen werden. Dennoch sind einige verallgemeinernde, vorsichtig formulierte Schlussfolgerungen ableitbar:

Lernen am außerschulischen Lernort nicht immer überlegen

Das Aufsuchen außerschulischer Lernorte kann positive Effekte auf den kognitiven Kompetenzzuwachs haben, allerdings ist es nicht in jedem Fall dem Unterricht im Klassenzimmer überlegen. Je nach Zielrichtung der Maßnahme können Effekte auch in Bezug auf die personale sowie soziale Kompetenzentwicklung nachgewiesen werden. Viele Studien deuten allerdings darauf hin, dass diesbezügliche Wirkungen eher kurzfristiger Art sind und nach einiger Zeit wieder verschwinden. Eine enge Anbindung an den Unterricht im Klassenzimmer sowie die Reflexion, Vertiefung und Weiterführung der am außerschulischen Lernort erworbenen Kompetenzen scheinen Voraussetzung dafür zu sein, dem entgegenzusteuern. Für alle Kompetenzbereiche kann gelten, dass ein potentieller Lernzuwachs stark von der Gestaltung des Unterrichts am außerschulischen Lernort abhängig ist, worauf weiter unten noch näher eingegangen wird.

Heterogenitätsdimensionen als Einflussfaktor

Inwiefern Variablen wie das Geschlecht, das Alter, der Leistungsstand oder die besuchte Schulart einen Einfluss auf die Effizienz außerschulischer Lernangebote haben, darüber können auch nach Analyse der Studien keine abschließenden Aussagen gemacht werden: Mal wird Mädchen ein höherer Kompetenzzuwachs bescheinigt, mal Jungen. In einigen Studien deutet sich allerdings an, dass jüngere Schülerinnen und Schüler größere Erfolge in einem solchen Setting erzielen als ältere. Auch geben einige Studien Hinweise darauf, dass gerade leistungsschwächere Schülerinnen und Schüler vom Lernen am außerschulischen Lernort besonders profitieren.

- *Die Frage nach der Motivation und wie es gelingt, echtes Interesse für einen Lerngegenstand bei den Schülerinnen und Schülern zu wecken und möglichst aufrechtzuerhalten:*

Kurzfristige Effekte wahrscheinlicher als langfristige

Es liegen einige Studien vor, die das kurz- sowie langfristige Interesse am Lerngegenstand vor Ort genauso messen wie einen grundsätzlichen Interessenzuwachs dem Fach gegenüber. Auch hier unterscheiden sich die Ergebnisse voneinander: Ein kurzfristiger Interessenszuwachs wird in den meisten, wenn auch nicht in allen Studien, die dieser Frage nachgehen, festgestellt. Langfristige Effekte werden dahingegen weit seltener beobachtet. Eng gekoppelt zu sein scheint ein Interessenszuwachs generell an die didaktische Gestaltung der Unterrichtsgänge, Erkundungen und Exkursionen. Auch geben die Studienergebnisse Anlass zu der Vermutung, dass eine emotionale Eindrücklichkeit der Begegnung mit dem Lerngegenstand für die Interessensentwicklung förderlich ist.

Emotionale Eindrücklichkeit

- *Die Frage nach den didaktischen Möglichkeiten, nach Methoden und Verfahren, die den Schülerinnen und Schülern eine bestmögliche Begegnung mit dem Lerngegenstand ermöglichen:*

Handlungsorientiertes Vorgehen

Für Studien, die dieser Fragestellung nachgehen, werden zum Teil spezielle, quasiexperimentelle Settings entworfen, die dann näher untersucht und mit anderen Unterrichtsformaten verglichen werden. Hier deutet sich an, dass handlungsorientierte Methoden und konstruktivistisch orientierte Konzepte zu einem höheren Kompetenz- und Interessenszuwachs bei den Schülerinnen und Schülern führen als darbietende Verfahren mit kognitivistischer Ausrichtung.

Aufgabenkultur, Berücksichtigung von Vorwissen und Individualisierung

Aus den vorliegenden Forschungsergebnissen zu vorhandenen Formaten am außerschulischen Lernort ergeben sich darüber hinaus Hinweise dafür, dass eine zielgruppenspezifische, personalisierte Konzeption, die an die Präkonzepte und das Vorwissen der Schülerinnen und Schüler anknüpft, genauso vorteilhaft ist wie handlungsorientierte Elemente und das Einbeziehen von Expertinnen und Experten vor Ort. Darüber hinaus müssen Aufgabenstellungen kompetenzorientiert, anspruchsvoll sowie herausfordernd formuliert werden und eine problemorientierte Auseinandersetzung mit dem Lerngegenstand ermöglichen.

Einbindung in den Unterricht

Die meisten Studien bestätigen, dass es sinnvoll ist, das Aufsuchen eines außerschulischen Lernorts an zentraler Stelle in den Unterricht einzubinden. Nur eine sorgfältige Vor- und Nachbereitung steht dem schnellen Verpuffen positiver Effekte entgegen und führt zu einem langfristigen Kompetenzzuwachs. Auch geben einige Studien Anlass zu der Annahme, dass das mehrmalige Aufsuchen eines außerschulischen Lernorts über einen längeren Zeitraum hinweg die Kompetenzentwicklung eher positiv beeinflusst als ein einmaliger Besuch.

7. Entwicklungsperspektiven für eine Didaktik außerschulischer Lernorte

Die bisherigen Ausführungen legen nahe, dass dem Lernen an außerschulischen Lernorten zu Recht ein fester Platz im Schulalltag zukommt. Vor allem bildungstheoretisch-normative und sozialisationstheoretische Begründungszusammenhänge verweisen auf die hohe Relevanz von Lern- und Bildungsprozessen in diesem Bereich, aber auch Forschungsergebnisse geben in Bezug auf bestimmte Aspekte des Lernens außerhalb der Schule Anlass zu dieser Einschätzung.

Es liegen unterschiedliche Konzeptionen, Traditionen, Begründungszusammenhänge und Forschungsergebnisse vor, die auf differenten Fachkulturen, verschiedenen lerntheoretischen Grundlagen und grundsätzlichen Sichtweisen auf die Ziele und den Bildungsauftrag von Schule und Unterricht basieren. Insgesamt zeigt sich, dass eine weitere theoretische und empirische Auseinandersetzung erforderlich ist, um eine Didaktik außerschulischer Lernorte stärker zu konkretisieren und auszudifferenzieren. Im Folgenden werden dafür Entwicklungsperspektiven in den Feldern Allgemeine Didaktik und Fachdidaktik, Schule und Schulentwicklung sowie Forschung aufgezeigt.

7.1 Allgemeine Didaktik und Fachdidaktik

Verhältnis von Allgemeiner Didaktik und Fachdidaktik

Die Allgemeine Didaktik klärt Fragen zu Voraussetzungen, Prozessen und Ergebnissen von Lehrern und Lernen. Die Fachdidaktik geht denselben Fragestellungen mit Bezug auf das Fach, dem sie sich zuordnet, nach. Beide sind aufeinander bezogen, die Allgemeine Didaktik ist ebenso auf Erkenntnisse der Fachdidaktiken angewiesen wie umgekehrt (Hericks/Kunze 2008, S. 765). In diesem reziproken Verhältnis liegt das Potential, auf der Basis der verschiedenen allgemein- sowie fachdidaktischen Erkenntnisse eine Didaktik außerschulischer Lernorte zu entwickeln, die beide Perspektiven zusammenführt.

Allgemeine Lernortsdidaktik als Orientierungsfolie

Bislang sind aufgrund der großen Unterschiede in den Konzeptionen der Lernortsdidaktiken zwischen und auch innerhalb der einzelnen Fachkulturen nur eingeschränkt verallgemeinerbare Aussagen zu Methodik und Didaktik des Lernens am außerschulischen Lernort möglich. Für eine Weiterentwicklung ist erforderlich, dass die jeweiligen Fachdidaktiken – unter Berücksichtigung der eigenen Fachkultur und -tradition – die Erkenntnisse anderer Fächer in ihre Überlegungen und Konzepte einbeziehen. Die Allgemeine Didaktik verfügt über das Potential, die verschiedenen Konzepte, Konzeptionen und Erkenntnisse aus einer allgemeindidaktischen und bildungstheoretischen Perspektive einzuordnen und zu profilieren. Auf dieser Grundlage kann sie eine allgemeine Lernortsdidaktik entwickeln, auf die die Fachdidaktiken wiederum zurückgreifen können: Hinweise zur Zielbestimmung, Auswahl von Inhalten, zur methodischen Gestaltung, zur Verortung innerhalb des Unterrichtsprozesses oder zum Medieneinsatz können unabhängig vom Fach formuliert werden und als Grundlage für die Planung, Durchführung und Reflexion des Lernens vor Ort in allen Fächern bzw. Fächerverbünden dienen. Einen Beitrag zu der Aufgabe der Verknüpfung von allgemeindidaktischer und fachdidaktischen Perspektiven stellt dieser Band dar.

Spannungsfeld Effizienz und Bildungsideal

Aufgabe der Allgemeinen Didaktik ist es, Ergebnisse der Lehr-Lernforschung (vgl. Kapitel 6) aufzugreifen, gleichzeitig aber auch »den normativen Sinnhorizont von Schule und Unterricht« (Standop/Jürgens 2015, S. 30) zu konkretisieren. Das bedeutet in Bezug auf das Lernen an außerschulischen Lernorten, empiriebasierte Modelle und Konzepte zu entwickeln und dabei übergeordnete Bildungs- und Erziehungsziele, die sich an einem humanistischen Menschenbild, dem Ideal einer demokratischen, inklusiven Gesellschaft und an der Schülerin bzw. am Schüler als Individuum mit einem bestimmten Lernbedürfnis orientieren, zu berücksichtigen und offensiv zu vertreten. Denn es könnte – als Gedankenexperiment formuliert – durchaus geboten sein, vor dem Hintergrund von Naturentfremdung und Umweltproblemen auch dann für eine Waldexkursion zu plädieren, wenn nachweislich geringere kognitive Lerneffekte zu erwarten sind als bei der Behandlung dieser fachlichen Inhalte im Klassenraum.

Die Allgemeine Didaktik kann hier die Paradigmen der Fachdidaktiken relativieren, die in der Regel stärker auf fachspezifische, kognitive Kompetenzzuwächse rekurrieren. Sie kann das Spannungsverhältnis der Orientierungen an empiriegestützter Effizienz und normativem Bildungsideal, von fachlichen und pädagogischen Zielsetzungen, von kognitiven und sozialen, personalen und methodischen Kompetenzen aufnehmen, thematisieren und moderieren.

Modifikation allgemeindidaktischer Modelle

Vorhandene allgemeindidaktische Erkenntnisse sollten auf ihre Bedeutung auch für das Lernen am außerschulischen Lernort hin überprüft und gegebenenfalls modifiziert werden. Sollen zum Beispiel Solidaritätsbereitschaft, kommunikative Kompetenzen, Fähigkeitsselbstkonzepte oder Interessensentwicklungen in fachspezifischen Konzepten berücksichtigt werden, so kann die Allgemeine Didaktik darauf verweisen, dass diese sich nur entwickeln können, wenn Erfahrungen gründlich reflektiert werden. Es können theoretisch und empirisch fundierte, praxisorientierte Modelle zur Reflexion des Lernens am außerschulischen Lernort entwickelt werden, die in der Folge von Fachdidaktiken in ihre Konzepte als methodische Elemente integriert werden.

Modelle »guter« Praxis

Sowohl die Allgemeine Didaktik als auch die Fachdidaktiken sollten also Konzepte »guter« Praxis entwerfen, an denen sich Lehrkräfte bei der Planung, Durchführung und Reflexion des Lernens am außerschulischen Lernort orientieren können. Für einige Fächer liegen solche Konzepte bereits vor: So verfügt die Geographie über eine elaborierte Exkursionsdidaktik, und auch das Konzept der Kirchen(raum)pädagogik bietet Lehrkräften wichtige Orientierungen für die Gestaltung des Lernens vor Ort. In anderen Fächern fehlen verallgemeinernde und umsetzbare Modelle. Stattdessen rekurrieren sie zum Teil auf Konzeptionen aus dem außerschulischen Bereich wie die Museums- oder Gedenkstättenpädagogik, ohne sie an die Besonderheiten schulischen Lernens anzupassen. Doch auch bereits vorhandene Konzepte sollten verstärkt den Erkenntnissen der Allgemeinen Didaktik und der Lehr-Lernforschung Rechnung tragen, weiterentwickelt werden und z.B. sozialisationsbedingte Veränderungen in Kindheit und Jugend berücksichtigen sowie eine gemeinwesenorientierte, auf Demokratieerziehung zielende Programmatik einbeziehen (vgl. Kapitel 2).

Umgang mit Heterogenität

Die Heterogenität bzw. Diversität von Schülerinnen und Schülern wird in bestehenden Konzepten bislang kaum berücksichtigt. Erste Ansätze liegen vor, wie beispielsweise im Rahmenlehrplan Geschichte für Berlin/Brandenburg, der auch für das Lernen an außerschulischen Lernorten Niveaustufen unterscheidet (vgl. Kapitel 4.2, S. 99). Die Fachdidaktiken könnten zur Berücksichtigung von Binnendifferenzierung in einer Lernortsdidaktik auf die Taxonomien kognitiver Aktivitäten zurückgreifen, wie sie beispielsweise Anderson et al. (2001) ausführen.

Vor dem Hintergrund der teilweise widersprüchlichen Ergebnisse aus empirischen Studien ist es erforderlich, sich grundsätzlich mit der Bedeutung bestimmter Heterogenitätsdimensionen wie Alter, Geschlecht, sozialer, kultureller und ethischer Hintergrund, sexuelle Orientierung und Identität, physische oder psychische Beeinträchtigung, Selbstkonzept, Interesse oder Motivation und deren intersektionale Verschränkungen für das Lernen am außerschulischen Lernort auseinanderzusetzen. Von einem passgenauen, diversitätssensiblen, differenzierenden und konstruktivistisch ausgerichteten Lernangebot am außerschulischen Lernort geht, das zeigen auch Forschungsergebnisse, eine hohe Wirkkraft aus. Solche Erkenntnisse sollten aus allgemein- und fachdidaktischen Perspektiven systematisiert und daraus auch fundierte Empfehlungen für Schule und Unterricht abgeleitet werden.

Einbindung in Gesamtkontext »guten« Unterrichts

Lernen an außerschulischen Lernorten steht in unmittelbarem Bezug zum schulischen Bildungsauftrag und zum Unterricht. Weiter zu entwickelnde allgemeine bzw. fachspezifische Lernortsdidaktiken müssen daher in den Gesamtkontext »guten« Unterrichts eingebunden sein (vgl. Kapitel 2.3, S. 38 ff.). Wie bei jedem Unterricht bestimmt die Qualität der Planung und Gestaltung der Lernsituation, ob, wie, was und wie nachhaltig Schülerinnen und Schüler im Rahmen des Aufsuchens außerschulischer Lernorte lernen können. Allein der Besuch einer Wiese, eines Waldlehrpfades, Museums, einer Gedenkstätte oder die Teilnahme an einem Austauschprogramm reichen nicht aus.

7.2 Schule und Schulentwicklung

Gemeinsame Leitprinzipien

Das Lernen am außerschulischen Lernort bietet Chancen, auf der Ebene der Einzelschule Entwicklungen anzustoßen (vgl. Kapitel 3.5, S. 89 ff.; Kapitel 4.4, S. 103 ff.). Verständigt sich ein Kollegium auf das Leitprinzip, Schule als Erfahrungsraum zu verstehen, der Schülerinnen und Schülern mit ihren verschiedenen Hintergründen die bestmöglichen Lernchancen bieten soll, stellt es sich darüber hinaus den Veränderungen in den Bedingungen des Aufwachsens und leitet auch einen kompensatorischen gesellschaftlichen Auftrag daraus ab, kann das Lernen am außerschulischen Lernort in das Schulprofil bzw. in das Schulprogramm aufgenommen werden.

Kooperation als Teil der Schulentwicklung

Die gemeinsame Planung, Durchführung und Reflexion von Lernprozessen am außerschulischen Lernort im Kollegium ermöglicht zum einen, Inhalte und Themen fächerverbindend und fächerübergreifend aufzubereiten. Auch Querschnittsaufgaben wie die Bildung für nachhaltige Entwicklung oder Bildung für Toleranz und Akzeptanz von Vielfalt können so besser umgesetzt werden. Über ein solches Vorgehen können Kooperationsprozesse innerhalb des Kollegiums angestoßen oder vertieft werden. Kooperation kann im Sinne einer Expertinnen- und Expertenkultur dem Austausch von Informationen, Wissen und anderen Kompetenzen und damit einer Verbesserung auch der individuellen Unterrichtsplanung dienen. Kooperation unter Lehrkräften hat großen Einfluss auf deren Engagement; das Engagement der Lehrkraft wiederum wirkt sich in entscheidendem Maße auf den Lernerfolg von Schülerinnen und Schülern aus (Rosenholtz 1989, S. 163). Gelingende Kooperation führt auch nachweislich zu einem höheren Wohlbefinden und einem verminderten Belastungserleben bei Lehrkräften (Rothland 2012; Schaarschmidt 2005).

Datenbank zu außerschulischen Lernorten

Die Einrichtung einer schulinternen Datenbank zu außerschulischen Lernorten in der näheren und weiteren Schulumgebung kann Ergebnis solcher Kooperation sein. Eine Sammlung von Kontaktdaten, Informationen und Hinweisen vereinfacht die Organisation und Planung des Lernens am außerschulischen Lernort für die einzelne Lehrkraft entscheidend. Die individuelle, aber auch die gemeinsame Entwicklung von Materialien trägt genauso wie die Analyse vorhandener Handreichungen, Arbeitsmaterialien oder Ähnlichem zur Unterrichtsentwicklung bei. Ein solches Serviceangebot unterstreicht den Stellenwert außerschulischer Lernorte im Schulkonzept. Es entbindet Lehrkräfte aber nicht davon, die Informationen und Materialien auf ihre Eignung für das eigene Vorhaben hin zu prüfen, zu verändern und weiterzuentwickeln: Gerade dann, wenn es um Lernorte ohne vorhandene didaktisierte Programme wie Führungen oder Workshops geht, müssen Ziele, Aufgabenstellungen und Arbeitsweisen angepasst werden für die jeweiligen Schülerinnen und Schüler, mit denen der Ort aufgesucht werden soll.

Kontaktperson für außerschulische Lernorte

Ergänzend oder alternativ ist denkbar, ähnlich wie Fachberaterinnen und Fachberater eine Person im Kollegium zu bestimmen, die für das Lernen an außerschulischen Lernorten für die Schule verantwortlich zeichnet. Als Ansprechpartnerin und -partner stellt sie Kontakte zu außerschulischen Lernorten her und pflegt diese, ist für die gesamte Schule Kontaktperson und entwickelt auch langfristige Partnerschaften.

Rolle der Schulleitung

Der Schulleitung kommt bei solchen Schulentwicklungsprozessen eine besondere Bedeutung zu (vgl. z. B. Dammann 2011; Wenzel 2008, S. 439 f.). Auch wenn Initiativen nicht von ihr ausgehen, müssen sie mitgetragen und aktiv unterstützt werden. Neben der Bereitstellung von Zeit und Infrastruktur für die Pflege von Datenbanken, kollegialer Fachberatung und Kooperation sowie der Thematisierung außerschulischer Lernorte in pädagogischen Konferenzen, tragen auch die Stundenplangestaltung und gute organisatorische Bedingungen für Projekte und Studienfahrten dazu bei, Lernen an außerschulischen Lernorten in die Kultur der Einzelschule zu verankern.

Fortbildungen

Personalentwicklung als Teil der Schulentwicklung erfordert Fortbildungen zum Lernen außerhalb des Klassenzimmers. In Programmen von außerschulischen Lernorten führen beispielsweise Theaterpädagoginnen und -pädagogen Lehrkräfte in aktuelle Stücke und deren didaktisches Potential ein, Kunstmuseen bieten Führungen speziell für Lehrkräfte an, die das Museum auf dieser Grundlage auch ohne museumspädagogische Führung mit ihren Schülerinnen und Schülern erkunden. Fortbildungen sind auch für die Gestaltung von Lerngängen, Erkundungen und Exkursionen an Orten ohne Bildungsauftrag erforderlich, die vielfältige Erkundungsmöglichkeiten bieten und bei denen das Potential konstruktivistisch orientierte Exkursionen oder Unterrichtsgänge besonders thematisiert werden kann. Fortbildungen dienen damit der Professionalisierung, sie können praxisorientierte methodisch-didaktische Kompetenzen grundlegen und Lehrerinnen und Lehrer zur theoriegeleiteten Reflexion über Lernen an außerschulischen Lernorten anregen – auch zu den teilweise konkurrierenden Aufgaben, Zielen und Effekten, die sich hier zeigen.

Einzelschule und Systemebene

Die Einzelschule gilt in der Schulentwicklungsforschung als »Motor der Schulentwicklung« (Dalin/Rolff/Buchen 1990, S. 34). Dennoch hat auch die Systemebene Einfluss auf die Einzelschule und deren Gestaltungsspielraum. Gerade in Bezug auf Ganztagsschulkonzepte müssen Relevanz und Potential außerschulischer Lernorte und ihre Einbindung in den Schulalltag differenziert betrachtet werden. Verbringen Schülerinnen und Schüler immer mehr Lebenszeit in der Schule, kommt dem Schlagwort »Schule als Lebensraum« eine neue Bedeutung zu. Ganztagsschulkonzepte, die außerschulische Lernorte nicht oder nur sporadisch einbeziehen, tragen zur proklamierten »Verhäuslichung« von Kindheit und Jugend bei (vgl. Kapitel 2.2, S. 33 ff.). Generell vermindert Ganztagsschule – bei allen Vorteilen gegenüber Halbtagsschulen – doch die den Schülerinnen und Schülern zur Verfügung stehende freie, selbstgestaltete Zeit. Diesem »Verschulungsvorwurf« sieht sich Ganztagsschule immer wieder ausgesetzt: Er bezieht sich »erstens auf die Ausweitung institutioneller sozialer Kontrolle, zweitens auf die pädagogische Okkupation von Freizeit und Freiräumen zur Selbstverwirklichung, drittens auf die unterrichtsmäßige Verschulung von Neigungs-, Spiel- und Freizeitangeboten (durch institutionelle Verhaltensregeln, Normen der Schülerrolle etc.)« (Holtappels 2003, S. 178). Ganztagsschulen sind aus diesem Grund besonders gefordert, Schülerinnen und Schülern einen vielfältigen Erlebnis- und Erfahrungsraum zu bieten, der eine Öffnung von Schule impliziert und außerschulische Lernorte in vielfältiger Weise einbezieht.

Verantwortung der Ganztagsschule

Außerschulische Partnerinnen und Partner

Gerade Ganztagsschulen sind auf außerschulische Partnerinnen und Partner angewiesen, um pädagogische Konzepte und Ziele umzusetzen, aber schlicht auch aus dem Grund, den durch die Konzeption zusätzlich entstehenden Bedarf an Unterrichts- und Betreuungszeit abzudecken. Hier besteht die Chance, pädagogische Angebote nicht nur in die Schule hereinzuholen, sondern diese an ihrem ursprünglichen Ort aufzusuchen: Sei es im Jugendtreff des Stadtteils, in der Eissporthalle eines Vereins oder auf dem Schulbauernhof in der näheren Umgebung.

Projekte, Gemeinwesenorientierung

Abgesehen von solchen Kooperationen, die im günstigsten Fall langfristig angelegt sind, bieten der organisatorische Rahmen sowie eine veränderte Lernkultur, wie sie an Ganztagsschulen möglich und in Form von projektorientiertem Arbeiten und Gemeinwesenorientierung durchaus verbreitet ist, verstärkt die Möglichkeit, Unterrichtsgänge, Erkundungen und Exkursionen regelmäßig in den Schulalltag einzubeziehen.

Politische Öffnung von Schule

Nicht nur an Ganztagsschulen sollten Lehrkräfte überprüfen, in welcher Form Lernen am außerschulischen Ort insgesamt zu einer politischen Öffnung von Schule beitragen kann. Anschließend an das Bildungsverständnis von Klafki (vgl. Kapitel 2.1) kann beispielsweise überlegt werden, wie bei einem geplanten Lerngang in den Wald neben (biologisch-) fachlichen Zielen ergänzend vor Ort sichtbare Schlüsselprobleme bearbeitet werden können: Sei es, indem neben den ursprünglich im Fokus stehenden Pflanzenbestimmungsübungen auch ökologische Zusammenhänge erarbeitet werden, sei es, indem Schülerinnen und Schüler sich selbst an Umweltschutzmaßnahmen beteiligen und sich so aktiv in das Gemeinwesen einbringen. Eine solche Ausrichtung zielt darauf, Gestaltungskompetenz erfahrbar zu machen sowie die übergeordneten Bildungsziele Autonomie, Partizipation und Solidarität stärker im Unterrichtsalltag zu verankern.

Gestaltung von Bildungsplänen

Hinweise auf das Lernen am außerschulischen Lernort sind in Bildungsplänen bislang häufig eher zufällig, teilweise beliebig, wenig begründet und oft so undifferenziert, dass sie nur wenig Orientierung für Lehrkräfte bieten. Auch wenn die schulische Organisationsentwicklung sowie die pädagogische Schulentwicklung meist von den Kollegien in den Einzelschulen selbst ausgeht (Wenzel 2008, S. 436), so kommt behördlichen Vorgaben wie den Bildungsplänen doch eine steuernde Funktion zu. Vor dem Hintergrund der in Kapitel 4 dargestellten Analyseergebnisse sollte das Lernen am außerschulischen Lernort systematischer und konzeptionell fundiert in Plänen und Handreichungen von Ministerien und Schulbehörden aufgegriffen und dargestellt werden.

Fachpapiere müssen sich stärker an fachspezifischen Lernortsdidaktiken und deren Begrifflichkeiten orientieren; bei der Formulierung von pädagogischen Grundlagen oder Prinzipen der Unterrichtsgestaltung kann der Rückgriff auf bildungs- und sozialisationstheoretische Begründungszusammenhänge, allgemein- sowie fachdidaktische Erkenntnisse dazu beitragen, das Lernen an außerschulischen Lernorten auch konzeptuell zu verankern. An außerschulischen Lernorten erwerbbare Kompetenzen müssten durch die Beschreibung verschiedener Anforderungsstufen und die Konkretisierung von Anforderungsniveaus so formuliert werden, dass der Heterogenität der Schülerinnen und Schüler Rechnung getragen wird.

7.3 Forschung

Ergebnisse der empirischen Bildungsforschung geben bislang nur einige Hinweise und Tendenzen in Bezug auf Verbreitung, Effekte und Gestaltung des Lernens am außerschulischen Lernort (vgl. Kapitel 6). Die vorliegenden Studien sind in ihren thematischen, forschungsmethodologischen Ausrichtungen und Untersuchungsdesigns so verschieden, dass sie und ihre Erkenntnisse kaum miteinander vergleichbar oder gar verallgemeinerbar sind. Aussagekräftige Metaanalysen liegen bislang nur für sehr wenige Bereiche vor.

Bedarf an weiteren deskriptiven Studien

Zu bestimmten Lernorten wie beispielsweise Lehr-Lern-Laboratorien existieren Hinweise auf die Nutzungsfrequenz. Weitere deskriptive Untersuchungen, z. B. in Form von standardisierten Befragungen, könnten hier einen umfassenderen Einblick zur Häufigkeit des Aufsuchens außerschulischer Lernorte in einzelnen Unterrichtsfächern und für verschiedene Lernorte geben. Eine differenzierte, systematische Dokumentation der Lernortnutzung ist ebenso relevant wie ein Überblick von vor Ort realisierten Lehr-Lern-Arrangements, der Aufschluss über die schulischen Alltagspraktiken ermöglicht.

Bedarf an Studien zu Praktiken vor Ort

Die meisten der vorliegenden Studien zu den Effekten des Lernens am außerschulischen Lernort sind bislang im Rahmen von Qualifikationsarbeiten entstanden. In quasi-experimentellen Designs wird häufig ein bestimmtes Setting entworfen, meist werden kognitive Kompetenzen der Schülerinnen und Schüler vor und nach der Intervention erhoben. Studien, die die bestehende Praxis an Schulen gezielt und detailliert in den Blick nehmen und forschungsbasierte Aussagen über spezifische, pädagogisch sowie didaktisch relevante Aspekte des Lernens am außerschulischen Lernort treffen, sind weitaus seltener. Solchen Fragen sollte vermehrt nachgegangen werden. Auch allgemeinpädagogischen und sozialisationstheoretischen Thesen, die das Lernen am außerschulischen Lernort vor dem Hintergrund einer veränderten Kindheit oder Jugend bislang eher normativ und wenig empiriegestützt proklamieren (vgl. Kapitel 2.2), kann z. B. in Längsschnittstudien nachgegangen werden.

Bedarf an Studien zu Lernorten ohne Bildungsauftrag

Insgesamt bedarf es weiterer Evaluationsstudien, die die Effekte des Lernens vor Ort vor allem auf Selbstwirksamkeitskonzept, Motivation und Kompetenzzuwachs eruieren. Gerade das Lernen an außerschulischen Lernorten ohne vor Ort bereitgestellten pädagogisch-didaktischen Arrangements (im Wald, am Bachlauf, auf dem Gemeindeamt) wird in der Forschung bislang weit seltener in den Blick genommen als das Lernen an Orten mit Bildungsauftrag und pädagogischem Programm.

Lernort-vergleichende Studien

Ein Vergleich von Lerneffekten des Unterrichts am außerschulischen Lernort mit Unterricht im Klassenzimmer erscheint vor dem Hintergrund der Analyse vorliegender Studien dabei nur wenig ertragreich: Externe Faktoren, die einen weitaus größeren Einfluss auf den Lernerfolg der Schülerinnen und Schüler haben können als der Lernort selbst, der in den Studien als unabhängige Variable variiert wird, sind kaum kontrollierbar und können nur ansatzweise bei der Interpretation der Ergebnisse berücksichtigt werden. Gleiches gilt für Studien, die sich den kontrastiven Vergleich verschiedener Exkursionsformate zur Aufgabe machen.

Einflussfaktoren auf Lerneffekte

Das Angebots-Nutzungs-Modell unterrichtlicher Wirkung von Helmke (2006, S. 57) beschreibt die verschiedenen Einflussfaktoren (wie beispielsweise das Lernpotential der Schülerinnen und Schüler, deren familiäre Herkunft, die Prozessqualität des Unterrichts, das Professionsverständnis der Lehrkraft, den Kontext, in dem der Lernprozess stattfindet) und deren Zusammenhänge umfassend. Vor diesem Hintergrund werden die Komplexität schulischen Lernens und die Schwierigkeiten deutlich, selbst mittels mehrebenenanalytisch angelegter Studien sowie durch Faktorenanalysen valide Ergebnisse zu erzielen. Dies ist im Übrigen ein grundsätzliches Problem der Lehr-Lernforschung; die Annahme eines Prozess-Produkt-Paradigmas, das einen kausalen, korrelativen Zusammenhang zwischen Lehraktivität und kognitivem bzw. nichtkognitivem Lernergebnissen herstellt (Lüders/Rauin 2008, S. 738), greift zu kurz und wird dem komplexen Geschehen Unterricht nicht gerecht.

Berücksichtigung von Heterogenität und Diversität

Auf Grundlage von Deskription, Analyse und Evaluation des Lernens an außerschulischen Lernorten kann weitere Forschung zu einer fundierten Konzeptentwicklung des Lernens am außerschulischen Lernort beitragen. Die Schülerinnen und Schüler müssen dabei schon während des Forschungsprozesses differenziert betrachtet werden, um aufzeigen zu können, welche Auswirkungen bestimmte Angebote und Lernarrangements auf bestimmte Gruppen haben. Bereits vorliegende Studien, die eine Differenzierung vornehmen, aber auch Erkenntnisse zu anderen Feldern wie beispielsweise der Effizienz offener Unterrichtsformen (bspw. Bohl/Kucharz 2010, S. 68 ff.) zeigen, dass sich ein Blick auf die Parameter Lernausgangslage, Vorwissen und Leistungsvermögen genauso lohnt wie der auf Alter, Geschlecht bzw. Gender, Migrationshintergrund, körperliche und/oder psychische Beeinträchtigung, Milieu sowie andere soziale Strukturkategorien. Werden diese Parameter berücksichtigt, können auf der Grundlage differenzierter und differenzierender Forschungsergebnisse diversitätssensible, adaptive Formate entwickelt werden, die die unterschiedlichen Perspektiven der Lernenden – und die der Lehrenden – aufgreifen.

Bedarf an qualitativen Studien

Um Prozesse des Lernens am außerschulischen Lernort besser zu verstehen und vertiefte Einblicke in Interaktionen, Sichtweisen und Wertungen aller Beteiligten zu erlangen, sind auch qualitativ angelegte Studien erforderlich, die bislang kaum vorliegen. Qualitative Verfahren nähern sich explorativ und offen der Komplexität außerschulischer Lernorte und können neue Hypothesen generieren.

Ethnografische Studien

Ethnografische Zugänge, die die Begegnung zwischen Schülerinnen bzw. Schülern sowie Lehrkräften und außerschulischem Lernort beobachtend in den Blick nehmen, können dazu beitragen, die Logik des Feldes sowie des Handelns im pädagogischen Kontext besser zu verstehen.

Interviewstudien

Auch Interviewstudien wären hilfreich, um die Konstruktionen der Beteiligten dechiffrieren und rekonstruieren zu können. Die Studie von Moritz (2016) zeigt, welches Potential beispielsweise in der Dokumentarischen Methode (Bohnsack 2011) liegt, um Lern- und Bildungsprozesse am außerschulischen Lernort nachzuzeichnen und zu evaluieren. Forschungsergebnisse dieser Art können als empirisch fundierte Reflexions- und Handlungsgrundlage für die Planung, Durchführung und Evaluation von Lerngängen, Erkundungen und Exkursionen dienen.

Metaanalysen

Trotz aller Schwierigkeiten bezüglich der Vergleichbarkeit der bislang vorliegenden Forschungsergebnisse sollte zumindest der Versuch unternommen werden, Erkenntnisse zu spezifischen Lernorten, methodisch-didaktischen Vorgehensweisen und Effekten des Lernens vor Ort zusammenzufassen und Metaanalysen zu erstellen, die die Weiterentwicklung von allgemeinen und fachdidaktischen Konzepten und Modellen auch empirisch stützen können.

Literatur

Ackermann, P. (1988): Politisches Lernen vor Ort. Außerschulische Lernorte im Politikunterricht. Stuttgart: Klett.

Ackermann, P. (1998): Einleitung. Außerschulische Lernorte in der politischen Bildung. In: Politik und Unterricht (24) 2, S. 3–6.

Adamina, M. (2014): Geographisches Lernen und Lehren. In: Hartinger, A/Lange, K. (Hrsg.): Sachunterricht – Didaktik für die Grundschule. Berlin: Cornelsen, S. 79–98.

Adelt, E./Reichel, N. (2009): Öffnung von Schule – Öffnung zur Schule. Bilanz und Perspektiven der Ganztagsschulentwicklung in Nordrhein-Westfalen. In: Appel, S./Ludwig, H./Rother, U./Rutz, G. (Hrsg.): Leben – Lernen – Leisten. (Jahrbuch Ganztagsschule 2009). Schwalbach, Taunus: Wochenschau-Verlag, S. 59–68.

Adolph, A. (2015): Lehrpläne als Steuerungsinstrument im Schulsystem. Eine Untersuchung zu Akzeptanz und Wirkungen von Lehrplänen allgemeinbildender Schulen. Online-Dissertation, www.qucosa.de/recherche/frontdoor/?tx_slubopus4frontend[id]=16303 (Abruf 10.01.2018).

Amaro-Amrein, R. (2013): Sportunterricht planen. In: Messmer, R. (Hrsg.): Fachdidaktik Sport. Bern: Haupt, S. 169–187.

American Institutes for Research (2005): Effects of Outdoor Education Programs for Children in California, www.air.org/sites/default/files/downloads/report/Outdoorschoolreport_0.pdf (Abruf 10.01.2018).

Anderson, L. W./Krathwohl, D. R./Airasian, P. W./Cruikshank, K. A./Mayer, R. E./Pintrich, P. R./Raths, J./Wittrock, M. C. (Hrsg.) (2001): A Taxonomy for Learning, Teaching, and Assessing: A Revision of Bloom's Taxonomy of Educational Objectives. New York: Longman.

Andresen, S./Galic, D. (2015): Kinder. Armut. Familie. Alltagsbewältigung und Wege zu wirksamer Unterstützung. 2. Auflage. Gütersloh: Bertelsmann Stiftung.

Arnold, K.-H./Sandfuchs, U./Wiechmann, J. (Hrsg.) (2009): Handbuch Unterricht. 2., akt. Auflage. Bad Heilbrunn: Klinkhardt.

Asmussen, S. (2010): Lernen im Science-Center am Beispiel der Phänomena. Eine explorative Fragebogenuntersuchung zur Perspektive von Lehrerinnen und Lehrern In: Widerstreit Sachunterricht 14. www.widerstreit-sachunterricht.de/ebeneI/superworte/naturwiss/center.pdf (Abruf 10.01.2018).

Autorengruppe Fachdidaktik (2016): Was ist gute politische Bildung? Leitfaden für den sozialwissenschaftlichen Unterricht. Schwalbach/Ts.: Wochenschau.

Baar, R. (2017): Kindliche Präkonzepte als Gegenstand von Unterricht: Wie und was können Kinder in Gruppengesprächen voneinander lernen? In: Manzel, S./Schelle, C. (Hrsg.), Empirische Forschung in der schulischen Politischen Bildung, Wiesbaden: Springer Fachmedien, S. 77–85.

Baar, R. (2013): »Also, 'ne Familie ist, da haben sich alle lieb.« SchülerInnenvorstellungen im sozialwissenschaftlichen Sachunterricht. In: Schönknecht, G./Gläser, E. (Hrsg.), Sachunterricht in der Grundschule entwickeln – gestalten – reflektieren. Frankfurt am Main: Grundschulverband, S. 249–260.

Baar, R./Schönknecht, G. (2012): Wie sehen Kinder die Welt? Lernvoraussetzungen im Sachunterricht. In: Die Grundschulzeitschrift. 26 (252/253), S. 32–33.

Bach, G. (2009): Englischunterricht. Grundlagen und Methoden einer handlungsorientierten Unterrichtspraxis. Tübingen: Narr Francke Attempto.

Bahr, M. (2010): Handlungsorientiertes Lernen. In: Hilger, G./Leimgruber, S./Ziebertz, H.-G. (Hrsg.): Religionsdidaktik. Ein Leitfaden für Studium, Ausbildung und Beruf. 6. Auflage., München: Kösel, S. 542–548.

Barke, H.-D. (2006): Chemiedidaktik. Diagnose und Korrektur von Schülervorstellungen. Berlin/Heidelberg: VS.

Barke, H.-D./Harsch, G./Mahron, A./Krees, S. (2015): Chemiedidaktik kompakt. Lernprozesse in Theorie und Praxis. 2. Auflage. Berlin/Heidelberg: Springer Spektrum.

Barkow, I. (2011): Unterricht weiterentwickeln im Fach Deutsch. In: Schönknecht, G. (Hrsg.): Lernen fördern. Deutsch, Mathematik, Englisch, Sachunterricht. Unterricht in der Grundschule. Seelze: Klett/Kallmeyer, S. 73–141.

Bartnitzky, H./Brügelmann, H./Hecker, U./Schönknecht, G. (Hrsg.) (2005): Pädagogische Leistungskultur Materialien für Klasse 1 und 2. Frankfurt am Main: Grundschulverband.

Bartnitzky, H./Brügelmann, H./Hecker, U./Schönknecht, G. (Hrsg.) (2006): Pädagogische Leistungskultur Materialien für Klasse 3 und 4. Frankfurt am Main: Grundschulverband.

Barwitz-Melzer, E./Königs, F.G./Riemer, C. (Hrsg.) (2015): Lernen an allen Orten? Die Rolle der Lernorte beim Lehren und Lernen von Fremdsprachen. Tübingen: Narr.

Barzel, B./Büchter, A./Leuders, T. (2014): Mathematik-Methodik. Handbuch für die Sekundarstufe I und II. 8. Auflage. Berlin: Cornelsen Skriptor.

Baurmann, J./von Brand, T./Menzel, W./Spinner, K.-H. (2015): Methoden im Deutschunterricht. Exemplarische Lernwege für die Sekundarstufe I und II. Seelze: Kallmeyer/Klett.

Bentsen, P. (2016): »Udeskole« in Dänemark. Von einer »Bottom-up-« zu einer »Top-Down-Bewegung«. In: Au, J. v./Garde, U. (Hrsg.): »Raus aus dem Klassenzimmer. Outdoor Education als Unterrichtskonzept«. Weinheim/Basel: Beltz Juventa, S. 50–63.

Bering, K./Heimann, U./Littke, J./Niehoff, R./Rooch, A. (2013): Kunstdidaktik. 3. Auflage. Oberhausen: Athena.

Bernholt, S. (Hrsg.) (2012): Konzepte fachdidaktischer Strukturierung für den Unterricht. Gesellschaft für Didaktik der Chemie und Physik. Jahrestagung in Oldenburg 2011. Berlin: Lit.

Beste, G. (2015a): Außerschulisches Lernen. In: Dies. (Hrsg.): Deutsch Methodik. Praxishandbuch für die Sekundarstufe I und II. Berlin: Cornelsen, S. 237–251.

Beutel, W. (2011): Demokratiepädagogik als eigentliche politische Bildung? In: Goll, Th. (Hrsg.): Bildung für die Demokratie. Beiträge von Politikdidaktik und Demokratiepädagogik. Schwalbach/Ts.: Wochenschau, S. 57–81.

Bildungsplan Bayern Grundschule: Bayerisches Staatsministerium für Bildung und Kultur, Wissenschaft und Kunst (Hrsg.) (2014): LehrplanPLUS Grundschule. Lehrplan für die bayerische Grundschule. www.lehrplanplus.bayern.de/ (Abruf 10.01.2018).

Bildungsplan Bayern LehrplanPlus: Staatsinstitut für Schulqualität und Bildungsforschung München (2016): LehrplanPLUS. www.lehrplanplus.bayern.de/ (Abruf 10.01.2018).

Bildungsplan Bayern Realschule: Bayerisches Staatsministerium für Bildung und Kultus, Wissenschaft und Kunst (Hrsg.) (2008): Lehrplan Realschule. http://www.isb.bayern.de/realschule/lehrplan/realschule-r6/(Abruf 10.01.2018).

Bildungsplan Berlin Rahmenlehrpläne: Senatsverwaltung für Bildung, Jugend und Wissenschaft Berlin (Hrsg.) (2004): Rahmenlehrpläne, www.berlin.de/sen/bildung/unterricht/faecher-rahmenlehrplaene/rahmenlehrplaene/ (Abruf 10.01.2018).

Bildungsplan Berlin/Brandenburg 1–10: Senatsverwaltung für Bildung, Jugend und Wissenschaft Berlin/Ministerium für Bildung, Jugend und Sport des Landes Brandenburg (2015): Teil A. Bildung und Erziehung in den Jahrgangsstufen 1–10. http://bildungsserver.berlin-brandenburg.de/unterricht/rahmenlehrplaene/jahrgangsstufen-1-10/ (Abruf 10.01.2018).

Bildungsplan Berlin/Brandenburg Fächer: Senatsverwaltung für Bildung, Jugend und Wissenschaft Berlin/Ministerium für Bildung, Jugend und Sport des Landes Brandenburg (2015): Teil C. Fächer. http://bildungsserver.berlin-brandenburg.de/rlp-online/c-faecher/italienisch/kompetenzentwicklung/ (Abruf 10.01.2018).

Bildungsplan Hamburg Gymnasium: Freie und Hansestadt Hamburg, Behörde für Schule und Berufsbildung, Landesinstitut für Lehrerbildung und Schulentwicklung (Hrsg.) (2009): Bildungsplan gymnasiale Oberstufe. www.hamburg.de/bildungsplaene/4539524/start-gyo/(Abruf 10.01.2018).

Bildungsplan Hessen Gymnasiale Oberstufe: Hessisches Kultusministerium (2016): Lehrpläne Gymnasiale Oberstufe. www.kultusministerium.hessen.de/schule/bildungsstandards-kerncurricula-und-lehrplaene/lehrplaene/gymnasiale-oberstufe (Abruf 10.01.2018).

Bildungsplan Sachsen Grundschule: Sächsisches Staatsministerium für Kultus (Hrsg.) (2004): Lehrplan Grundschule. www.schule.sachsen.de/lpdb/ (Abruf 10.01.2018).

Bildungsplan Sachsen Mittelschule: Sächsisches Staatsministerium für Kultus (Hrsg.) (2009): Lehrplan Mittelschule. www.schule.sachsen.de/lpdb/ (Abruf 10.01.2018).

Blaseio, B. (2016): Außerschulische Lernorte im Sachunterricht. Vielperspektivisches Sachlernen vor Ort. In: Erhorn, J./Schwier, J. (Hrsg.): Pädagogik außerschulischer Lernorte. Eine interdisziplinäre Annäherung. Bielefeld: transcript, S. 261–282.

Bohl, T. (2009): Prüfen und Bewerten im offenen Unterricht. Weinheim und Basel: Beltz.

Bohl, T./Kucharz, D. (2010): Offener Unterricht heute. Konzeptionelle und didaktische Weiterentwicklung. Weinheim/Basel: Beltz.

Bohl, T./Kohler, B./Kucharz, D. (2013): Offener Unterricht: Theorie, Empirie und praktische Konsequenzen. In: Haag, L./Rahm, S./Apel H.J./Sacher, W. (Hrsg.): Studienbuch Schulpädagogik. 5., vollständig überarbeitete Auflage. Bad Heilbrunn: Klinkhardt., S. 282–303.

Bohl, T./Kucharz, D. (2010): Offener Unterricht heute. Konzeptionelle und didaktische Weiterentwicklung. Weinheim und Basel: Beltz.

Bohnsack, R. (2011): Dokumentarische Methode. In: Ders./Marotzki, W./Meuser, M. (Hrsg.): Hauptbegriffe qualitativer Sozialforschung. 3., durchgesehene Auflage. Opladen/Farmington Hills: Budrich, S. 40–44.

Böttcher, T. (2015): Musikvermittlung. In: Loritz, M.D./Schott, C. (Hrsg.): Musik – Didaktik für die Grundschule. Berlin: Cornelsen, S. 187–196.

Breit, G./Schiele, S. (1998): Handlungsorientierung im Politikunterricht. Schwalbach/Ts.: Wochenschau.

Brenne, A./Kekeritz, M./Schmidt, B. (2015): Einführung. In: Kekeritz, M./Schmidt, B./Brenne, A. (Hrsg.): Vom Sammeln, Ordnen und Präsentieren. Ein interdisziplinärer Blick auf eine anthropologische Konstante. München: kopaed, S. 5–10.

Brinkhoff, K.-P. (1996): Kindsein ist kein Kinderspiel. Über die veränderten Bedingungen des Aufwachsens und notwendige Perspektiverweiterungen in der modernen Kindheitsforschung. In: Mansel, J. (Hrsg.): Glückliche Kindheit – Schwierige Zeit? Über die veränderten Bedingungen des Aufwachsens, Opladen: Leske + Budrich, S. 25–39.

Brüll, C./Keller, K./Nonn, N. (2005): Synagoge, Kirche, Moschee. Kulturräume erfahren und Religionen entdecken. München: Kösel.

Brunner, G. (2015): Kooperation mit außerschulischen Institutionen: Instrumental- und Gesangsklassen, Konzertdidaktik. In: Fuchs, M. (Hrsg.): Musikdidaktik Grundschule. Theoretische Grundlagen und Praxisvorschläge. Innsbruck/Esslingen/Bern-Belp: Helbing, S. 320–328.

Brusch, W. (2009): Didaktik des Englischen. Ein Kerncurriculum in zwölf Vorlesungen. Braunschweig: Westermann/Schroedel/Diesterweg/Schöningh/Winklers.

Büchter, A./Henn, H.-W. (2015): Schulmathematik und Realitäts-Verstehen durch Anwenden. In: Bruder, R./Hefendehl-Hebeker, L./Schmidt-Thieme, B./Wenigand, H.-G. (Hrsg.): Handbuch der Mathematikdidaktik. Wiesbaden: Springer Spektrum.

Budke, A. (2009): Kompetenzentwicklung auf geographischen Exkursionen. In: Dies./Wieneke, M. (Hrsg.): Exkursionen selbst gemacht. Innovative Exkursionsmethoden für den Geographieunterricht. Potsdam: Universitätsverlag, S. 11–20.

Bund-Länder-Kommission für Bildungsplanung und Forschungsförderung (BLK) (1998): Bildung für nachhaltige Entwicklung – Orientierungsrahmen. Materialien zur Bildungsplanung und Forschungsförderung. H. 69, Bonn: Eigenverlag.

Bünning, F. (Hrsg.) (2016): Konzepte und Effekte außerschulischer Lernorte in der technischen Bildung. Bielefeld: Bertelsmann.

Burckhardt, L. (2006): Warum ist Landschaft schön? Die Spaziergangswissenschaft. Berlin: Martin Schmitz (Hrsg. Ritter, M./Schmitz, M.).

Burk, K./Claussen, C. (1998): Zur Methodik des Lernens außerhalb des Klassenzimmers. In: Dies. (Hrsg.): Lernorte außerhalb des Klassenzimmers II. Methoden – Praxisberichte – Hintergründe. 4. Auflage. Frankfurt am Main: Arbeitskreis Grundschule, S. 18–44.

Burk, K./Rauterberg, M./Schönknecht, G. (Hrsg.) (2008a): Schule außerhalb der Schule. Lehren und Lernen an außerschulischen Orten. Frankfurt am Main: Grundschulverband.

Burk, K./Rauterberg, M./Schönknecht, G. (2008b): Einführung: Orte des Lehrens und Lernens außerhalb der Schule. In: Burk, K./Rauterberg, M./Schönknecht, G. (Hrsg.): Schule außerhalb der Schule. Lehren und Lernen an außerschulischen Orten. Frankfurt am Main: Grundschulverband, S. 11–18.

Burkard, H./Glaser, U./Reif, S./Schuldes, D./Wild-Kreuch, I. (2012): Nürnberger Repräsentativbefragung zu Kultureller Bildung und Kinderkultur (2009): Die Ergebnisse im Überblick. In: Nürnberger Arbeitspapiere zu sozialer Teilhabe, bürgerschaftlichem Engagement und »Good Governance« Nr. 5/Juli 2012, www.nuernberg.de/imperia/md/sozialreferat/dokumente/sonstige_downloads/5_befragung_kinderkultur.pdf (Abruf 10.01.2018).

Calmbach, M./Borgstedt, S./Borchard, I./Thomas, P. M./Flaig, B. B. (2016): Wie ticken Jugendliche 2016? Lebenswelten von Jugendlichen im Alter von 14 bis 17 Jahren in Deutschland. Wiesbaden: Springer. (Open Access unter: www.wie-ticken-jugendliche.de/home.html (Abruf 10.01.2018).

Collins, A./Brown, J.S./Newman, S.E. (1987): Cognitive apprenticeship: Teaching the crafts of reading, writing and mathematics. In: Rensick, L.B. (Hrsg.): Knowing, Learning and Instruction. Hillsdale, S. 453–494.

Comenius, J. A. (1657/2008): Große Didaktik: Die vollständige Kunst, alle Menschen alles zu lehren. 10. Auflage. Hg. und ü. von Andreas Flitner. Stuttgart: Klett-Cotta.

Czech, A. (2014): Methodische Vielfalt in der personalen Museumsvermittlung. In: Ders./Kirmeier, J./Sgoff, B. (Hrsg.): Museumspädagogik – Ein Handbuch. Grundlagen und Hilfen für die Praxis. Schwalbach/Ts.: Wochenschau, S. 198–224.

Dalin, P./Rolff, H. G./Buchen, H, (1990): Institutionelles Schulentwicklungsprogramm. Eine Perspektive für Schulleiter, Kollegium und Schulaufsicht. Soest: Verlag für Schule und Weiterbildung.

Dammann, M. (2011): Die Rolle der Schulleitung bei der Schul- und Unterrichtsentwicklung. In. Friedrich-Ebert-Stiftung (Hrsg.): Schulentwicklung zwischen Autonomie und Kontrolle. Wie verändern wir Schule wirklich? Bonn: Universitäts-Druckerei, S. 48–53.

Danker, U. (2016): Public History – außerschulisches historisches Lernen. In: Erhorn, J./ Schwier, J. (Hrsg.): Pädagogik außerschulischer Lernorte. Eine interdisziplinäre Annäherung. Bielefeld: transcript, S. 187–211.

Decke-Cornill, H./Küster, L. (2015): Fremdsprachendidaktik. 3. Auflage. Tübingen: Narr Francke Attempto.

Deichmann, C. (2004): Lehrbuch Politikdidaktik. München/Wien: Oldenbourg.

Deichmann, C./Juchler, I. (Hrsg.) (2010): Politik verstehen lernen. Zugänge im Politikunterricht. Schwalbach/Ts.: Wochenschau.

Deutsche UNESCO-Kommission e.V. (DUK) (2016): UNESCO-Weltaktionsprogram: Bildung für nachhaltige Entwicklung. www.bne-portal.de/ (Abruf 10.01.2018).

Deutscher Bildungsrat (Hrsg.) (1974): Empfehlungen der Bildungskommission zur Neuordnung der Sekundarstufe II. Konzept für eine Verbindung von allgemeinem und beruflichem Lernen. Stuttgart.

Dietzel, K. (2011): »Man denkt schon darüber nach, wie schrecklich es damals gewesen sein muss und wünscht sich diese Zeit niemals zurück.« Ergebnisse einer Schülerbefragung in der Gedenkstätte Moritzplatz Magdeburg. In: Pampel, B. (Hrsg.), Erschrecken – Mitgefühl – Distanz. Empirische Befunde über Schülerinnen und Schüler in Gedenkstätten und zeitgeschichtlichen Ausstellungen. Leipzig: Leipziger Universitätsverlag, S. 81–95.

Döhring, V./Gissel, N. (2016): Sportunterricht planen und auswerten. Ein Praxisbuch für Lehrende und Studierende. Baltmannsweiler: Schneider Verlag Hohengehren.

Drechsel, B. (2010a): Architektur. In: Besand, A./Sander, W. (Hrsg.): Handbuch Medien in der politischen Bildung. Schwalbach/Ts.: Wochenschau, S. 36–47.

Drechsel, B. (2010b): Denkmal. In: Besand, A./Sander, W. (Hrsg.): Handbuch Medien in der politischen Bildung. Schwalbach/Ts.: Wochenschau, S. 135–146.

Drygalla, H. (2007): Ein Besuch im Landtag – gut gemeint, aber nicht gut gemacht? In: Politische Bildung 40, H. 4, S. 102–116.

Dühlmeier, B. (Hrsg.) (2014): Mehr außerschulische Lernorte in der Grundschule: neun Beispiele für den fächerübergreifenden Sachunterricht. 3. Auflage. Baltmannsweiler: Schneider Hohengehren.

Duncker, L. (2007): Die wissenschaftliche Identität des Sachunterrichts. Thesen und offene Fragen. In: Pech, D./Rauterberg, M. (Hrsg.): Sachunterricht als wissenschaftliche Disziplin. widerstreit sachunterricht. extra beiheft, S. 12–18. www.widerstreit-sachunterricht.de/beihefte/extra-beiheft/extra-beiheft.pdf (Abruf 10.01.2018).

Dziewas, A. (2007): Chemieunterricht am außerschulischen Lernort – eine Interventionsstudie. Duisburg: Universität Duisburg-Essen. Dissertation. https://duepublico.uni-duisburg-essen.de/servlets/DerivateServlet/Derivate-17078/Dissertation_AnnemarieDziewas.pdf (Abruf 10.01.2018).

Dziewas, A./Stachelscheid, K. (2005): Außerschulische Lernorte – eine Chance für die Umweltbildung? In: Pitton, A. (Hrsg.): Relevanz dachdidaktischer Forschungsergebnisse für die Lehrerbildung. Münster: Litt, S. 173–175.

Eberle, A. (2011): »Ich fand es schrecklich, weil es sind Menschen so wie wir.« Eine Befragung über »Fühlen« und »Denken« bei einem Besuch der KZ-Gedenkstätte Dachau. In: Pampel, B. (Hrsg.): Erschrecken – Mitgefühl – Distanz. Empirische Befunde über Schülerinnen und Schüler in Gedenkstatten und zeitgeschichtlichen Ausstellungen. Leipzig: Leipziger Universitätsverlag, S. 97–114.

Ebner, M. (2015): Musikhören: Werkhören. In: Loritz, M. D./Schott, C. (Hrsg.): Musik – Didaktik für die Grundschule. Berlin: Cornelsen, S. 166–178.

Ehlers, G. (2011): Englischunterricht – moderne Methoden und Konzepte. In: Schönknecht, G. (Hrsg.): Lernen fördern. Deutsch, Mathematik, Englisch, Sachunterricht. Unterricht in der Grundschule. Seelze: Klett/Kallmeyer, S. 255–322.

Ehlers, S. (2016): Literaturdidaktik. Eine Einführung. Stuttgart: Reclam.

Erhorn, J./Schwier, J. (Hrsg.) (2016): Pädagogik außerschulischer Lernorte: Eine interdisziplinäre Annäherung. Bielefeld: transcript Verlag.

Ertl, D./Hopf, M./Bartosch, I. (2012): Das Forschungs-Bildungs-Kooperationsprojekt Science Backstage. Ein Projekt mit NSO Bezug. In: Bernholt, S. (Hrsg.): Konzepte fachdidaktischer Strukturierung für den Unterricht. Gesellschaft für Didaktik der Chemie und Physik. Jahrestagung in Oldenburg 2011. Berlin: Lit., S. 125–127.

Esslinger-Hinz, I./Unseld, G./Reinhard-Hauck, P./Röbe, E./Fischer, H.J./Kust, T./Däschler-Seiler, S. (2007) Guter Unterricht als Planungsaufgabe. Ein Studien- und Arbeitsbuch zur Grundlegung unterrichtlicher Basiskompetenzen. Bad Heilbrunn: Klinkhardt.

Euler, M./Schüttler, T./Hausamann, D. (2015): Schülerlabore: Lernen durch Forschen und Entwickeln. In: Kircher, E./Girwidz, R./Häußler, P. (Hrsg.): Physikdidaktik. Theorie und Praxis. 3. Auflage. Berlin/Heidelberg: Springer Spektrum, S. 760–782.

European Network of Science Centres and Museums (ECSITE) (2008): The Impact of Science & Discovery Centres: A review of worldwide studies. www.sciencecentres.org.uk/reports/downloads/impact-of-science-discovery-centres-review-of-worldwide-studies.pdf (Abruf 10.01.2018).

Falk, J. H./Needham, M. D./Dierking, L. D./Prendergast, L. (2014): International Science Center Impact Study. Final Report. Corvallis/Oregon: John H. Falk Research.

Feige, B. (2008): Ökonomische Bildung im Sachunterricht der Grundschule. In: Bolscho, D./Hauenschild, K. (Hrsg.): Ökonomische Bildung mit Kindern und Jugendlichen. Frankfurt am Main: Peter Lang, S. 107–120.

Fellmann, G. (2015): Schüleraustausch und interkulturelle Kompetenz: Modelle, Prinzipien und Aufgabenformate. Frankfurt am Main: Lang.

Fiegert, M. (2012): »Geschichte erlebbar machen – Museum macht Schule«. Projektabschlussbericht. Beiträge aus der Osnabrücker Forschungswerkstatt Schulentwicklung, Band 3, Osnabrück: Universitätsdruckerei.

Fölling-Albers, M. (2015): Kind als didaktische Kategorie. In: Kahlert, J./Fölling-Albers, M./Götz, M./Hartinger, A./Miller, S:/Wittkowske, S. (Hrsg.): Handbuch Didaktik des Sachunterrichts. 2. aktual. und erw. Auflage. Bad Heilbrunn: Klinkhardt, S. 31–35.

Franzen, A./Botzen, K./Heiniger, S. (2013): Hilft ein Theaterbesuch? Die Evaluation einer Kulturförderung bei bildungsfernen Milieus. www.soz.unibe.ch/unibe/portal/fak_wiso/c_dep_sowi/inst_soz/content/e39893/e48983/e127077/e127562/e128037/TadE_Evaluation_Ergebnisbericht_Juli2013_ger.pdf (Abruf 10.01.2018).

Freed, B. F./Segalowitz, N./Dewey; D.P. (2004): Context of Learning and Second Language Fluency in French. Comparing Regular Classroom, Study Abroad and Intensive Domestic Immersion Programs. In: Studies in Second Language Acquisition 26, H. 2, S. 275–301.

Frey, K. (2002): Die Projektmethode. 9. Auflage. Weinheim, Basel: Beltz.

Fröhlich, G. (2012): Umsetzung verschiedener didaktischer Theorien im außerschulischen Unterricht: Potentiale und Grenzen des wiederentdeckten Lernorts Bauernhof. Bayreuth: Universität Bayreuth. Dissertation. www.epub.uni-bayreuth.de/189/1/Diss.pdf (Abruf 10.01.2018).

Fuchs, M. (2010): Musik in der Grundschule neu denken – neu gestalten. Theorie und Praxis eines aufbauenden Musikunterrichts. Rum bei Innsbruck/Esslingen: Helbling.

Fuchs, M. (Hrsg.) (2015): Musikdidaktik Grundschule. Theoretische Grundlagen und Praxisvorschläge. Innsbruck/Esslingen/Bern-Belp: Helbling.

Funke-Wieneke, J. (2007): Grundlagen der Bewegungs- und Sportdidaktik. Baltmannsweiler: Schneider Verlag Hohengehren.

Fütterer, W. (2016): Außerschulische Lernorte. In: Blohm, M. (Hrsg.): Kunstpädagogische Stichworte. Hannover: Fabrico, S. 27–30.

Garnett (ASCT) (2002): The impact of Science Centers/Museums on their surrounding communities. Summary report. www.astc.org/resource/case/Impact_Study02.pdf (Abruf 10.01.2018).

GDSU (Gesellschaft für Didaktik des Sachunterrichts) (Hrsg.) (2013): Perspektivrahmen Sachunterricht. Bad Heilbrunn: Klinkhardt. 2., vollständig überarbeitete und erweiterte Ausgabe.

Gehring, W. (2010): Zur Einleitung: Lernort, Lernstandort, Lernumgebung: Warum ein Fremdsprachenunterricht auch außerhalb des Klassenzimmers ertragreich ist. In: Gehring, W./Stinshoff, E. (Hrsg.): Außerschulische Lernorte des Fremdsprachenunterrichts. Braunschweig: Westermann, Schroedel, Diesterweg, Schöningh, Winklers, S. 7–16.

Gehring, W./Stinshoff, E. (2010): Vorwort. In: Dies. (Hrsg.): Außerschulische Lernorte des Fremdsprachenunterrichts. Braunschweig: Westermann, Schroedel, Diesterweg, Schöningh, Winklers, S. 5.

Gerstenmaier, J./Mandl, H. (1995): Wissenserwerb unter konstruktivistischer Perspektive. In: Zeitschrift für Pädagogik 41. Jg., H. 6, S. 867–888.

Gerstenmaier, W./Grimm, S. (2006): Praxishandbuch Deutsch. Sprechen – Schreiben – Lesen. 2. Auflage. Berlin: Cornelsen Scriptor.

Gesellschaft für Didaktik des Sachunterrichts (GDSU) (Hrsg.) (2013): Perspektivrahmen Sachunterricht. Vollständig überarbeitet und erweiterte Ausgabe. Bad Heilbrunn: Klinkhardt.

Geyer, C. (2008): Museums- und Science-Center-Besuche im naturwissenschaftlichen Unterricht aus einer motivationalen Perspektive. Die Sicht von Lehrkräften und Schülerinnen und Schüler. Berlin: Logos.

Gies, S. (2009): Bilder öffnen Ohren. Musik in Verbindung mit Bild und Szene. In: Jank, W. (Hrsg.): Musikdidaktik. Praxishandbuch für die Sekundarstufe I und II. Berlin: Cornelsen Scriptor, S. 145–151.

Glowinski, I. (2007): Schülerlabore im Themenbereich Molekularbiologie als Interessefördernde Lernumgebungen. Kiel: Christian-Albrecht-Universität. Dissertation. http://macau.uni-kiel.de/servlets/MCRFileNodeServlet/dissertation_derivate_00002259/diss_gesamt10_15bibexp.pdf (Abruf 10.01.2018).

Göhlich, M. (2013): Schulkultur. In: Haag, L./Rahm, S./Apel, H.J./Sacher, W. (Hrsg.): Studienbuch Schulpädagogik. Bad Heilbrunn: Klinkhardt, S. 52–71.

Goll, Th. (2011): Einführung: Demokratie- und/oder Politik-Lernen. In: Ders. (Hrsg.): Bildung für die Demokratie. Beiträge von Politikdidaktik und Demokratiepädagogik. Schwalbach/Ts.: Wochenschau, S. 5–11.

Government of Western Australia (2017): OFF-CAMPUS ENRICHMENT PROGRAM (ADOEP). Authority-developed endorsed program. Program Outline. https://wace1516.scsa.wa.edu.au/syllabus-and-support-materials/endorsed-programs/authority-developed-endorsed-programs (Abruf 10.01.2018).

Grafe, E. (2007): Exkursion. In: Günther-Arndt, H. (Hrsg.): Geschichtsmethodik. Handbuch für die Sekundarstufe I und II. Berlin: Cornelsen Scriptor, S. 134–137.

Grammes, T. (1997): Handlungsorientierung im Politikunterricht. 2., überarbeitete und. ergänzte Auflage. Hannover: Niedersächsische Landeszentrale für politische Bildung.

Grammes, T. (2010): Bibliothek. In: Besand, A./Sander, W. (Hrsg.): Handbuch Medien in der politischen Bildung. Schwalbach/Ts.: Wochenschau, S. 51–62.

Gröschner, A./Kleinknecht, M. (2013): Qualität von Unterricht – Ansätze aus der Perspektive der Unterrichtsforschung. In: Haag, L./Rahm, S./Apel, H.J./Sacher, W. (Hrsg.): Studienbuch Schulpädagogik. Bad Heilbrunn: Klinkhardt, S. 162–177.

Groß. J. (2011): Orte zum Lernen – Ein kritischer Blick auf außerschulische Lehr-/Lernprozesse. In: Messmer, K., von Niederhäuser, R., Rempfler, A. & Wilhelm, M. (Hg.):

Außerschulische Lernorte – Positionen aus Geographie, Geschichte und Naturwissenschaften, LIT Verlag Münster, Berlin, Wien, Zürich, S. 25–49.
Größing, S. (2001): Einführung in die Sportdidaktik. Lehren und Lernen im Sportunterricht. 8. Auflage. Wiebelsheim: Limpert.
Guderian, P. (2007): Wirksamkeitsanalyse außerschulischer Lernorte – Der Einfluss mehrmaliger Besuche eines Schülerlabors auf die Entwicklung des Interesses an Physik. Berlin: Humboldt-Universität. Dissertation. https://edoc.hu-berlin.de/bitstream/handle/18452/16262/guderian.pdf?sequence=1&isAllowed=y (Abruf 10.01.2018).
Guderian, P./Priemer, B. (2008): Interessenförderung durch Schülerlaborbesuche. Eine Zusammenfassung der Forschung in Deutschland. In: Physik und Didaktik in Schule und Hochschule 2, H.7, S. 27–36.
Gudjons, H. (2008): Handlungsorientiert Lehren und Lernen. Schüleraktivierung – Selbsttätigkeit – Projektarbeit. Bad Heilbrunn: Klinkhardt. 7. Auflage.
Günther-Arndt, H. (2007b): Erkundender Geschichtsunterricht. In: Ders. (Hrsg.): Geschichtsmethodik. Handbuch für die Sekundarstufe I und II. Berlin: Cornelsen Scriptor, S. 119.
Günther-Arndt, H. (Hrsg.) (2007a): Geschichtsmethodik. Handbuch für die Sekundarstufe I und II. Berlin: Cornelsen Scriptor.
Hagedorn, S./Hennes, A./Strömer, R. (2013): Schule, Jugend und Theater. Eine Studie im Auftrag der Arbeitskammer Bremen, www.graduatecenter.org/fileadmin/IGC/MKM/downloads/Studie_Jugend-Schule-Theater_-_28-10-13.pdf (Abruf 10.01.2018).
Hagstedt, H. (2004): Célestin Freinet (1896–1966): Ateliers als Forschungswerkstätten, Biographisches und Ideengeschichtliches. In: In: Kaiser, A./Pech, D. (Hrsg.): Basiswissen Sachunterricht Band 1: Geschichte und historische Konzeptionen des Sachunterrichts. Baltmannsweiler: Schneider Hohengehren, S. 139–142.
Hallitzky, M./Marchand, S./Seibert, N. (2013): Ausgewählte didaktische Modelle und ihre Bedeutung für eine theoriegeleitete Erforschung und Praxis des Unterrichts. In: Haag, L./Rahm, S./Apel, H.J./Sacher, W. (Hrsg.): Studienbuch Schulpädagogik. Bad Heilbrunn: Klinkhardt, S. 140–161.
Hartinger, A./Grygier, P./Tretter, T./Ziegler, F. (2013): Lernumgebungen zum naturwissenschaftlichen Experimentieren. Handreichung den des Programms SINUS an Grundschulen. Naturwissenschaften. www.sinus-an-grundschulen.de/fileadmin/uploads/Material_aus_SGS/Handreichung_Hartinger_et_al_fuer_web.pdf (Abruf 10.01.2018).
Hartinger, A./Mörtl-Hafizović, D. (2004): Situiertes Lernen im Sachunterricht. In: Kaiser, A./Pech, D. (Hrsg.): Lernvoraussetzungen und Lernen im Sachunterricht. Basiswissen Sachunterricht Bd.4. Baltmannsweiler: Schneider Verlag Hohengehren, S. 134–139.
Hattie, J./Marsh, H.W./Neill, J. T./Richards, G. E. (1997): Adventure Education and Outward Bound: Out-of-Class Experience That Make a Lasting Difference. In: Review of Educational Research 67, H. 1, S. 43–87.
Hauenschild, K. (2014): Bildung für nachhaltige Entwicklung. In: Hartinger, A/Lange, K. (Hrsg.): Sachunterricht – Didaktik für die Grundschule. Berlin: Cornelsen, S. 130–140.
Haug, V./Schellenberg, M. (2010): Gedenkstätten. In: Besand, A./Sander, W. (Hrsg.): Handbuch Medien in der politischen Bildung. Schwalbach/Ts.: Wochenschau, S. 213–222.
Heering, P./Kiupel, M./Schulze Heuling, L. (2016): Physikalische Bildung in außerschulischen Kontexten am Beispiel Science Center. In: Erhorn, J./Schwier, J. (Hrsg.): Pädagogik außerschulischer Lernorte. Eine interdisziplinäre Annäherung. Bielefeld: transcript, S. 227–243.
Heese, T. (2007): Vergangenheit »begreifen«. Die gegenständliche Quelle im Geschichtsunterricht. Schwalbach/Ts.: Wochenschau.

Heinrich, D./Stötzel, J. (2014) (Hrsg.): Ganztag im Bildungsnetzwerk. Der GanzTag in NRW – Beiträge zur Qualitätsentwicklung. 10. Jg. H. 15. vollständ. überarb. und erweit. Ausgabe 2014. Emsdetten: Institut für soziale Arbeit.

Heinzel, F. (Hrsg.) (2010): Was wissen wir über aktuelle Kindheiten? Beiträge zur Reform der Grundschule. Frankfurt am Main: Grundschulverband.

Helfferich, C. (2011): Die Qualität qualitativer Daten. Manual für die Durchführung qualitativer Interviews. 4. Auflage. Wiesbaden: VS Springer.

Hellberg-Rode, G. (2004): Außerschulische Lernorte. In: Kaiser, A./Pech, D. (Hrsg.): Basiswissen Sachunterricht Band 5: Unterrichtsplanung und Methoden. Baltmannsweiler: Schneider Hohengehren, S. 145–150.

Hellmuth, Th./Klepp, C. (2010): Politische Bildung. Geschichte – Modelle – Praxisbeispiele. Wien/Köln/Weimar: Böhlau.

Helmke, A. (2006): Unterrichtsforschung. In: Arnold, K./Sandfuchs, U./Wiechmann, J. (Hrsg.): Handbuch Unterricht. Bad Heilbrunn: Klinkhardt, S. 56–64.

Helmke, A. (2015): Unterrichtsqualität und Lehrerprofessionalität. Diagnose, Evaluation und Verbesserung des Unterrichts. 6. überarb. Auflage. Seelze: Klett-Kallmeyer.

Hemmer, I./Hemmer, M. (2010): Interesse von Schülerinnen und Schülern an einzelnen Themen, Regionen und Arbeitsweisen des Geographieunterrichts – ein Vergleich zweier empirischer Studien aus den Jahren 1995 und 2005. In: Dies. (Hrsg.): Schülerinteresse an Themen, Regionen und Arbeitsweisen des Geographieunterrichts. Ergebnisse der empirischen Forschung und Konsequenzen für die Unterrichtspraxis. Weingarten: Hochschulverband für Geographie und ihre Didaktik, S. 65–145.

Henze, C./Kruse-Graumann, L. (2015): Biologische Vielfalt und Bildung für Nachhaltige Entwicklung: Grundlagen, Schlüsselthemen und Zugänge für Bildungsangebote. In: Deutsche UNESCO-Kommission e.V. (Hrsg.): QUERBEET – Biologische Vielfalt und Bildung für nachhaltige Entwicklung. Anregungen für die Praxis. Bonn: Deutsche UNESCO-Kommission e.V., S. 6–42.

Hericks, U./Kunze, I. (2008): Forschung zu Didaktik und Curriculum. In: Helsper, W./Böhme, J. (Hrsg.): Handbuch der Schulforschung. 2., durchgesehene und erweiterte Auflage. Wiesbaden: VS, S. 747–778.

Hilger, G. (2010): Ästhetisches Lernen. In: Ders./Leimgruber, St./Ziebertz, H.-G. (Hrsg.): Religionsdidaktik. Ein Leitfaden für Studium, Ausbildung und Beruf. 6. Auflage, München: Kösel, S. 334–343.

Hirte, G. (2008): Kinderkonzertbesuche im Musikunterricht der Grundschule. Eine empirische Studie zu Akzeptanz, Bedarf und Auswirkungen. In: Lehmann, A. C./Weber, M. (Hrsg.): Musizieren innerhalb und außerhalb der Schule. Essen: Die Blaue Eule, S. 55–75.

Hoffmann, L./Kameyama, S./Riedel, M./Şahiner, P./Wulff, N. (Hrsg.) (2017): Deutsch als Zweitsprache. Ein Handbuch für die Lehrerausbildung. Berlin: Erich Schmidt.

Hoffmeister, U./Bullinger M./van Egmond-Fröhlich, A./Goldapp, C./Mann, R./Ravens-Sieberer, U./Reinehr, T./Westenhöfer, J./Wille, N./Holl, R.W. (2011): Übergewicht und Adipositas in Kindheit und Jugend. Evaluation der ambulanten und stationären Versorgung in Deutschland in der »EvAKuJ-Studie«. In: Bundesgesundheitsblatt – Gesundheitsforschung – Gesundheitsschutz, Ausgabe 1/2011, S. 128–135.

Hofmann, F. (2015): Pädagogische Kunstkommunikation zwischen Kunst-Aneignung und Kunst-Vermittlung. Fallspezifische empirische Untersuchungen zu zwei Schulklassen und einer Kita-Gruppe in Kunstausstellungen. München: kopaed.

Hofmann, F. (2016): Kunstpädagogik im Museum. Begriffe – Theorien – Grundlagen. Stuttgart: W. Kohlhammer.

Holtappels, H. G. (2003): Ganztagsschule und Schulöffnung als Rahmen pädagogischer Schulreform. In: Appel, St./Ludwig, H./Rother, U./Rutz, G. (Hrsg.): Neue Chancen für die Bildung. Schwalbach/Ts.: Wochenschau, S. 164–187.

Hooper-Greenhill, E./Dodd, J./Gibson, L./Phillips, M./Jones, C./Sullivan, E. (2006): What did you learn at the museum today? 2nd Study; published by the Research Centres for Museums and Galleries, Leicester University. https://www2.le.ac.uk/departments/museumstudies/rcmg/projects/what-did-you-learn-at-the-museum-today-1/What%20did%20you%20learn%20at%20the%20museum%20today.pdf (Abruf 10.01.2018).

Huber, L. (2009): Warum Forschendes Lernen nötig und möglich ist. In: Huber, L./Hellmer, J./Schneider, F. (Hrsg.): Forschendes Lernen im Studium: Aktuelle Konzepte und Erfahrungen. Bielefeld: Universitätsverlag, S. 9–35.

Huneke, H.-W./Steinig, W. (2013): Deutsch als Fremdsprache. Eine Einführung. 6. Auflage. Berlin: Erich Schmidt.

Hurrelmann, K. (2001): Einführung in die Sozialisationstheorie. 7. Auflage. Weinheim/Basel: Beltz.

Hurrelmann, K./Andresen, S./Schneekloth, U./Pupeter, M. (2014): Die Lebensqualität der Kinder in Deutschland: Ergebnisse der 3. World Vision Kinderstudie. In: Diskurs Kindheits- und Jugendforschung 9 (3), S. 383–391.

I.C.E.M. (Institut Cooperatif de l'Ecole Moderne): A l'origine la »classe promenade« www.icem-pedagogie-freinet.org/node/6109 (Abruf 10.01.2018).

Jank, W. (Hrsg.) (2009): Musikdidaktik. Praxishandbuch für die Sekundarstufe I und II. Berlin: Cornelsen Scriptor.

Jänsch, A./Schneekloth, U. (2013): Die Freizeit: Vielfältig und bunt, aber nicht für alle Kinder. In: World Vision Deutschland e.V. (Hrsg.): Wie gerecht ist unsere Welt? Kinder in Deutschland 2013. 3. World Vision Kinderstudie. Weinheim/Basel: Beltz, S. 135–167.

Jensen, E. (2014): Evaluating Children's Conservation Biology learning at the Zoo. In: Conservation Biology 28, H. 4, S. 1004–1011.

Jürgens. E. (2008): Außerschulische Lernorte. In: Jürgens, E./Standop, J. (Hrsg.): Taschenbuch Grundschule. 3. Grundlegung von Bildung. Baltmannsweiler: Schneider Hohengehren, S. 101–112.

Kahlert, J./Fölling-Albers, M./Götz, M./Hartinger, A./Miller, S:/Wittkowske, S. (Hrsg.) (2015): Handbuch Didaktik des Sachunterrichts. 2. aktual. und erw. Auflage. Bad Heilbrunn: Klinkhardt.

Kaiser, A. (2014): Neue Einführung in die Didaktik des Sachunterrichts. 6. Auflage. Baltmannsweiler: Schneider Verlag Hohengehren.

Kaiser, F.-J./Kaminski, H. (2012): Methodik des Ökonomieunterrichts. 4. Auflage. Bad Heilbrunn: Klinkhardt.

Kaminski, H. (Hrsg.) (1999): Ökonomische Bildung und Schule. Politische Rahmenbedingungen und praktische Realisierungsmöglichkeiten. Neuwied: Luchterhand.

Karpa, D./Lübbecke, G./Bastian, A (Hrsg.) (2015): Außerschulische Lernorte. Theorie, Praxis und Erforschung außerschulischer Lerngelegenheiten. Immenhausen: Prolog.

Karpa, D./Overwien, B./Plessow, O. (Hrsg.) (2015): Außerschulische Lernorte in der politischen und historischen Bildung. Immenhausen: Prolog.

Keller, F./Colberg, C./Imhof, A. (2015): Klimabildung in der freien Natur oder im Schulzimmer? In: In: Karpa, D./Lübbecke, G./Adam, B. (Hrsg.): Außerschulische Lernorte. Theorie, Praxis und Erforschung. Immenhausen: Prolog, S. 184–196.

Kessel, J. (2007): Geschichte im Archiv. In: Günther-Arndt, H. (Hrsg.): Geschichtsmethodik. Handbuch für die Sekundarstufe I und II. Berlin: Cornelsen Scriptor, S. 128–133.

Kiel, E. (2013): Unterrichtsprinzipien. In: Haag, L./Rahm, S./Apel, H.J./Sacher, W. (Hrsg.): Studienbuch Schulpädagogik. 5. vollst. überarb. Auflage. Bad Heilbrunn: Klinkhardt, S. 198–220.

Killermann, W./Hiering, P./Starosta, B. (2013): Biologieunterricht heute. 16., aktualisierte Auflage. Augsburg: Auer.

Kindermann, K. (2017): Die Welt im Klassenzimmer. Subjektive Theorien von Lehrkräften über außerschulisches Lernen. Bielefeld: transcript.

Kindermann, K./Riegel, U. (2015): Wie Religionslehrpersonen außerschulisches Lernen erleben. In: Karpa, D./Lübbecke, G./Adam, B. (Hrsg.): Außerschulische Lernorte. Theorie, Praxis und Erforschung. Immenhausen: Prolog, S. 333–352.

Kircher, E./Girwidz, R./Häußler, P. (Hrsg.) (2015): Physikdidaktik. Theorie und Praxis. 3. Auflage. Berlin/Heidelberg: Springer Spektrum.

Kirchner, C. (2013): Grundlagen des Kunstunterrichts. In: Dies. (Hrsg.): Kunst – Didaktik für die Grundschule. Berlin: Cornelsen Scriptor, S. 9–36.

Kirchner, C./Kirschenmann, J. (2015): Kunst unterrichten. Didaktische Grundlagen und schülerorientierte Vermittlung. Seelze: Kallmeyer/Klett.

Kisser, T. (2014): Außerunterrichtliche Lernorte: Die (Weiter-)Entwicklung von Lernpfaden zu einem Netz von Geopunkten mit Hilfe der Geocache-Methode: Empirische Untersuchung zur Exkursionsdidaktik. München: Ludwig-Maximilians-Universität. Dissertation. https://edoc.ub.uni-muenchen.de/17072/1/Kisser_Thomas.pdf (Abruf 10.01.2018).

Kisser, T. (2015): Außerschulische Lernorte. Die (Weiter)Entwicklung von Lernpfaden zu einem Netz von Geopunkten mit Hilfe der Geocache-Methode. Münster: Monsenstein und Vannerdat.

Klafki, W. (1963): Studien zur Bildungstheorie und Didaktik. Weinheim: Beltz.

Klafki, W. (1976): Zum Verhältnis von Didaktik und Methodik. In: Zeitschrift für Pädagogik 22, F. 1, S. 77–94.

Klafki, W. (1991): Neue Studien zur Bildungstheorie und Didaktik. Zeitgemäße Allgemeinbildung und kritisch-konstruktive Didaktik. Weinheim und Basel: Beltz.

Klafki, W. (1992): Allgemeinbildung in der Grundschule und der Bildungsauftrag des Sachunterrichts. In: Lauterbach, R./Köhnlein, W./Spreckelsen, K./Kleweitz, E. (Hrsg.): Brennpunkte des Sachunterrichts. Kiel: IPN, S. 11–31.

Klafki, W. (1996): Neue Studien zur Bildungstheorie und Didaktik. Weinheim u.a.: Beltz.

Klafki, W. (2007): Neue Studien zur Bildungstheorie und Didaktik. Zeitgemäße Allgemeinbildung und kritisch-konstruktive Didaktik. 6. Auflage. Weinheim und Basel: Beltz.

Klein, M. (2010): Exkursionsdidaktik. Eine Arbeitshilfe für Lehrer, Studenten und Dozenten. 2. Auflage. Baltmannsweiler: Schneider Verlag Hohengehren.

Klein, M. (2010): Exkursionsdidaktik. Eine Arbeitshilfe für Lehrer, Studenten und Dozenten. 2., verbesserte und erweiterte Auflage. Baltmannsweiler: Schneider Verlag Hohengehren.

Kleine, W./Schulz, N. (1999): Modernisierte Kindheit – sportliche Kindheit? Einleitende Bemerkung. In: Dies. (Hrsg.): Modernisierte Kindheit – sportliche Kindheit? St. Augustin: Academia Richarz, S. 7–9.

KM Bayern (Bayerisches Staatsministerium für Unterricht und Kultus) (2004): Schullandheimaufenthalt. Bekanntmachung des Bayerischen Staatsministeriums für Unterricht und Kultus vom 5. April 2004. www.km.bayern.de/medien/km_links/datei/amtsblatt/kwmbl-teil1-2004-08.pdf (Abruf 10.01.2018).

KM Bayern (Bayerisches Staatsministerium für Unterricht und Kultus) (2010): Durchführungshinweise für Schülerfahren/Schulfahrten. Bekanntmachung des Bayerischen Staatsministeriums für Unterricht und Kultus vom 9. Juli 2010. www.verkuendung-bayern.de/kwmbl/jahrgang:2010/heftnummer:15/seite:204 (Abruf 10.01.2018).

KM Nordrhein-Westfalen (Ministerium für Schule und Weiterbildung) (1997): Richtlinien für Schulfahren. RdErl. d. Ministeriums für Schule und Weiterbildung v.

19.03.1997 (GABl. NW. I S. 101) www.schulministerium.nrw.de/docs/Recht/Schulrecht/Erlasse/WRL.pdf (Abruf 10.01.2018).

KMK/DUK (Ständige Konferenz der Kultusminister der Länder in der Bundesrepublik Deutschland/Deutsche UNESCO-Kommission) (2007): Empfehlung zur Bildung für Nachhaltige Entwicklung in der Schule. www.kmk.org/fileadmin/Dateien/veroeffentlichungen_beschluesse/2007/2007_06_15_Bildung_f_nachh_Entwicklung.pdf (Abruf 10.01.2018).

Kniffka, G./Siebert-Ott, G. (2012): Deutsch als Zweitsprache. Lehren und Lernen. 3., aktualisierte Auflage. Paderborn/München/Wien/Zürich: F. Schöningh.

Knoll, M. (2009): Projektmethode. In: Arnold, K.-H./Sandfuchs, U./Wiechmann, J. (Hrsg.): Handbuch Unterricht. Bad Heilbrunn: Klinkhardt. 2., akt. Auflage, S. 204–207.

Koch-Priewe, B./Köker, A/Störtländer, JC (2016): Die bildungstheoretische Didaktik und die kritisch-konstruktive Didaktik. In: Porsch, R. (Hrsg.): Einführung in die Allgemeine Didaktik. Ein Lehr- und Arbeitsbuch für Lehramtsstudierende. Münster: Waxmann, S. 101–132.

Kohler, B. (2007): Originale Begegnung. In: Kahlert, J./Fölling-Albers, M./Götz, M./Hartinger, A./Reeken, D.v./Wittkowske, S. (Hrsg.): Handbuch Didaktik des Sachunterrichts, Bad Heilbrunn: Klinkhardt, S. 481–485.

Kohler, B. (2014): Draußenlernen! Ein Plädoyer für mehr Naturerfahrung in der Bildung. In: Raith, A./Lude, A. (Hrsg.): Startkapital Natur. Wie Naturerfahrung die kindliche Entwicklung fördert. München: Oekom, S. 79–86.

Köhler, K. (2012): Welche Lernorte eignen sich für den Biologieunterricht? In: Spörhase, U. (Hrsg.): Biologie-Didaktik. Praxishandbuch für die Sekundarstufe I und II. 5. Auflage. Berlin: Cornelsen Scriptor, S. 180–189.

Köhnlein, W. (2012): Sachunterricht und Bildung. Bad Heilbrunn: Klinkhardt.

Köhnlein, W. (2015): Die Sache als didaktische Kategorie. In: Kahlert, J./Fölling-Albers, M./Götz, M./Hartinger, A./Miller, S:/Wittkowske, S. (Hrsg.): Handbuch Didaktik des Sachunterrichts. 2. aktual. und erw. Auflage. Bad Heilbrunn: Klinkhardt, S. 36–40.

Kolb, P. (2014): Museum und Schule. In: Czech, A./Kirmeier, J./Sgoff, B. (Hrsg.): Museumspädagogik – Ein Handbuch. Grundlagen und Hilfen für die Praxis. Schwalbach/Ts.: Wochenschau, S. 110–123.

Kraemer, R.-D. (2007): Musikpädagogik – eine Einführung in das Studium. 2. Auflage. Augsburg: Wißmer.

Krauß-Leichert, U. (2014): Leseförderung – wirkungsvoll oder wirkungslos? Ergebnisse aus der Studie »Leseförderung und Wirkungsforschung (LeWi)« der HAW Hamburg und der Stadtbibliothek Bielefeld. www.haw-hamburg.de/fileadmin/user_upload/DMI-I/Mitarbeiter/Ute_Krauss-Leichert/Ergebnisse_der_LeWi-Studie.pdf (Abruf 10.01.2018).

Krauthausen, G./Scherer, P. (2007): Einführung in die Mathematikdidaktik. Mathematik Primar- und Sekundarstufe. Wiesbaden: Springer Spektrum.

Kronbichler, E./Seewald, F.: Bewegungserziehung und Umwelt – eine Situationsanalyse. In: Leibesübungen-Leibeserziehung 47 (1993), 5, S. 2–9.

Krüger-Potranz, M. (2010): Multikulturelle Kindheit. In: Heinzel, F. (Hrsg.): Kinder in Gesellschaft. Was wissen wir über aktuelle Kindheiten? Frankfurt am Main: Grundschulverband, S. 41–53.

Kruse, K. (2008): Lehr- und Lernort Schullandheim. In: Burk, K./Rauterberg, M./Schönknecht, G. (Hrsg.): Schule außerhalb der Schule. Lehren und Lernen an außerschulischen Orten. Frankfurt am Main: Grundschulverband, S. 138–147.

Kuhn, P. (1997): Natur als Herausforderung der Sportpädagogik. dvs-Informationen, 12 (2), S. 14–18.

Kühn, T. (2008): Mit Kindern im Wald. In: Burk, K./Rauterberg, M./Schönknecht, G. (Hrsg.): Schule außerhalb der Schule. Lehren und Lernen an außerschulischen Orten. Frankfurt am Main: Grundschulverband, S. 162–168.

Kühnel, J. (1909): Jütting und Webers Anschauungsunterricht und Heimatkunde. Bearbeitet von Johannes Kühnel. Leipzig: Julius Klinkhardt.

Kuke, N. (2013): Bildung für nachhaltige Entwicklung. Eckert. Working Paper 2013/3. repository.gei.de/bitstream/handle/11428/134/782611109_2016_A.pdf?sequence=2&isAllowed=y (Abruf 10.01.2018).

Kümmel, U./Hampel, P./Meier, M. (2008): Einfluss einer erlebnispädagogischen Maßnahme auf die Selbstwirksamkeit, die Stressverarbeitung und den Erholungs-Beanspruchungs-Zustand bei Jugendlichen. In: Zeitschrift für Pädagogik 54, H. 4, S. 555–571.

Küntzel, B. (2009): Musikunterricht. Baltmannsweiler: Schneider Verlag Hohengehren.

Lange, H./Sinning, S. (2008): Handbuch Sportdidaktik. Balingen: Spitta.

Lehmann-Wermser, A. (Hrsg.) (2016): Musikdidaktische Konzeptionen. Ein Studienbuch. Augsburg: Wißner.

Leimgruber, S./Ziebertz, H.-G. (2010): Interkulturelles und interreligiöses Lernen. In: Hilger, G./Leimgruber, S./Ziebertz, H.-G. (Hrsg.): Religionsdidaktik. Ein Leitfaden für Studium, Ausbildung und Beruf. 6. Auflage, München: Kösel, S. 462–471.

Leutner, D. (2013): Lehr-Lern-Forschung. In: Wirtz, M.A. (Hrsg.): Dorsch Lexikon der Psychologie, 16. Auflage, Bern: Hans Huber.

Lewalter, D./Geyer, C. (2005): Evaluation von Schulklassenbesuchen im Museum. In: Zeitschrift für Pädagogik 51, H. 6, S. 774–785.

Lichtenstein-Rother, I. (1969): Schulanfang. Pädagogik und Didaktik der ersten beiden Schuljahre. 7. Auflage. (Erstauflage 1954). Frankfurt am Main: Diesterweg.

Liebers, K./Maier, P./Prengel, A./Schönknecht, G. (2013): Pädagogische Diagnostik und Lernwege von Kindern im inklusiven Sachunterricht. In: Wittkowske, S./von Maltzahn, K. (Hrsg.): Lebenswirklichkeit und Sachunterricht. Erfahrungen – Ergebnisse – Entwicklungen. Bad Heilbrunn: Klinkhardt, S. 48–62.

Lindner, M./Cubat, C. (2014): Science Camps in Europe – Collaboration with companies and school, Implications and Results on Scientific Literacy. In: Science Education International 25, H. 1, S. 79–85.

Litschauer, A. (2011): Grundlagen des Musikunterrichts. Eine Einführung in die Musikdidaktik. Bern/Stuttgart/Wien: UTB.

Loritz, M./Schott, C. (2015): Musik. Didaktik für die Grundschule. Berlin: Cornelsen.

Lößner, M. (2011): Exkursionsdidaktik in Theorie und Praxis. Forschungsergebnisse und Strategien zur Überwindung hemmender Faktoren. Ergebnisse einer empirischen Untersuchung an mittelhessischen Gymnasien. Weingarten: Selbstverlag des Hochschulverbandes für Geographie und ihre Didaktik e.V.

Lüders, M./Rauin, U. (2008): Unterrichts- und Lehr-Lern-Forschung. In: Helsper, W./Böhme, J. (Hrsg.): Handbuch der Schulforschung. 2., durchgesehene und erweiterte Auflage. Wiesbaden: VS, S. 717–745.

Maier, U./Kleinknecht, M./Metz, K./Bohl, T. (o.J.): Kategoriensystem zur überfachlichen Aufgabenanalyse: www.erziehungswissenschaft.uni-tuebingen.de/abteilungen/schulpaedagogik/aufgabenanalyse/ (Abruf 10.01.2018).

Marquardt-Mau, B. (2015): Lehren und Lernen in Projekten. In: Kahlert, J./Fölling-Albers, M./Götz, M./Hartinger, A./Miller, S:/Wittkowske, S. (Hrsg.): Handbuch Didaktik des Sachunterrichts. 2. aktual. und erw. Auflage. Bad Heilbrunn: Klinkhardt, S. 149–424.

Marx, A./Sauer, M. (2011): Lerneffekte von gedenkstättenbesuchen im Kontext des Geschichtsunterrichts. Eine quantitative Studie am Beispiel der KZ-Gedenkstätten Buchenwald und Moringen. In: Pampel, B.(Hrsg.): Erschrecken – Mitgefühl – Distanz.

Empirische Befunde über Schülerinnen und Schüler in Gedenkstätten und zeitgeschichtlichen Ausstellungen. Leipzig: Leipziger Universitätsverlag, S. 115–145.

Massing, P. (2010): Institutionen. In: Besand, A./Sander, W. (Hrsg.): Handbuch Medien in der politischen Bildung. Schwalbach/Ts.: Wochenschau, S. 225–235.

Matthes, M. (1998): Einführung. In: Museumspädagogischer Dienst Berlin (Hrsg.): Schule und Museum. Vom Nutzen des Museums für die Schule. Berlin/Milow: Schibri, S. 9–19.

May, H. (2012): Didaktik der ökonomischen Bildung. 8. Auflage. München: Oldenbourg.

Mayer, U. (1997): Handlungsorientierung. In: Bergmann, K./Fröhlich, K./Kuhn, A./Rüsen, J./Schneider, G. (Hrsg.): Handbuch der Geschichtsdidaktik. Seelze-Velber: Kallmeyer'sche Verlagsbuchhandlung, S. 411–416.

Mayer, U. (2009): Außerschulische Lernorte. In: Ders./Pandel, H.-J./Schneider, G./Schönemann, B. (Hrsg.): Wörterbuch Geschichtsdidaktik. 2. Auflage. Schwalbach/Ts.: Wochenschau, S. 27–29.

Meseth, W. (2008): Schulisches und außerschulisches Lernen im Vergleich. Eine empirische Untersuchung über die Vermittlung der Geschichte des Nationalsozialismus im Unterricht, in außerschulischen Bildungseinrichtungen und in Gedenkstätten. In: kursiv. Journal für politische Bildung 12, H. 1, S. 74–83.

Messmer, R. (Hrsg.) (2013): Fachdidaktik Sport. Bern: Haupt.

Messner, R. (Hrsg.) 2009: Schule forscht. Ansätze und Methoden zum Forschenden Lernen. Hamburg: Körberstiftung.

Michalik, K. (2015a): Befragung und Zeitzeugenbefragung. In: Reeken, D.v. (Hrsg.): Handbuch Methoden im Sachunterricht. Baltmannsweiler: Schneider Hohengehren, S. 30–38.

Michalik, K. (2015b): Philosophieren im Sachunterricht. In: Kahlert, J./Fölling-Albers, M./Götz, M./Hartinger, A./Miller, S:/Wittkowske, S. (Hrsg.): Handbuch Didaktik des Sachunterrichts. 2. aktual. und erw. Auflage. Bad Heilbrunn: Klinkhardt, S. 429–433.

Mierendorff, J./Kränzl-Nagl, R. (2007): Kindheit im Wandel. Annäherungen an ein komplexes Phänomen. In: SWS-Rundschau (47. Jg.) Heft 1, S. 3–25.

Mikelskis, H. F. (2010): Physik-Didaktik. Praxishandbuch für die Sekundarstufe I und II. 2. Auflage. Berlin: Cornelsen Scriptor.

Mitzlaff, H. (2004a): Die erste »Heimathskunde« von Chr. Wilhelm Harnisch (1787–1864) aus dem Jahre 1816. In: Kaiser, A./Pech, D. (Hrsg.): Basiswissen Sachunterricht Band 1: Geschichte und historische Konzeptionen des Sachunterrichts. Baltmannsweiler: Schneider Hohengehren, S. 73–80.

Mitzlaff, H. (2004b): Elementarunterricht zwischen geografischer Propädeutik und Kindorientierung – F.A. Fingers (1808–1888) Weinheimer »Heimathskunde« von 1844. In: In: Kaiser, A./Pech, D. (Hrsg.): Basiswissen Sachunterricht Band 1: Geschichte und historische Konzeptionen des Sachunterrichts. Baltmannsweiler: Schneider Hohengehren, S. 85–89.

Moch, M. (2002): Entwicklung von Gruppenstruktur, Zusammenhalt und Selbstvertrauen im Verlauf erlebnispädagogischer Segelmaßnahmen. In: Gruppendynamik und Organisationsberatung 33, S. 83–95.

Morisson, L. L. (2016): Outdoor Education in Iowa, United States. In: Au, J. v./Garde, U. (Hrsg.): "Raus aus dem Klassenzimmer." Outdoor Education als Unterrichtskonzept. Weinheim/Basel: Beltz Juventa, S. 64–69.

Moritz, B. (2016): Vom Nutzen der dokumentarischen Methode. Überlegungen zur empirischen Erforschung von außerschulischen Lernorten in der politischen Bildung. In: Deichmann, C./May, M. (Hrsg.): Politikunterricht verstehen und gestalten. Wiesbaden: Springer VS, S. 185–199.

Müller, Ch. (Hrsg.) (2011): Urban Gardening. Über die Rückkehr der Gärten in die Stadt. München: oekum.

Nahnsen, I. (1975): Bemerkung zum Begriff und zur Geschichte des Arbeitsschutzes. In: Osterland, M. (Hrsg.): Arbeitssituation, Lebenslage und Konfliktpotential. Frankfurt am Main: Europäische Verlagsanstalt, S. 145–166.

Neeb, K. (2010): Exkursionen zwischen Instruktion und Konstruktion. Potenzial und Grenzen einer kognitivistischen und konstruktivistischen Exkursionsdidaktik in der Schule. Gießen: Justus-Liebig-Universität. Dissertation. geb.uni-giessen.de/geb/volltexte/2010/7710/pdf/NeebKerstin_2010_07_07.pdf (Abruf 10.01.2018).

Neill, J. T. (2008): Enhancing life effectiveness: The impacts of outdoor education programs. Unpublished doctoral dissertation, Faculty of Education, University of Western Sydney, NSW, Australia. wilderdom.com/phd2/Neill2008EnhancingLifeEffectivenessTheImpactsOfOutdoorEducationPrograms.pdf (Abruf 10.01.2018).

Nerdel, C. (2017): Grundlagen der Naturwissenschaftsdidaktik. Kompetenzorientiert und aufgabenbasiert für Schule und Hochschule. Berlin/Heidelberg: Springer Spektrum.

Niesel, V./Komorek, M. (2012): Der Energieparcours-Nordwest.de. In: Bernholt, S. (Hrsg.): Konzepte fachdidaktischer Strukturierung für den Unterricht. Gesellschaft für Didaktik der Chemie und Physik. Jahrestagung in Oldenburg 2011. Berlin: Lit, S. 410–412.

Nießeler, A. (2015a): Den Sachen begegnen. In: Kahlert, J./Fölling-Albers, M./Götz, M./Hartinger, A./Miller, S:/Wittkowske, S. (Hrsg.): Handbuch Didaktik des Sachunterrichts. 2. aktual. und erw. Auflage. Bad Heilbrunn: Klinkhardt, S. 441–448.

Nießeler, A. (2015b): Lebenswelt/Heimat als didaktische Kategorie. In: Kahlert, J./Fölling-Albers, M./Götz, M./Hartinger, A./Miller, S:/Wittkowske, S. (Hrsg.): Handbuch Didaktik des Sachunterrichts. 2. aktual. und erw. Auflage. Bad Heilbrunn: Klinkhardt, S. 27–31.

Oberle, M./Weißeno, G. (Hrsg.) (2017): Politikwissenschaft und Politikdidaktik. Theorie und Empirie. Wiesbaden: Springer VS.

Oelkers, J. (2012): Learning by Doing. Ein pragmatischer Blick auf Lernen, Erfahrung und Identität. In: Leonard, Y. (Hrsg.): Kindermuseen. Strategien und Methoden eines aktuellen Museumstyps. Berlin: transcript, S. 57–68.

Ohl, U./Neeb, K. (2012): Exkursionsdidaktik: Methodenvielfalt im Spektrum von Kognitivismus und Konstruktivismus. In: Haversath, J.B. (Hrsg.): Geographiedidaktik. Theorie – Themen – Forschung. Braunschweig: Westermann.

Pampel, B. (2011): Gedenkstätten als «außerschulische Lernorte". Theoretische Aspekte – empirische Befunde – praktische Herausforderungen. In: Ders. (Hrsg.): Erschrecken – Mitgefühl – Distanz. Empirische Befunde über Schülerinnen und Schüler in Gedenkstatten und zeitgeschichtlichen Ausstellungen. Leipzig: Leipziger Universitätsverlag, S. 11–58.

Pandel, H.-J. (1997a): Geschichte im Unterricht. In: Bergmann, K., Fröhlich, K, Kuhn, A., Rüsen, J./Schneider, G. (Hrsg.): Handbuch der Geschichtsdidaktik. 5. Auflage. Seelze-Velber: Kallmeyer'sche Verlagsbuchhandlung, S. 379–385.

Pandel, H.-J. (1997b): Sozialformen. In: Bergmann, K./Fröhlich, K./Kuhn, A./Rüsen, J./Schneider, G. (Hrsg.): Handbuch der Geschichtsdidaktik. 5. Auflage. Seelze-Velber: Kallmeyer'sche Verlagsbuchhandlung, S. 389–399.

Pandel, H.-J. (1997c): Arbeitsformen. In: Bergmann, K./Fröhlich, K./Kuhn, A./Rüsen, J./Schneider, G. (Hrsg.): Handbuch der Geschichtsdidaktik. 5. Auflage. Seelze-Velber: Kallmeyer'sche Verlagsbuchhandlung, S. 400–406.

Paschold, L. (2015): Landwirtschaftliche Betriebe als regionale Lernorte – das Konzept des Lehrer-Landwirt-Tandems. In: Karpa, D./Lübbecke, G./Adam, B. (Hrsg.): Außerschulische Lernorte. Theorie, Praxis und Erforschung. Immenhausen: Prolog, S. 166–183.

Pawek, Ch. (2012): Schülerlabore als nachhaltig das Interesse fördernde ausserschulische Lernumgebungen. In: Brovelli, D./Fuchs, K./von Niederhäusern, R./Rempfler,

A. (Hrsg.): Kompetenzentwicklung an Ausserschulischen Lernorten. Tagungsband zur 2. Tagung Ausserschulische Lernorte der PHZ Luzern vom 24. September 2011. Münster/Berlin/Wien/Zürich: Lit, S. 69–94.

Pech, D./Rauterberg, M. (2013): Auf den Umgang kommt es an. »Umgangsweisen« als Ausgangspunkt einer Strukturierung des Sachunterrichts. Skizze der Entwicklung eines »Bildungsrahmens Sachlernen«. widerstreit sachunterricht beiheft 5, 2. Auflage. www.widerstreit-sachunterricht.de (Abruf 10.01.2018).

Peez, G. (2002): Einführung in die Kunstpädagogik. Stuttgart: Kohlhammer.

Pehofer, J. (2010): Tradition und Perspektiven des Schulgartens in der Schule Österreichs und Europas. In: Giest, H. (Hrsg.): Umweltbildung und Schulgarten. Eine Handreichung zur praktischen Umweltbildung unter besonderer Berücksichtigung des Schulgartens. 2. Auflage. Potsdam: Universitätsverlag, S. 35–43.

Penzel, J. (2013): Gestaltungskompetenzen entwickeln. In: Kirchner, C. (Hrsg.): Kunst – Didaktik für die Grundschule. Berlin: Cornelsen Skriptor, S. 36–69.

Pfeifer, P./Lutz, B./Bader, H. J. (2002): Konkrete Fachdidaktik Chemie. Neubearbeitung. München/Düsseldorf/Stuttgart: Oldenbourg.

Piorkowsky, M.-B. (2011): Gute Praxis – schlechte Praxis in finanzieller Allgemeinbildung. In: Retzmann, Th. (Hrsg.): Finanzielle Bildung in der Schule. Mündige Verbraucher durch Konsumentenbildung. Schwalbach/Ts.: Wochenschau Wissenschaft, S. 31–45.

Pleitner, B. (2007a): Geschichte im Museum. In: Günther-Arndt, H. (Hrsg.): Geschichtsmethodik. Handbuch für die Sekundarstufe I und II. Berlin: Cornelsen Scriptor, S. 120–127.

Pleitner, B. (2007b): Lokalerkundung. In: Günther-Arndt, H. (Hrsg.): Geschichtsmethodik. Handbuch für die Sekundarstufe I und II. Berlin: Cornelsen Scriptor, S. 138–141.

Pleitner, B. (2012): Außerschulische historische Lernorte. In: Barricelli, M./Lücke, M. (Hrsg.): Handbuch Praxis des Geschichtsunterrichts, Band 2. Schwalbach/Ts.: Wochenschau, S. 290–307.

Plessow, O. (2015): »Außerschulisch« – zur Bedeutung eines Begriffs aus geschichtsdidaktischer Perspektive. In: Karpa, D./Overwien, B./Plessow, O. (Hrsg.): Außerschulische Lernorte in der politischen und historischen Bildung. Immenhausen: Prolog, S. 17–32.

Radl, S./Gesser, S. (2009): Aktives Lernen im Kinder- und Jugendmuseum: Beobachten – Animieren – Interagieren. In: Kunz-Ott, H./Kudorfer, S./Weber, T. (Hrsg.): Kulturelle Bildung im Museum. Aneignungsprozesse, Vermittlungsformen, Praxisbeispiele. Bielefeld: transcript, S. 111–118.

Rathgeb-Schnierer, E./Schütte, S. (2011): Mathematikunterricht neu gestalten. In: Schönknecht, G. (Hrsg.): Lernen fördern. Deutsch, Mathematik, Englisch, Sachunterricht. Unterricht in der Grundschule. Seelze: Klett/Kallmeyer, S. 143–207.

Reeken, D.v. (2005): Gegenständliche Quellen und museale Darstellungen. In: Hilke, G.-A. (Hg.): Geschichts-Didaktik. Praxishandbuch für die Sekundarstufe I und II. 2. Auflage. Berlin: Cornelsen, S. 137–150.

Reeken, D.v. (2014): Historisches Lehren und Lernen. In: Hartinger, A/Lange, K. (Hrsg.): Sachunterricht – Didaktik für die Grundschule. Berlin: Cornelsen, S. 98–115.

Reeken, D.v. (Hrsg.) (2015): Handbuch Methoden im Sachunterricht. 3. unveränd. Auflage. Baltmannsweiler: Schneider Hohengehren.

Reich, K. (2012): Konstruktivistische Didaktik. 5. Auflage. Weinheim u. a.: Beltz.

Reich, K. (Hrsg.) (2003): Erkundung. In: Methodenpool. http://methodenpool.uni-koeln.de (Abruf 10.01.2018).

Reich, K. (Hrsg.) (2008): Projektarbeit. In: Methodenpool. http://methodenpool.uni-koeln.de (Abruf 10.01.2018).

Reich, K. (Hrsg.) (2017): Methodenpool. http://methodenpool.uni-koeln.de (last update 3.2.2017) (Abruf 10.01.2018).

Reiners, Ch. S. (2017): Chemie vermitteln. Fachdidaktische Grundlagen und Implikationen. Berlin/Heidelberg: Springer Spektrum.

Reinhoffer, B. (2008): Lehrpläne und außerschulische Lernorte – ein historischer Abriss. In: Burk, K./Rautenberg, M./Schönknecht, G. (Hrsg.): Schule außerhalb der Schule. Lehren und Lernen an außerschulischen Orten. Frankfurt am Main: Grundschulverband, S. 55–65.

Reinmann, G./Mandl, H. (2006): Unterrichten und Lernumgebungen gestalten. In: Krapp, A./Weidenmann, B. (Hrsg.): Pädagogische Psychologie. 5. Auflage. Weinheim: Beltz, S. 601–646.

Renkl, A. (2009): Lehren und Lernen. In: Tippelt, R./Schmidt, B. (Hrsg.): Handbuch Bildungsforschung. Wiesbaden: VS Verlag für Sozialwissenschaften, S. 737–751.

Richter, D. (2015): Ästhetisches Lernen. In: Reeken, D.v. (Hrsg.): Handbuch Methoden im Sachunterricht. Baltmannsweiler: Schneider Hohengehren. S. 12–21.

Richter, W. (2016): Architektur. In: Blohm, M. (Hrsg.): Kunstpädagogische Stichworte. Hannover: Fabrico, S. 11–14.

Riegel, Ch. (2016): Bildung – Intersektionalität – Othering. Pädagogisches Handeln in widersprüchlichen Verhältnissen. Berlin: transcript.

Rieß, W. (2010): Bildung für nachhaltige Entwicklung. Theoretische Analysen und empirische Studien. Münster: Waxmann.

Rieß, W./Mischo, C./Reinbolz, A./Richter, K./Dobler, C. (2008): Evaluationsbericht »Bildung für nachhaltige Entwicklung (BNE) an weiterführenden Schulen in Baden-Württemberg«. Maßnahme Lfd. 15 im Aktionsplan Baden-Württemberg. www.researchgate.net/publication/278619237_Evaluationsbericht_Bildung_fur_nachhaltige_Entwicklung_BNE_an_weiterfuhrenden_Schulen_in_Baden-Wurttemberg_Massnahme_Lfd_15_im_Aktionsplan_Baden-Wurttemberg (Abruf 10.01.2018).

Rinschede, G. (2007): Geographiedidaktik. 3., völlig neu bearb. u. erw. Auflage. Paderborn: Schöningh.

Rosenholtz, S. J. (1989): Teachers' workplace. The social organisation of schools. New York/London: Longman.

Rösler, D. (2012): Deutsch als Fremdsprache. Eine Einführung. Stuttgart: Metzler.

Roth, H. (1976): Die »originale Begegnung« als methodisches Prinzip. In: Ders.: Pädagogische Psychologie des Lehrens und Lernens. 15. Auflage. Hannover u. a.: Schrödel, S. 109–117.

Rothland, M. (2012): Belastung und Beanspruchung im Lehrerberuf: Modelle, Befunde, Interventionen. Wiesbaden: VS.

Rupp, H. (2006): Handbuch der Kirchenpädagogik. Kirchenräume wahrnehmen, deuten und erschließen. Stuttgart: Calwer.

Salzmann, C. (1989a): Regionales Lernen an Lernstandorten. In: Grundschule, 22, H.3, Teil 1, S. 36–38.

Salzmann, C. (1989b): Regionales Lernen an Lernstandorten. In: Grundschule, 22, H.5, Teil 2, S. 48–51.

Salzmann, C. (2007): Lehren und Lernen in außerschulischen Lernorten. In: Kahlert, J./Fölling-Albers, M./Götz, M./Hartiner, A./Reeken, D.v./Wittkowske, S. (Hrsg.): Handbuch Didaktik des Sachunterrichts. Bad Heilbrunn: Klinkhardt, S. 433–438.

Sauer, M. (2012): Geschichte unterrichten. Eine Einführung in die Didaktik und Methodik. 10. Auflage. Seelze-Velber: Kallmeyer.

Sauerborn, P./Brühne, T (2010): Didaktik des außerschulischen Lernens. 3., vollst. überarb. Auflage. Baltmannsweiler: Schneider Hohengehren.

Sauerborn, P./Brühne, T. (2007): Didaktik des außerschulischen Lernens. Baltmannsweiler: Schneider Verlag Hohengehren.

Schaarschmidt, U. (Hrsg.) (2005): Halbtagsjobber? Psychische Gesundheit im Lehrerberuf – Analyse eines veränderungsbedürftigen Zustandes. 2. Auflage. Weinheim: Beltz.

Schäfer, N. (2012): Schüleraustausch im German-American Partnership Program (GAPP). Eine Studie zur Förderung interkultureller kommunikativer Kompetenz. Berlin: Lit.

Schellenberg, M. (2015): Gedenken als pädagogische Aufgabe. In: Gryglewski, E./Haug, V./Kößler, G./Lutz, Th./Schikorra, Ch. (Hrsg.): Gedenkstättenpädagogik. Kontext, Theorie und Praxis der Bildungsarbeit zu NS-Verbrechen. Berlin: Metropol, S. 127–146.

Scherb, A. (2014): Pragmatische Politikdidaktik. Making It Explicit. Schwalbach/Ts.: Wochenschau.

Schmayl, W. (2013): Didaktik allgemeinbildenden Technikunterrichts. Baltmannsweiler: Schneider Verlag Hohengehren.

Schmitz, M. (2015): Von der Urbanismuskritik zur Spaziergangswissenschaft. Querfeldein denken mit Lucius Burchkardt (1/3). www.deutschlandfunk.de/querfeldein-denken-mit-lucius-burckhardt-1-3-von-der.1184.de.html?dram:article_id=319584 (Abruf 10.01.2018).

Schmoll, L. (2010): Natursport in der Schule – Ordnungsversuche. In: Ders./Krombholz, A. (Hrsg.): Natursport in der Schule. Zwischen Sicherheitsförderung und Wandererlass. Hamburg: Czwalina, S. 7–20.

Schneider, G. (2011): Gegenständliche Quellen. In: Oendel, H.-J./Ders. (Hrsg.): Handbuch Medien im Geschichtsunterricht. 6. Auflage. Schwalbach/Ts.: Wochenschau, S. 541–556.

Schneider, W. (2007): Studie Theater und Schule in Hessen. Eine Umfrage des ASSITEJ Bundesrepublik Deutschland e.V. www.assitej.de/fileadmin/assitej/pdf/Theater_und_Schule_in_Hessen.pdf (Abruf 10.01.2018).

Schockemöhle, J. (2011): regionales lernen 21+ – Konzeption und Evaluation. In: Messmer, K. u. a. (Hrsg.), Außerschulische Lernorte – Positionen aus Geographie, Geschichte und Naturwissenschaften. Zürich/Berlin: Lit, S. 82–105.

Scholz, G./Rauterberg, M. (2008): Außerschulisches Lernen – erkenntnistheoretische Aspekte. In: Burk, K./Rauterberg, M./Schönknecht, G. (Hrsg.): Schule außerhalb der Schule. Lehren und Lernen an außerschulischen Orten. Frankfurt am Main: Grundschulverband, S. 41–54.

Schönknecht, G. (2008a): Lehr-Lern-Orte erschließen – Methodenkompetenz fördern. In: Burk, K./Rauterberg, M./Schönknecht, G. (Hrsg.), Schule außerhalb der Schule. Lehren und Lernen an außerschulischen Orten. Beiträge zur Reform der Grundschule, Bd. 125. Frankfurt am Main: Grundschulverband, S. 99–111.

Schönknecht, G. (2008b): Üben im Sachunterricht? In: Die Grundschulzeitschrift (211), 58–61.

Schönknecht, G. (2011): Zeitgemäßer Sachunterricht. In: Dies. (Hrsg.): Lernen fördern. Deutsch, Mathematik, Englisch, Sachunterricht. Unterricht in der Grundschule. Seelze: Klett/Kallmeyer, S. 209–254.

Schönknecht, G. (2012): Wissen und Vorstellungen von Kindern. Wie lernen Kinder im Sachunterricht? In: Die Grundschulzeitschrift. 26 (252/253), S. 34–37.

Schönknecht, G. (2015a): Lernen aktiv begleiten. Unterrichtsnahe und entwicklungsorientierte Diagnostik. In: Die Grundschulzeitschrift. 29 (285/286), S. 4–5.

Schönknecht, G. (2015b): Expertinnen und Experten. In: Kahlert, J./Fölling-Albers, M./Götz, M./Hartinger, A./Miller, S:/Wittkowske, S. (Hrsg.): Handbuch Didaktik des Sachunterrichts. 2. aktual. und erw. Auflage. Bad Heilbrunn: Klinkhardt, S. 486–490.

Schönknecht, G./Maier, P. (2014): Diagnose und Förderung im Sachunterricht. Handreichung des Programms SINUS an Grundschulen. www.sinus-an-grundschulen.de/fileadmin/uploads/Material_aus_SGS/Handreichung_Schoenknecht_Maier.pdf (Abruf 10.01.2018).

Schoppe, A. (2013): Bildzugänge. Methodische Impulse für den Unterricht. 2. Auflage. Seelze: Kallmeyer/Klett.

Schratt, P. W. (2007): Einführung in die Musikpädagogik. Darmstadt: WBG.

Schreiber, W. (2012): Das Potential von Grundschülern aus geschichtsdidaktischer Sicht. In: Enzenbach, I./Pech, D./Klätte, Ch. (Hrsg.): Kinder und Zeitgeschichte: jüdische Geschichte und Gegenwart, Nationalsozialismus und Antisemitismus. www.widerstreit-sachunterricht.de/beihefte/beiheft8/beiheft8.pdf, S. 25–36. (Abruf 10.01.2018).

Schröter, R. (2016): Planung, Durchführung und Auswertung von Sportunterricht. Baltmannsweiler: Schneider Verlag Hohengehren.

Schude, S./Köhler, N. (2015): Arbeit für den Frieden! Kriegsgräberstätten als Ausgangspunkt geschichtlichen und kulturellen Lernens. In: Karpa, D./Overwien, B./Plessow, O. (Hrsg.): Außerschulische Lernorte in der politischen und historischen Bildung. Immenhausen: Prolog, S. 193–204.

Schüler, H. (2008): Didaktik im Wald. In: Burk, K./Rauterberg, M./Schönknecht, G. (Hrsg.): Schule außerhalb der Schule. Lehren und Lernen an außerschulischen Orten. Frankfurt am Main: Grundschulverband, S. 150–161.

Schuster, K. (1999): Einführung in die Fachdidaktik Deutsch. 8. Auflage. Baltmannsweiler: Schneider Verlag Hohengehren.

Schwan, S. (2009): Lernen und Wissenserwerb in Museen. In: Kunz-Ott, H./Kudorfer, S./Weber, T. (Hrsg.): Kulturelle Bildung im Museum. Aneignungsprozesse, Vermittlungsformen, Praxisbeispiele. Bielefeld: transcript, S. 33–43.

Schwan, S. (2012): Lernpsychologische Grundlagen zum Wissenserwerb im Museum. In: Staupe, G. (Hrsg.): Das Museum als Lern- und Erfahrungsraum. Grundlagen und Praxisbeispiele. Wien, Köln, Weimar: Böhlau, S. 46–50.

Schwier, J. (2016): Schulsport auf Tour – Orte des Lernens im Trendsport. In: Erhorn, J./Schwier, J. (Hrsg.): Pädagogik außerschulischer Lernorte. Eine interdisziplinäre Annäherung. Bielefeld: transcript, S. 71–93.

Seifert, A./Zentner, S./Nagy, F. (2012): Praxisbuch Service-Learning. Lernen durch Engagement. Weinheim: Beltz.

Seybold, B. (2012): Zoopädagogik am Beispiel der Primaten. Nachhaltigkeit von Zooschulprogrammen in der Orientierungsstufe unter besonderer Berücksichtigung der Zooschule Heidelberg. Hamburg: Dr. Kovac.

Seybold, H.-J./Rieß, W. (2005): Von der Umweltbildung zu einer Bildung für nachhaltige Entwicklung? Erhebung des Ist-Standes an baden-württembergischen Grundschulen. In: W. Holl-Giese & M. Schrenk (Hrsg.), Bildung für nachhaltige Entwicklung – Ergebnisse empirischer Untersuchungen. Hamburg: Verlag Dr. Kovac, S. 215–234.

Siedler, D.C. (2005): Religiöse Räume erschließen. In: Schreiner, P. (Hrsg.): Handbuch interreligiöses lernen. Gütersloh: Gütersloher Verlagshaus, S. 612–620.

Sigel, R. (2015): Schulische Bildung und ihre Bedeutung für die Gedenkstättenpädagogik. In: Gryglewski, E., Haug, V., Kößler, G., Lutz, Th./Schikorra, Ch. (Hrsg.): Gedenkstättenpädagogik. Kontext, Theorie und Praxis der Bildungsarbeit zu NS-Verbrechen. Berlin: Metropol, S. 44–55.

Sitter, K. (2015a): Außerschulische Lernorte im Geometrieunterricht der Grundschule – eine Wirksamkeitsstudie. In: Caluori, H./Linneweber-Lammerskitten, H./Streit, C. (Hrsg.): Beiträge zum Mathematikunterricht. Münster: WTM, S. 864–867.

Sitter, K. (2015b): Zum Einfluss außerschulischer Lernorte auf einen nachhaltigen Erkenntnisgewinn im Geometrieunterricht der Grundschule. In: Karpa, D./Lübbecke,

G./Adam, B. (Hrsg.): Außerschulische Lernorte. Theorie, Praxis und Erforschung. Immenhausen: Prolog, S. 274–294.

Spitta, Ph. (2014): Mobilitätsbildung. In. Hartinger, A/Lange, K. (Hrsg.): Sachunterricht – Didaktik für die Grundschule. Berlin: Cornelsen, S. 148–158.

Standop, J./Jürgens, E. (2015): Unterricht planen, gestalten und evaluieren. Bad Heilbrunn: Klinkhardt.

Standop, J./Jürgens, E. (2015): Unterricht planen, gestalten und evaluieren. Bad Heilbrunn: Klinkhardt.

Stäudel, L. (2014): Unterwegs zur Physik. Anregungen für Exkursionen und Klassenfahrten. In: Naturwissenschaften im Unterricht. Physik, 25, H. 140, S. 23–25.

Staupe, G. (Hrsg.) (2012): Das Museum als Lern- und Erfahrungsraum. Grundlagen und Praxisbeispiele. Wien, Köln, Weimar: Böhlau.

Stibi, S. (2015): Aufbau musikalischer Kompetenz. In: Loritz, M.D./Schott, C. (Hrsg.): Musik – Didaktik für die Grundschule. Berlin: Cornelsen, S. 22–34.

Stoltenberg, U. (2008): Außerschulisches Lernen und nachhaltige Entwicklung. In: Burk, K./Rautenberg, M./Schönknecht, G. (Hrsg.): Schule außerhalb der Schule. Lehren und Lernen an außerschulischen Orten. Frankfurt am Main: Grundschulverband, S. 73–84.

Streller, S. (2009): Förderung von Interessen an Naturwissenschaften. Eine empirische Untersuchung zur Entwicklung naturwissenschaftlicher Interessen von Grundschulkindern im Rahmen eines außerschulischen Lernangebots. Frankfurt am Main: Peter Lang Verlag.

Tänzer, S: (2015): Die Sachen erschließen. In: Kahlert, J./Fölling-Albers, M./Götz, M./ Hartinger, A./Miller, S./Wittkowske, S. (Hrsg.): Handbuch Didaktik des Sachunterrichts. 2., aktual. Und erw. Auflage. Bad Heilbrunn: Klinkhardt, S. 448–457.

Thiel, F. (2009): Lernen mit Experten. In: Arnold, K.-H./Sandfuchs, U./Wiechmann, J. (Hrsg.): Handbuch Unterricht. 2., akt. Auflage. Bad Heilbrunn: Klinkhardt, S. 279–282.

Thomas, A./Abt, H./Chang, C. (Hrsg.) (2007): Internationale Jugendbegegnungen als Lern- und Entwicklungschance: Erkenntnisse und Empfehlungen aus der Studie »Langzeitwirkungen der Teilnahme an internationalen Jugendbegegnungen auf die Persönlichkeitsentwicklung«. Bensberg: Thomas-Morus-Akademie.

Thomas, B. (2009): Lernorte außerhalb der Schule. In: Arnold, K./Sandfuchs, U./Wiechmann, J. (Hrsg.): Handbuch Unterricht. 2. aktual. Auflage. Bad Heilbrunn: Klinkhardt, S. 283–287.

Thüringer Schulportal (2017): Lehrplan Schulgarten, Grundschule, Kurzinhalt. www.schulportal-thueringen.de/media/detail?tspi=1268 (Abruf 10.01.2018).

Tillmann, A./Hugger, K.-U. (2014): Mediatisierte Kindheit – Aufwachsen in mediatisierten Lebenswelten. In: Tillmann, A./Fleischer, S./Hugger, K.-U. (Hrsg.): Handbuch Kinder und Medien. Wiesbaden: Springer, S. 31–45.

Trautmann-Voigt, S./Voigt, B. (2013) (Hrsg.): Jugend heute: Zwischen Leistungsanspruch und virtueller Freiheit. Gießen: Psychosozial-Verlag.

Tremp, P./Hillbrand, T. (2012): Forschungsorientiertes Studium – universitäre Lehre: Das »Zürcher Framework« zur Verknüpfung von Lehre und Forschung. In: Brinker, T./ Tremp, P. (Hrsg.): Einführung in die Studiengangentwicklung. (= Blickpunkt Hochschuldidaktik 122). Bielefeld: Bertelsmann, S. 101–116.

Vollstädt, W./Tillmann, K.-J./Rauin, U./Hohmann, K./Tebrügge, A. (1999): Lehrpläne im Schulalltag. Eine empirische Studie zur Akzeptanz und Wirkung von Lehrplänen in der Sekundarstufe I. Opladen: Leske + Budrich.

Vom Endt, M. (2016): Außerschulische Lernorte auf dem Wasser – Naturbegegnung im Schulsport. In: Erhorn, J./Schwier, J. (Hrsg.): Pädagogik außerschulischer Lernorte. Eine interdisziplinäre Annäherung. Bielefeld: transcript, S. 95–119.

Von Ackeren, I. (2005): Handlungsorientierung und Erlebnispädagogik in der Schule aus erziehungswissenschaftlicher Sicht. In: Boeger, A./Schut, T. (Hrsg.): Erlebnispädagogik in der Schule. Wirkungen und Methoden, Berlin: Logos, S. 9–22.

Wagner, E. (2007): Potenziale. Museen und Schulen – warum sie füreinander interessant sind. In: Ders./Dreykorn, M. (Hrsg.): Museum Bildung Schule. Aktuelle Diskurse. Innovative Modelle. Erprobte Methoden. München: kopaed, S. 13–14.

Waidacher, F. (1999): Handbuch der Allgemeinen Museologie. Wien/Köln/Weimar: Böhlau.

Walder, F. (2002): Der Schulgarten und seine Bedeutung vom Kaiserreich bis zum Nationalsozialismus. Bad Heilbrunn: Klinkhardt.

Watson, S./Dodd, J./Jones, C. (2007): Engage, Learn, Achieve: The impact of museum visits on the attainment of secondary pupils in the East of England 2006–2007, MLA East of England and Renaissance East of England/RCMG. www2.le.ac.uk/departments/museumstudies/rcmg/projects/engage-learn-achieve/ELA%20summary.pdf (Abruf 10.01.2018).

Wenzel, H. (2008): Studien zur Organisations- und Schulkulturentwicklung. In: Helsper, W./Böhme, J. (Hrsg.): Handbuch der Schulforschung. 2., durchgesehene und erweiterte Auflage. Wiesbaden: VS, S. 423–447.

Weskamp, R. (2001): Fachdidaktik: Grundlagen und Konzepte. Anglistik. Amerikanistik. Berlin: Cornelsen.

Wiater, W. (2013): Theorie der Schule. In: Haag, L./Rahm, S./Apel, H.J./Sacher, W. (Hrsg.): Studienbuch Schulpädagogik. Bad Heilbrunn: Klinkhardt, S. 11–34.

Wiechmann, J./Wildhirt, S. (Hrsg.) (2015): Zwölf Unterrichtsmethoden. Vielfalt für die Praxis. Weinheim und Basel: Beltz.

Wiesner, H./Schecker, H/Hopf, M (2011): Physikdidaktik kompakt. Köln: Aulis.

Wodzinski, R. (2014): Physik vor Ort. Anregungen für Unterrichtsgänge zu verschiedenen Themen aus Physik und Alltag. In: Naturwissenschaften im Unterricht. Physik, 25. Jg. H. 140, S. 32–34.

World Vision Deutschland e.V. (Hrsg.) (2013): Wie gerecht ist unsere Welt? Kinder in Deutschland 2013. 3. World Vision Kinderstudie Weinheim/Basel: Beltz.

Wregg, E. (2016): Komponisten im Museum. Impulse aus der Musikvermittlung. In: Hoyer, J./Wimmer, C. (Hrsg.): Musikvermittlung in Museen. Reflexionen, Konzepte und Impulse. Innsbruck/Esslingen/Bern-Belp: Helbling, S. 45–105.

Zick, A. (2002): Wenn alle tatsächlich in einem Boot sitzen – Eine Studie zur Identifikation mit der Schule im Kontext einer erlebnispädagogischen Gruppenerfahrung. In: Gruppendynamik und Organisationsberatung 33, S. 213–228.

Ziesche, L. (2014): Grundlegende Überlegungen zur Museumsdidaktik für die Sekundarstufe I. In: In: Czech, A./Kirmeier, J./Sgoff, B. (Hrsg.): Museumspädagogik – Ein Handbuch. Grundlagen und Hilfen für die Praxis. Schwalbach/Ts.: Wochenschau, S. 133–139.

Zinnecker, J. (1990): Vom Straßenkind zum verhäuslichten Kind. Kindheitsgeschichte im Prozeß der Zivilisation. In: Behnken, I. (Hrsg.): Stadtgesellschaft und Kindheit im Prozeß der Zivilisation. Opladen: Leske + Budrich, S. 142–162.

Zinnecker, J./Silbereisen, R.K. (1996): Kindheit in Deutschland. Aktueller Survey über Kinder und ihre Eltern. Weinheim: Juventa.

Zülsdorf-Kersting, M. (2007): Gedenkstättenarbeit. In: Günther-Arndt, H. (Hrsg.): Geschichtsmethodik. Handbuch für die Sekundarstufe I und II. Berlin: Cornelsen Scriptor, S. 142–147.